Dieter Aebi
Prozessakte Evolution

DIETER AEBI

PROZESSAKTE
EVOLUTION

Evolution contra Kreation aus juristischer Sicht

Aebi, Dieter:
Prozessakte Evolution
Evolution contra Kreation aus juristischer Sicht

ISBN-10: 3-89436-523-4
ISBN-13: 978-3-89436-523-3

© Copyright 2006: Christliche Verlagsgesellschaft, Dillenburg
Satz: CV Dillenburg
Umschlaggestaltung: Christoph Ziegeler, Bremervörde
(www.pixel-kraft.de)
Druck und Bindung: CPI Moravia Books

Printed in Czech Republic

INHALT

EINLEITUNG

Kein Mensch ist neutral. Kein Mensch ist objektiv. Wer dies vorgibt, täuscht sich selbst und alle anderen. Redlich ist, wer zugibt, dass er Vorurteile hat. Objektiver wird, wer diese Vorurteile genauer kennt und dadurch besser versteht, sie zur Seite zu schieben, wenn es um die möglichst neutrale Betrachtung einer Sache gehen soll. Nur mit dem Bewusstsein der Subjektivität und der möglichst genauen Kenntnis der eigenen Vorurteile kann man über den eigenen Schatten springen und sich der Objektivität und Neutralität annähern. Wo die Sonne nicht scheint, gibt es keinen Schatten, über den man springen könnte.

Auch und besonders der Wissenschaftler ist weder neutral noch objektiv. Viel mehr als der Nichtakademiker ist er als Gymnasiast, Student, Assistent und Doktorand während Jahren, wenn nicht Jahrzehnten dem in seiner Wissenschaft vorherrschenden Weltbild ausgesetzt, bevor er, falls überhaupt je, selber einen Beitrag zu dieser Wissenschaft leisten darf. In dieser ganzen Lehrzeit ist er in ein Weltbild eingespannt, aus welchem er sich – jedenfalls offiziell – nicht lösen darf, will er nicht seine berufliche Karriere aufs Spiel setzen. Selbst seine Dissertation oder seine Habilitationsschrift muss grundsätzlich mit der herrschenden Lehrmeinung übereinstimmen, ansonsten hat er keine Chance, an der Hochschule und in der Forschung eingesetzt und so mit den nötigen Mitteln für seine weitere Arbeit ausgestattet zu werden. Wissenschaftliche Freiheit ist eine Illusion.

Wissenschaftler, die ihre Abhängigkeit von der herrschenden Meinung und ihr Vorurteil nicht zugeben, sind unfähig, sich der Objektivität auch nur anzunähern. Dabei wäre es wissenschaftlich nur redlich, sich bei jeder Forschungsarbeit die persönliche Ausgangslage bewusst zu machen und diese in der Publikation oder der Lehrveranstaltung offen zu legen, damit jedermann weiß, woran er ist und wie das vorgestellte Resultat beeinflusst sein könnte. Weil sie jedoch, in einem akademischen Elfenbeinturm abgeschottet und nur von Gleichgesinnten umgeben, selten oder nie über ihr gewohntes Weltbild hinaus denken, haben die Wissenschaftler Mühe, nur schon zu erkennen, dass sie von außen betrachtet einen bestimmten Standpunkt einnehmen. Vielmehr gehen sie davon aus, dass die Welt so ist, wie sie sie denken und andere Standpunkte gar nicht existieren bzw. nicht wissenschaftlich und damit unbeachtlich sind. Wissenschaft ist eine Religion.

Auch das vorliegende Buch stellt den Anspruch, in einigen Teilen möglichst neutral und objektiv zu sein. Gehen einzelne Passagen über die rein sachliche Argumentationslogik hinaus, sollte dies ohne weiteres erkennbar sein. Damit der Leser weiß, in welche Richtung ich tendiere, hier meine Ausgangslage: Als überzeugter Christ glaube ich an die ganze Bibel als Wort Gottes. Ich nehme alle Berichte als von Gott inspiriert ernst und halte sie für wahr. Die Bibel bezeugt tatsächliche, d.h. sinnlich und geistlich real erlebte Geschehnisse mit Gott. Und die Berichte verbinden stets einen oder mehrere irdisch-zeitliche Aspekte mit einem himmlisch-ewigen Aspekt. Weil ich die Bibel wörtlich nehme, gehe ich von der grammatikalisch-historischen Auslegung aus und weiche nur dort davon ab, wo es der Kontext eindeutig verlangt.

Ich hielte es für anmaßend, wenn ich zwar irgendwie der Überzeugung wäre, die Bibel ist Gottes Wort, dann aber diesen Gott, der sich darin offenbart, nicht auch beim Wort nähme. – Stellen Sie sich vor, der allmächtige Gott spricht zu Ihnen und Sie antworten: »Den ersten Teil deiner Rede kann ich nicht wörtlich nehmen, ich verstehe das anders, im Mittelteil gefällt mir alles recht gut, das akzeptiere ich so, wie du es gesagt hast, am Ende kann ich nur das und das wörtlich nehmen, das andere kann doch einfach nicht sein, oder, Gott? Das verstehst du doch sicher ...«

Kann ich denn als bekennender Christ neutral über eine Sache urteilen? – Nein. Aber als Christ kenne ich meinen Standpunkt und bin für mich nicht das Maß aller Dinge. Auch andere Menschen sind es nicht. Das Maß aller Dinge ist allein Jesus Christus, Gottes Sohn.

In Psalm 36,10 betet David zu Gott:

>*Denn bei dir ist der Quell des Lebens; in deinem Licht sehen wir das Licht.*«

Und Jesus Christus spricht (Johannes 8,12):

>*Ich bin das Licht der Welt; wer mir nachfolgt wird nicht in der Finsternis wandeln, sondern wird das Licht des Lebens haben.*«

Nur im Lichte seines Schöpfers gelangt der Mensch zu wahrer Selbsterkenntnis. Und wer sollte die Welt besser kennen, als der, welcher sie geschaffen hat? Diese Glaubenseinstellung und die befreiende Botschaft des Evangeliums sind beste Voraussetzungen, um über den eigenen Schatten zu springen. So kann ich als Christ mein aus dem Wort Gottes, der Bibel, abgeleitetes Selbst- und Weltbild vertreten, aber dieses, weil ich es recht genau kenne und mir meines Glaubens bewusst bin, phasenweise auch einmal »gedanklich in die Ecke stellen« und weitgehend neutral andere Meinungen betrachten.

Ich bin Christ und Jurist. Einige positivistisch eingestellte Juristen stellen selber in Frage, ob Jurisprudenz eine Wissenschaft ist. – Gewiss ist sie es, und es gelten für juristische Karrieren dieselben Konformitätskriterien wie bei anderen Wissenschaftszweigen. Juristen inklusive Rechtsprofessoren haben allerdings den gewichtigen Vorteil, dass sich ihre Arbeit immer wieder in der Praxis, d.h. in der Gesellschaft, im privaten und öffentlichen Bereich und an den Gerichten, bewähren muss. Akademische

Luftschlösser sind verpönt und werden im Alltag, auch an der Universität, recht schnell bloßgelegt. Trotzdem ist es unendlich schwierig, als Anwalt gegen eine herrschende Lehrmeinung oder eine herrschende Gerichtspraxis anzukämpfen, selbst wenn man die besten Argumente hat und sogar aufzeigen kann, wo die Lehre oder die Gerichte bisher unlogisch und ungesetzlich argumentiert haben. Fast blind folgt Justitia der herrschenden Meinung.

Eine andere Frage ist die Neutralität und Objektivität in einem Zweiparteienstreit. Juristen sollten von ihrer Arbeitsmethodik her über das Rüstzeug verfügen, annähernd neutral und objektiv über Streitgegenstände zwischen zwei Parteien zu urteilen. Wer allerdings glaubt, Juristen oder die Justiz sei gegenüber den Parteien besonders, am Ende gar vollkommen objektiv und neutral, täuscht sich gewaltig. Ich nehme mich da als Prozessanwalt nicht aus. Die erste Information ist oft prägend. Da man den Sachverhalt in erster Linie vom eigenen Klienten geschildert bekommt, ist es zuweilen schwierig, objektiv zu sein. Bei Gerichten und Untersuchungsbehörden stelle ich demgegenüber nicht selten fest, dass Untersuchungen und Prozesse so geführt werden, als ob das von Anfang an bestehende (Vor-)Urteil bestätigt werden soll. Manchmal scheint es, als seien die Ohren für andere Meinungen ganz einfach verschlossen. Man redet gegen eine Wand.

In der Auseinandersetzung zwischen Evolutionisten und Kreationisten werden letztere von der Wissenschaft und der Öffentlichkeit totgeschwiegen. Weshalb wohl? Und ist damit der Sache wirklich gedient? Welcher Sache?, fragen Sie. Ja, worum wird überhaupt gestritten? Was wollen wir denn beantwortet haben? – Folgendes: Wer sind wir? Woher kommen wir? Wozu sind wir hier? Wohin gehen wir? Was ist der Sinn des Lebens? – Nicht mehr und nicht weniger.

In der Auseinandersetzung zwischen Evolutionisten und Kreationisten geht es darum, **wer die Frage nach dem Woher**

der Welt und des Menschen besser, d.h. *gehaltvoller, präziser und plausibler,* **beantworten kann.**

Evolutionisten sagen: Wir kommen aus dem Zufall, wir sind hochentwickelte Tiere, und wir entwickeln uns ziellos höher und höher – oder auch nicht, jedenfalls ohne Sinn.

Kreationisten, jedenfalls bibelgläubige, sagen: Wir wurden von Gott nach seinem Bilde geschaffen, um ihn als seine Kinder zu ehren und ihm zu dienen, sind aber durch Ungehorsam, zusammen mit der ganzen Schöpfung, in einen Todesstrudel geraten, aus welchem uns nur Gott wieder erretten kann.

Wenn nun die eine Seite, welche Antworten auf diese historisch-philosophisch-religiöse Frage des Woher bietet, totgeschwiegen wird, kann man sich dann ein Urteil bilden? Will man sich denn überhaupt ein Urteil bilden? Schweigt man sie tot, weil man selber gar keine Antworten auf die Sinnfragen hat? Oder lässt man die Kreationisten nicht zu Wort kommen, weil man Angst davor hat, dass sie womöglich recht haben? Dann müsste man ja an einen Schöpfergott glauben! Und vor dem müsste man am Ende gar noch Rechenschaft ablegen!

Man kann niemanden zwingen über Sinnfragen nachzudenken. In der heutigen Zeit zieht die moderne Gesellschaft es vor, sich durch alles Mögliche abzulenken, um nicht zu sagen: zu betäuben. Ein Buch lesen? Welche Zumutung! – Wer sich das doch zumutet, den soll das vorliegende anregen, einen neuen Blickwinkel für die Kontroverse Kreation – Evolution zu erhalten und seine Gedanken in dieser Sache von Grund auf zu ordnen und vielleicht das eine oder andere Argument als vernünftig zu erkennen und weiter zu tragen. Wie diese Einleitung schon zeigt, wird manchmal etwas provokant spitz formuliert. Es soll wachgerüttelt werden. Das Buch ist nicht für Denkfaule gedacht.

Fragt sich noch, was denn ein Jurist überhaupt zum Thema Evolution contra Kreation beizutragen hat. Geht es da nicht um Naturwissenschaft? – Nein. Darum geht es dabei nicht oder nur beschränkt. Und wer etwas anderes sagt, betrügt sich selbst und andere. Es geht in erster Linie um zwei verschiedene Weltbilder, um historisch-philosophische Fragen. Und es geht letztlich um Theologie. Evolutionslehre contra Schöpfungslehre ist im Ausgangs- und Endpunkt Atheismus contra Theismus.

Im Vordergrund der Auseinandersetzung geht es zwar oft um Details einer chemisch-physikalisch-biologischen Entwicklung, die sich *zweifellos* ereignet. Die Untersuchung dieser Entwicklung ist aber eingebettet in die unterschiedlichen Weltbilder. Deduktion (Herleiten des Einzelnen vom Allgemeinen) beeinflusst die Induktion (Herleiten des Allgemeinen vom Einzelnen). D.h., das Weltbild bestimmt die Interpretation der empirisch, mittels Beobachtung oder Experiment gewonnenen Daten. Der Empirismus (die Lehre, dass einzig die Sinneserfahrung als Erkenntnisquelle gilt) löst sich im Dogmatismus (starres Festhalten an Glaubens- und Lehrmeinungen) auf wie Zucker im Wasser. Das Wasser (Dogma) bleibt. Es erhält einfach einen leicht anderen Geschmack.

Evolutionisten und Kreationisten stehen genau dieselben Daten zur Verfügung. Die Grundlagen für die Induktion reichen bei beiden genau gleich weit, nämlich nicht über die *aktuelle* Beobachtung oder das *aktuelle* Experiment sowie den *aktuellen* Nachweis von Erfahrungssätzen (Kausalitäten, Gesetzmäßigkeiten) hinaus. Die Vergangenheit lässt sich dagegen nicht beobachten oder experimentell nachvollziehen. Sie existiert heute nur noch als Weltbild im Kopf der Menschen.

Der sog. *historischen* Evolutionsforschung mit den Fächern vergleichende Biologie und Fossilforschung stehen als Daten nur die *heute* existierenden und die *heute* vorhandenen Überreste toter Lebewesen inklusive Fossilien (Versteinerungen) zur Verfügung. Und die sog. *kausale* Evolutionsforschung mit den Gebieten der Artbildung durch sog. Evolutionsfaktoren (Mutation und Selektion) sowie der molekularen Evolutionsforschung versucht aufgrund *aktueller* Daten *aktuelle* Erfahrungssätze oder Gesetzmäßigkeiten der Entwicklung nachzuweisen. So sind bei der historischen Evolutionsforschung Fakten der Gegenwart in die Vergangenheit hinein zu *interpretieren.* Und bei der kausalen Evolutionsforschung sind heute gewonnene Erfahrungssätze in die Vergangenheit zu *extrapolieren.*

Bei der Umlegung der Erfahrungssätze auf die Vergangenheit wie auch bei der rückwärts gerichteten Interpretation von Fossilien spielt das Weltbild die entscheidende Rolle. *Beobachtung und Glaube vermischen sich unweigerlich!* Da einzelne Daten (z.b. das Aussehen eines einzelnen Fossils) und einzelne Erfahrungssätze noch kein Bild der Vergangenheit ergeben, müssen viele Daten und mehrere Erfahrungssätze zu einem Ganzen kombiniert werden – zu einer *Theorie über die Vergangenheit.* Weil die Daten aktuell und zahllos und die Erfahrungssätze aktuell und sehr komplex sind, ist deren Vereinigung zu einer auch nur annähernd konsistenten, d.h. in sich widerspruchsfreien und schlüssigen Theorie ohne die Leitlinien eines *vorgegebenen* Weltbildes gar nicht möglich. Das Bild der Vergangenheit entsteht somit zwangsläufig aus der *Kombination von Beobachtung und Glaube bzw. aus der Kombination der Methoden der Induktion und Deduktion* (Ableitung des Allgemeinen vom Einzelnen und umgekehrt).

Kreationisten vereinigen die heutigen Fakten und Erfahrungssätze im von der Bibel vorgegebenen Bild der Vergangenheit. Das ist wohl eine Art »Dogmatismus«, auch wenn die Bibel ihrer Auffassung nach keine Meinung oder Idee oder Ideologie enthält, sondern schlicht die Offenbarung Gottes ist. Das Vorgehen der Fakteninterpretation ist deshalb von diesem Vorbild abhängig: Was hineinpasst, wird gerne angenommen. Was nicht hineinpasst, wird als unzulänglich erforscht in Frage gestellt. Der »Dogmatismus« beginnt sogar noch früher: Die Forschung der Schöpfungswissenschaftler ist darauf ausgerichtet, die Wahrheit der Bibel zu belegen. Oder von einem anderen Gesichtspunkt: Die Forscher wollen sich nur im Rahmen der Bibel bewegen. Unweigerlich wird man so auf einem Auge blind und beachtet – oft nicht einmal mit Absicht – Daten, welche für die Bibel sprechen viel eher als andere. Die ganze Schöpfungsforschung ist durch das biblische Weltbild von allem Anfang an, also bereits bei der Berücksichtigung der Daten, einseitig.

Evolutionsforscher gehen nicht anders vor. Was für die Kreationisten die Bibel, ist für die Evolutionisten die Theorie Darwins, insbesondere die Abstammungslehre (Deszendenztheorie), als Idee eines Menschen in ihrer materialistischen und atheistischen Grundaussage ein echter Dogmatismus. Sie gilt als gesetzt. Darwin wird als Heilsbringer und Prophet betrachtet. Er brachte mit einer rein innerweltlichen mechanistischen Erklärung der Herkunft des Menschen die Erlösung aus der Abhängigkeit eines Schöpfergottes. Er konnte noch nichts vom Aufbau der Moleküle und Zellen wissen, und trotzdem hat sich seine Theorie oder Prophetie auch auf dieser Ebene (angeblich) als wahr herausgestellt. Das ist Dogmatismus pur. Und dieser Dogmatismus ist deshalb besonders gefährlich, weil Evolutionisten ihn sich nicht eingestehen. Deshalb gilt: Auch und besonders Evolutionisten sondern bei der Datensammlung alles aus, was eine Schöpfung belegen könnte und interpretieren die Fakten einseitig zugunsten ihrer Theorie. Auch sie negieren bewusst oder unbewusst von vornherein, was an Daten und Erfahrungssätzen nicht in die Evolutionstheorie passt. Auch sie forschen bereits einseitig. Auch sie sind auf einem Auge blind.

Ihre einseitige Blindheit ist aufgrund des fehlenden Bewusstseins darüber noch extremer als die der Kreationisten. Schöpfungsgläubige werden in der Schule und an der Universität gezwungen, sich mit der Evolutionstheorie auseinander zu setzen. Keiner kann ihr ausweichen. Ihnen wird das eine geschlossene Auge quasi mit Gewalt aufgerissen. Und mancher Christ, der als

Kind und Jugendlicher noch der Bibel die Treue hält, wechselt im Laufe der Schulzeit das Lager oder geht zumindest Kompromisse in Sinne der theistischen Evolutionslehre ein (vgl. dazu Anhang 4 und 5). Evolutionisten dagegen werden ihr Leben lang nie gezwungen, sich mit der Schöpfungslehre oder mit der Bibel auseinander zu setzen. Wird überhaupt noch Religion an den Schulen unterrichtet, dann steht die Bibel jedenfalls nicht mehr im Zentrum und müsste ein Lehrer wohl um die Stelle bangen, wenn er nur schon in Erwägung zöge, die Schöpfungsberichte wörtlich zu nehmen. Das freiwillige Öffnen des einen geschlossenen Auges fällt den Evolutionisten schon deshalb unendlich schwer, weil man sich dabei sogleich mit Gott auseinander setzen und das darwinistische »Heil« der Erlösung von diesem Gott aufgeben müsste.

Wer Wissenschaft ohne Gott betreibt, ist jedenfalls genau so dogmatisch wie der, welcher stets mit Gott rechnet. Wer behauptet, Gott lasse sich empirisch nicht nachweisen, weshalb es unwissenschaftlich sei, mit Gott zu rechnen, verkennt, dass die empirischen Naturwissenschaften, erstens, mit ihrem methodischen Atheismus selber vom Vorurteil einer bestimmten Weltordnung ausgehen und dass, zweitens, ein Vorrang oder gar die Ausschließlichkeit der Naturwissenschaft gegenüber anderen Wissenschaften eine unerhörte Anmaßung ist. Mit welchem Recht nennen sich Experimentalforscher, die sich auf messbare Daten stützen, Wissenschaftler, während Verhaltens- und Beziehungsforscher das nicht sein sollten, nur weil sie ohne oder mit nicht exakt messbaren Daten arbeiten? Es gibt kein Diktat der Naturwissenschaft und auch kein Diktat der Empirie! Alle Fakten bedürfen der Interpretation, seien sie nun hart oder weich. Und auch rein geistige Erfahrungen können erforscht werden. Und doch lassen sich sogar viele Theologen von einem solchen Diktat der vermeintlich reinen Sinneswahrnehmung in die Ecke drängen und versuchen – welche Perversion! – Theologie ohne Gott zu betreiben.

Zurück zum Beitrag des Juristen in der Auseinandersetzung: Juristen sind Generalisten. Man weiß alles, aber nichts richtig. Auf folgenden drei Gebieten ist der Jurist allerdings Spezialist:

1. **Methodik der Auseinandersetzung**:
   Prozessführung bzw. geordnete Streitführung.
2. **Beweisführung** und **Beweiswürdigung**.
3. **Auslegung** von Texten und **Argumentationslogik**.

Das Buch besteht aus drei Teilen. In einem kurzen ersten Teil werden ein paar Gedanken zum Wissen und Glauben formuliert, um zu zeigen, dass wir eigentlich fast gar nichts wissen, auch wenn wir uns das Gegenteil einreden.

Im zweiten Teil geht es um das zentrale Thema Kreation contra Evolution, um die Frage: »Woher kommen wir?« In dieser Auseinandersetzung herrscht eine unglaubliche Unordnung. Man steuert stets viel zu schnell auf Details und vermeintliche Beweise zu, ohne vorher die einzelnen Behauptungen der Grundaussagen konkret und präzise formuliert zu haben. Oder anders: Es werden viel zu viele Antworten gegeben, ohne zuvor die grundlegenden Fragen gestellt zu haben. Hier wird versucht etwas Ordnung in die Sache zu bringen. Nach einer kurzen Einführung in die juristische Methodik werden im 2. Kapitel zunächst die Grundaussagen des Evolutionismus und des Kreationismus einander gegenübergestellt und auf ihren Gehalt geprüft. Alle substanzlosen Behauptungen werden ausgesondert. Zu den verbleibenden werden dann einige Beweise beider Parteien aufgezählt und gewürdigt.

Im dritten Teil werden drei Texte analysiert, um zu zeigen, dass nicht alles, was sich als solche ausgibt, auch tatsächlich hochstehende Wissenschaft ist. Das Schwergewicht liegt dabei auf der Besprechung des Buches »Das ist Evolution« von Ernst Mayr, dem Anfang 2005 im Alter von 100 Jahren verstorbenen glühenden Verfechter Darwins. Analysiert werden insbesondere seine Aussagen zur sog. Makroevolution (gemeinsame Abstammung aller Lebewesen und grenzenlose Höherentwicklung).

ERSTER TEIL

Wissen und Glauben

I. WAS IST WISSEN?

»Sicheres Wissen ist uns versagt. Unser Wissen ist ein kritisches Raten; ein Netz von Hypothesen; ein Gewebe von Vermutungen« (Karl Popper, Logik der Forschung, 10. A., Tübingen 2002, S. XXV).

»Der Mensch ist stolz auf die Vermehrung seines Wissens. Doch als Folge der Entwicklung, die er selber geschaffen hat, ist die Beschränktheit seines bewussten Wissens und daher der Bereich der Unkenntnis dessen, was für seine bewussten Handlungen Bedeutung hat, immer größer geworden. Seit dem Beginn der modernen Wissenschaft haben die besten Denker erkannt, dass ›der Bereich der zugestandenen Unkenntnis mit dem Fortschritt der Wissenschaft wachsen wird‹. Leider hat dieser Fortschritt der Wissenschaft beim Publikum den Glauben erweckt, der anscheinend auch in wissenschaftlichen Kreisen geteilt wird, dass sich der Bereich unserer Unwissenheit ständig vermindere und wir daher eine umfassendere und bewusstere Lenkung aller menschlichen Tätigkeiten anstreben könnten. Aus diesem Grunde werden die Menschen, die vom Fortschritt des Wissens berauscht sind, so oft zu Feinden der Freiheit. Während die Erweiterung unserer Naturkenntnis ständig neue Bereiche der Unkenntnis enthüllt, bereitet die zunehmende Komplexität der Zivilisation, die wir mit Hilfe dieser Kenntnisse aufbauen, neue Hindernisse für eine intellektuelle Erfassung unserer Umwelt. Je mehr die Menschen wissen, desto geringer wird der Anteil an all dem Wissen, den ein einzelner Verstand aufnehmen kann. Je zivilisierter wir werden, desto verhältnismäßig unwissender muss jeder Einzelne über die Tatsachen sein, von denen das Funktionieren seiner Zivilisation abhängt. Gerade die Teilung des Wissens erhöht die notwendige Unkenntnis des Individuums vom größten Teil dieses Wissens« (F.A. von Hayek, Die Verfassung der Freiheit, 3. A., Tübingen 1991, S. 34 f., mit Verweis auf G. de Santillana, The Crime of Galileo).

»Was sind die Charakteristika des neuzeitlichen ›okzidentalen Rationalismus‹, mit denen sich nach Max Weber ›der Westen‹ (Europa und Nordamerika) so deutlich von den übrigen großen Kulturgebieten dieser Erde abhebt? Das zentrale Stichwort heißt ›Entzauberung der Welt‹. Die Entmystifizierung ergibt sich aus dem Glauben, dass man, wenn man nur wolle, alles wissen könnte; dass es m.a.W. keine geheimnisvollen Mächte gibt, die in die Natur des Kosmos oder auch nur in die Natur des Menschen hineinspielen, dass man also vielmehr alle Dinge – im Prinzip – durch Berechnen beherrschen kann. Aus der Überzeugung von (1) der exakten Wissbarkeit und (2) der mechanischen Beherrschbarkeit von allem und jedem folgt (3) die Verwissenschaftlichung sämtlicher Lebensbereiche, nicht nur (erstmalig) der Technologie, sondern ebenso der Psychologie und Soziologie, selbst von Kunstschaffen und Kunsterfahrung, und zusehends der Wirtschaft. ...

Das fundamentalistische Dogma der axiomatischen Wissbarkeit und der mechanischen Beherrschbarkeit von allem, was es gibt, erhielt seinen Gnadenstoß mit Kurt Gödels Satz von der Unentscheidbarkeit der Widerspruchsfreiheit mathematischer Theorien, mit der Indeterminismus-Lehre der Quantenphysik und mit der

Bloßlegung der ›Überkomplexität‹ der Strukturen von biologischen und ökologischen Systemen« (Elmar Holenstein, Kulturphilosophische Perspektiven, Suhrkamp-Verlag, Frankfurt a.M. 1998, S. 206 ff.).

Wir glauben zu wissen, was Wissen ist. Wissen hat für uns mit Wirklichkeit, Wahrheit, Sicherheit und Beweisbarkeit zu tun. Üblicherweise fassen wir Wissen als etwas zwischen Wissen im weitesten Sinne (unser ganzes Bewusstsein) und Wissen im engsten Sinne (die reine Sinneserfahrung) auf. – Ersteres ist uns zu viel, weil wir erkennen, dass unser Bewusstsein auch von viel Unsicherheit geprägt ist, letzteres ist uns zu wenig, weil wir doch schon um unserer Selbstsicherheit willen einfach mehr wissen müssen, als was wir gerade sehen ...

Gerne werden deshalb als Mittelweg unsere »Kenntnisse«, und dabei oft die ganzen Schulkenntnisse und die Kenntnisse aus den Medien oder einer Weiterbildung, als Wissen aufgefasst, ohne zu unterscheiden zwischen sicherer und unsicherer Kenntnis. Das ist legitim, solange man sich dessen *bewusst* ist und den Quellen *glauben* kann und solange man Wissen nicht mit Glauben verwechselt, indem man die *Kenntnisinhalte* aufgrund ihrer Bezeichnung als Schul-»Wissen« oder »Wissen«-schaft von der *Erkenntnisgrundlage* des Glaubens löst.

Denn jedermann leuchtet sofort ein, dass ein beträchtlicher Teil unserer Schul- und anderer Kenntnisse bloß geglaubt und nicht selbst erfahren und damit gesichert ist. Oder waren Sie dabei, als Napoleon im ausgebrannten Moskau ankam? Und sind Sie sicher, dass diese historische »Tatsache« wahr ist, oder war es nur geschickte Propaganda eines bereits geschlagenen Generals?

II. WAS IST GLAUBE?

Nach der Bibel wird Glaube wie folgt definiert (Hebräer 11,1):

>*Der Glaube ist eine Verwirklichung dessen, was man hofft, ein Überführtsein von Dingen, die man nicht sieht.*«

Anders ausgedrückt: Glaube ist eine reaktive Akzeptanz von (Er)Kenntnissen oder Offenbarungen außerhalb unserer Sinneswahrnehmung.

Wenn wir einmal vom Glauben als Gegensatz zum Sehen oder zur Sinneswahrnehmung ausgehen und das Wissen dann als komplementär definieren, erkennen wir, dass in der Abgrenzung zum Glauben nur die unmittelbare Sinneserfahrung als Wissen oder sichere Kenntnis gelten kann. Damit schmelzen unsere als sicher *geglaubten* Kenntnisse aus der Schule und dem Studium, aus Büchern oder gar vom Fernsehen zusammen wie der Schnee in der Sonne. Wie viel bleibt da übrig? – So wenig, dass wir uns das nicht eingestehen wollen!

Der Glaube an das »Wissen« ist eine Selbsttäuschung. Wer traut sich, über den eigenen Schatten zu springen?

III. GLAUBE CONTRA WISSEN

1. Wir schämen uns des Glaubens

Setzen wir den Glauben dem Sehen bzw. der Sinneserfahrung als Wissen i.e.S. gegenüber und gestehen wir uns ein, dass unsere Kenntnisse größtenteils nicht vom Sehen bestimmt sind, bleibt zu fragen, weshalb wir das nicht wahrhaben wollen. Weshalb wollen wir nur sehen, aber nicht glauben? Weshalb bewerten wir den Glauben negativer als das Wissen? Weshalb wollen wir uns nicht eingestehen, dass wir fast ausschließlich in einer Welt von

Geglaubtem und Glaubhaftgemachtem oder sogar völlig Unreflektiertem leben?

Wir schämen uns des Glaubens, weil er uns kindlich, naiv, unreif, schwach, abhängig, ja ausgeliefert erscheinen lässt. Wer weiß, ist autonom. Wer glaubt, ist abhängig. Das können wir uns in einer individualisierten, egoistischen Wissensgesellschaft, in welcher der Starke siegt und die Schwachen untergehen, nicht leisten. Nicht einmal eingestehen dürfen wir uns das. Denn dies wäre bereits der Anfang des Untergangs. Wir wollen tendenziell Wissende sein, nicht Glaubende. Glaube ist unwirklich, unwahr, unsicher, unbeweisbar. Glauben bedeutet ein Zurücksetzen des Erkenntnisvorgangs des Sehens und ist damit ein demütiger Akt. Unser Stolz lässt uns nicht eingestehen, dass wir so wenig wissen. Wir überschätzen uns so gerne und setzen dabei die Akzente falsch.

Die Skepsis gegenüber dem Glauben als Erkenntnisgrundlage und die Unwissenheit über die Relation zwischen Glaube und Wissen kommen exemplarisch in folgendem, immer wieder gehörten Satz zum Ausdruck:

2. »Ich glaube nur, was ich sehe«

In diesem Satz stecken drei Aussagen:

a) Die Abneigung gegen den Glauben

Glauben und Sehen (Sinneswahrnehmung) sind, wie dargelegt, als Erkenntnisgrundlage streng genommen komplementär. Es gibt nur das eine oder das andere. Was man sieht oder hört oder betastet oder riecht, muss und kann nicht mehr geglaubt werden. Was man glaubt, kann (noch) nicht gesehen oder sonst sinnlich wahrgenommen werden.

Will man nun nur glauben, was man *sieht*, bringt man damit zum Ausdruck, dass man eben gerade *nicht* glauben will. Die Aussage lautet im Grunde: »*Ich will nicht glauben*, sondern *nur sehen*.«

Diese Abneigung gegen den Glauben ist – hauptsächlich in der westlichen Welt – durch die so genannte Aufklärung erst oder noch stärker zur kollektiven gesellschaftlichen geworden. Man will ja nicht zu den »unvernünftigen Unaufgeklärten« gehören.

Aus christlicher Sicht sei an dieser Stelle an den Sündenfall erinnert: 1. Mose 3,4 ff.: Die Schlange redet Eva ein, dass ihr die *Augen aufgetan* würden, sobald sie von der verbotenen Frucht essen würde. Eva *sah*, dass der Baum begehrenswert war, *Einsicht* zu geben. Die Folgen sind bekannt: Entfernung von Gott, geistlicher und leiblicher Tod.

b) Das Fordern von Beweisen

»Ich glaube nur, *was ich sehe*« ist das Fordern von Beweisen. Wissen hat etwas mit Be-»weis«-barkeit zu tun, es steckt schon im Wort. Wer wissen will, wer sichere Kenntnis haben will, muss *unmittelbar selber* den Beweis führen oder zumindest nachführen und darf das nicht anderen überlassen. Denn sonst ist seine Kenntnis wieder »nur« Glaube. In der Rechtswissenschaft und im juristischen Prozess kennt man den strikten Be*weis* und die bloße *Glaub*haftmachung von Tatsachen. Ersteres wird i.d.R. im ordentlichen Prozess gefordert, letzteres im summarischen, also »kurzen« Prozess.

Die Frage lautet: Was ist das Leben? Ein langer oder ein kurzer Prozess? Prüfen Sie genau oder nur summarisch, was Sie jeden Tag in den Medien aufgetischt bekommen? Hatten Sie in der Schule oder an der Universität je Beweise verlangt für das, was der Lehrer oder Professor erzählte? Falls nein, weshalb nicht?

Wann bringen Sie denn den Satz »Ich glaube nur, was ich sehe«? – Ist es nicht so, dass Sie ausgerechnet dort Beweise fordern, wo Sie etwas *von vornherein nicht* glauben wollen?

c) Der Nicht- oder Unglaube als vermeintliches Wissen

Eine andere Erkenntnisgrundlage außer Glauben und Sehen existiert nicht. Alle unsere Kenntnisse sind entweder geglaubt oder beruhen auf eigener Sinneserfahrung. Daran ändert auch die Bezeichnung des Kenntnisinhalts als »Wissen« oder »Wissen«-schaft nichts. Nicht aufgrund der Bezeichnung lassen sich Glaubens- und Wissensinhalte unterscheiden, sondern ausschließlich aufgrund des Erkenntnisvorgangs des Glaubens oder Sehens.

Mit dem Satz »Ich glaube nur, was ich sehe« werden die klaren Grenzen zwischen Glauben und Wissen sowie die Unterscheidung zwischen *Erkenntnisinhalt* und *Erkenntnisgrundlage* verwischt. Einerseits werden Glauben und Sehen zu ein- und demselben gemacht und andererseits zugleich Glaube implizit ausgeschlossen, da es nur ein Entweder-Oder gibt und man sich klar für das Sehen entscheidet.

Wir reden uns mit dem Satz »Ich glaube nur, was ich sehe« ein, dass Glaube auf Kosten von Sehen *als Erkenntnisgrundlage* wegfällt. Der Glaube wird mit dem Fordern von Beweisen zu ganz *bestimmten Sachverhalten* scheinbar vollständig *verworfen*. Es dominiert der Nicht-Glaube oder Unglaube. Dabei merken wir nicht, dass der Glaube als *Erkenntnisgrundlage* gar nicht ausgeschlossen werden kann und dass lediglich bestimmte *Inhalte* dieser Erkenntnisart *verworfen* werden.

Mit der Ablehnung der *Glaubenserkenntnisse* (Inhalt) glauben wir also, den Glauben als *Erkenntnisgrundlage* (Vorgang der Kenntnisgewinnung) aufgelöst zu haben. Wir reden uns damit ein, ausschließlich auf der Basis des Sehens oder Wissens zu stehen. Den Nicht- oder Unglauben, d.h. die Ablehnung von Glaubensinhalten, dem Wissen gleichzusetzen, ist eine methodische *Selbsttäuschung* der »aufgeklärten Wissensgesellschaft«.

Glaube wird aber nicht einfach zum Wissen, weil wir Nicht-Glaubende sein wollen. Wir glauben Lehrern, wir glauben

Professoren, wir glauben Büchern. Und wenn wir ihnen *nicht* glauben, dann ist das *auch* Glaube. So ist es auch mit Gott und der Bibel. Wir glauben an Gott oder wir glauben nicht an Gott. Wir glauben an die Bibel oder wir glauben nicht daran. Wir glauben an die ganze Bibel oder wir glauben nicht an die ganze Bibel. Der Glaube an etwas Bestimmtes ist gegenüber dem Unglauben zu diesem Bestimmten nur *inhaltlich* verschieden, die *Erkenntnisgrundlage* ist jedoch in beiden Fällen Glaube und damit *qualitativ* als Vorgang absolut gleichwertig.

3. »Ich glaube, was Dritte sehen«

Weil wir Wissende sein wollen, unsere Sinneserfahrung aber nicht allzu weit reicht und die vorstehend dargelegte Selbsttäuschung nicht allzu weit trägt, adoptieren wir so gerne Dritt-»Wissen« als eigenes.

Wir begnügen uns mit lauter Aussagen Dritter ohne Nachprüfung und oft ohne jede Reflexion und reden uns ein, dies sei Wissen, insbesondere dann, wenn die Inhalte als Schul-»Wissen« oder »Wissen«-schaft daherkommen. Wir erheben m.a.W. über die persönliche reine Sinneserfahrung hinaus auch die – oft bereits mehrfach übernommenen – Erkenntnisse Dritter zum Wissen, obwohl sie allerhöchstens *glaub*haft gemacht werden. Das Leben ist eben doch ein kurzer Prozess! Glaubhaft werden von Dritten vermittelte »Wissensinhalte«, sobald sie einigermaßen *plausibel* erscheinen.

Plausibel erscheinen sie uns: 1. Wenn der Inhalt widerspruchsfrei und logisch leicht nachvollziehbar ist und auf einem bestehenden »Wissen« aufbaut, das allerdings auch schon so gewonnen wurde (d.h. durch geglaubte Übernahme). Die *Überprüfbarkeit* muss genügen, denn selbst eine rudimentäre tatsächliche Inhaltsprüfung ist uns im schnellen Alltag und sogar in der Schule und im Studium mit der großen Stofffülle in der Regel nicht möglich. Die Überprüfung überlässt man daher

anderen. Und diese überlassen sie wiederum anderen. Und diese
... – In Wirklichkeit wird nicht einmal das Kriterium der Überprüfbarkeit selber geprüft.

Dazu die Erfahrungen einer Theologie-Professorin (Prof. Dr.
Eta Linnemann, in: Original oder Fälschung, Historisch-kritische
Theologie im Licht der Bibel, 2.A., CLV-Verlag Bielefeld 1999,
S. 25):

> »Nirgendwo wird so viel ›geglaubt‹ wie im wissenschaftli-
> chen Studium, zumindest im Studium der Theologie. ...
> Den einzelnen Hypothesen liegen zwar Argumente
> zugrunde, aber der durchschnittliche, ja selbst der sorgfäl-
> tigere Student nimmt 80 – 90 % der Hypothesen auf, ohne
> in der Lage zu sein, die Argumente abzuschätzen und zu
> wägen und etwa 40 – 50 %, vielleicht sogar mehr, ohne die
> Argumente auch nur zu kennen (...).«

Weil man heute von überall her mit »Wissen« eingedeckt wird,
welches sich unmöglich überprüfen und logisch-argumentativ nur
beschränkt nachvollziehen lässt, begnügt man sich meistens mit
dem 2. Plausibilitätskriterium: Falls der Inhalt nicht leicht
überprüfbar ist, erscheint er uns dennoch annehmbar, wenn
wenigstens der *Mitteilende glaubwürdig* ist.

Man hört es aus den Ausdrücken »glaubhaft, plausibel,
glaubwürdig« heraus: Hier geht es längst nicht mehr um Wissen
im Sinne von selbst Erfahrenem und Bewiesenem, sondern
vielmehr um die Plausibilität der Aussagen Dritter und noch viel
mehr um die Glaubwürdigkeit des Mitteilenden. Fast alle im
Laufe der Schule und des Studiums oder sonst vermittelten
»Wissensinhalte« werden auf der Erkenntnisgrundlage des
Glaubens angenommen. Buchstäblich ohne es zu wissen, sind wir
mit unserem vermeintlichen Wissen mitten im Glauben, und
wollen uns das einfach nicht eingestehen.

Besonders glaubwürdig erscheinen Lehrer, Professoren, Theologen, Ärzte, Juristen, Naturwissenschaftler etc. Das ist natürlich Unsinn. Es gibt keinen Grund, weshalb Akademiker oder Wissenschaftler glaubwürdiger sein sollten als Nichtakademiker. Glauben Sie ihnen zunächst einmal nicht! Gesichert ist in erster Linie nicht deren Wissen, sondern, dass sie gut im Abschreiben sind (Ausnahmen bestätigen die Regel; solche werden entweder – nach Jahrzehnten – berühmt oder versinken für immer in der Bedeutungslosigkeit).

Wissenschaftler sind auch nur Menschen. Universitäten und Hochschulen spiegeln die Gesellschaft mit ihren positiven und negativen Seiten wider, wobei letztere aufgrund der Enge des »wissenschaftlichen Biotops« und des Kampfes um die Karriere, das Prestige und die Forschungsgelder womöglich sogar etwas stärker vertreten sind als draußen in der »normalen« Welt.

Auch Betrug ist in der Wissenschaft durchaus verbreitet. Verwiesen sei etwa auf einen Artikel im Spiegel 34/2004 vom 16.8.2004 über den Anthropologen Reiner Protsch, mit dem Titel: »Die Regeln mache ich«. Dr. Dr. rer. nat. Protsch ist oder war u.a. Fachmann für »Primatenentstehung und -verhalten«. Laut Spiegel hat er beim zweiten Doktortitel gemogelt und wurde dafür strafrechtlich belangt. Inzwischen bekam er aufgrund weiterer Vorkommnisse von seiner Universität Hausverbot und wurde erneut angezeigt. Der Spiegel:

»Die causa Protsch könnte sich zu einer Katastrophe für die Wissenschaft auswachsen. Auf einen ganzen Forschungszweig fällt derzeit ein Schatten. Die deutsche Paläoanthropologie, so die Befürchtung, wurde womöglich von einem Hallodri genarrt und in die Irre geführt. Seit 1973 leitet der Gelehrte ... das Frankfurter C-14-Datierungslabor. ... Ganze Halden an prähistorischen Knochen wurden von ihm offenbar in die falschen Jahrtausende eingetütet. ... Viele Kiefer, Zähne und Gebeine sind in Wahrheit weit jünger als bislang gedacht.«

Laut einer Mitteilung der Neuen Zürcher Zeitung (NZZ) vom 18.2.2005 ergaben Untersuchungen mit der Radiokarbonmethode,

>dass die von Protsch als Sensationsfundstücke vorgestellten Schädelfragmente statt um die 30000 Jahre zum Teil nur wenige hundert Jahre alt waren.«

Ein Einzelfall? – Mitnichten, wie Horace Freeland Judson in seinem Buch »The Great Betrayal. Fraud in Science« (Harcourt Books, New York, 2004) nachweist. In der NZZ am Sonntag vom 9.1.2005 wird er zitiert:

>Wir werden bombardiert, getränkt und gepeinigt mit Betrug – nicht nur in der Finanzwelt und in der Industrie, sondern auch in der Wissenschaft.«

Dazu die NZZ am Sonntag:

>Noch mag diese Anklage bei den meisten Mitgliedern der Gesellschaft ungläubiges Kopfschütteln verursachen, ja sie mag geradezu frevelhaft klingen. Ist die Wissenschaft doch zu einer Art säkularer Theologie avanciert mit den Wissenschaftlern als Priestern und altruistischen Wahrheitssuchern. »Doch die Beweislage ist erdrückend und zwingt zu dem Schluss, dass Betrug struktureller Natur ist«, erklärt Judson. Denn Gaunereien seien wesenhaft für Systeme, die selbstregierend und selbstregulierend sind, ...«

Wie das Literaturverzeichnis einer Dissertation über den Wissenschaftsbetrug aus dem Jahre 2004 zeigt, befasste sich die Wissenschaft im deutschsprachigen Raum in jüngster Zeit selber mehrfach mit dem Thema (Marion Völger, Wissenschaftsbetrug, Strafrechtliche Aspekte – unter besonderer Berücksichtigung des Missbrauchs staatlicher Forschungsförderung, Schulthess Verlag, Zürich 2004). Und tatsächlich scheint man dem Wissenschaftsbetrug nun auch in der Öffentlichkeit vermehrt Beachtung zu schenken. Unter dem Titel »Jeder dritte Forscher flunkert« berichtete die NZZ am 15.6.2005 von einer anonymen Befragung von Wissenschaftlern in den USA. Und am 10.7.2005 erschien ein Artikel in der NZZ am Sonntag über Plagiate (Diebstahl geistigen Eigentums) an den Universitäten, welche »für viele Dozenten eine Plage geworden« seien. Immer mehr Studenten kopieren ganze Teile von Seminararbeiten aus dem Internet. Laut amerikanischen Studien hätten im Jahre 2004 40 Prozent aller Studenten zugegeben plagiiert zu haben und »70 Prozent aller Studenten gestanden, schon mal irgendwo geschummelt zu haben.« – Wer einmal schummelt, ...

Wem kann man da noch trauen? – Zunächst einmal niemandem. Man muss genau hinsehen und prüfen. Glaubwürdig wird ein Wissenschaftler jedenfalls erst, wenn er sich selbst in Frage stellt, samt dem Wissenschaftssystem, in welchem er steckt. Glaubwürdig ist, wer als Wissenschaftler seine Grundlagenforschung, d.h. seine Daten sowie die Methoden zu deren Gewinnung offen legt und wer über seine theoretische Ausgangslage, seine subjektiven Vorurteile, seine Basissätze, seine Weltanschauung offen Auskunft gibt, die Abhängigkeit seiner Erkenntnisse von diesen Vorurteilen zugibt und auch so vermittelt und die Schlussfolgerungen als subjektiv und vorläufig darstellt.

4. Der größte Teil unseres »Wissens« ist Glaube

Fordert man als Voraussetzung von Wissen die strikte Beweisbarkeit im naturwissenschaftlichen Sinn bzw. das Sehen im biblischen Sinn (Empirie, also eigene Beobachtung/Erfahrung), dann reduziert sich unser Wissen auf die persönliche, aktuelle reine Sinneserfahrung. Denn nur, was ich jetzt sehe, höre, betaste oder rieche ist für mich erwiesenermaßen real bzw. existent. Zählt man noch die *unverfälschte* Erinnerung an die früheren Sinneserfahrungen zum Wissen, dürfte unser Bewusstsein trotzdem nur ganz marginal durch Wissen i.e.S., d.h. vom »Sehen« oder von sicherer Kenntnis ausgemacht werden. Der ganze Rest unserer Kenntnisse ist Glaube.

Ist das nun tragisch? – Nein! Tragisch ist, dass sich das die wenigsten eingestehen und bewusst machen und dadurch *manipulierbar* werden!

Da helfen keine Ausreden und Selbsttäuschungen: Wie dargelegt wird Unglaube oder Nicht-Glaube nicht einfach deshalb zum Wissen, weil Glaubens*inhalte* abgelehnt werden. Es ist gefährlich, wenn wir mit dieser methodischen Verdrängung der Erkenntnisgrundlage des Glaubens unbewusst umso abhängiger werden von denen, die es ja wissen müssen, den Sehenden, den Wissenschaftlern.

Um hier nicht falsch verstanden zu werden: Es geht nicht darum, die Wissenschaft generell zu kritisieren. Es ist unbestritten, dass die Menschen von der modernen Wissenschaft profitiert haben und weiter profitieren werden. Sondern es geht darum, den unkritischen Umgang mit der Wissenschaft zu kritisieren. Es geht darum, das aufklärerische Dogma der umfassenden Wissbarkeit aufzulösen. Es geht darum, das Bewusstsein zu wecken, dass wir je länger je mehr von der Wissenschaft – wie etwa von den Medien – und damit von Dritt-»Wissen« *abhängig* sind, welches zum größten Teil *auch nur geglaubt* und allenfalls bewusst oder unbewusst zurechtgebogen ist.

Ich rufe hier also nicht dazu auf, den Wissenschaftlern nicht zu glauben. Sondern ich rufe dazu auf, ihnen *bewusst* nicht zu glauben – oder eben *bewusst* zu glauben. Lassen Sie nicht für sich denken. Denken Sie selber!

5. Selbst das Sehen endet immer im Glauben

»Wir können keinen wissenschaftlichen Satz aussprechen, der nicht über das, was wir ›auf Grund unmittelbarer Erlebnisse‹ sicher wissen können, weit hinausgeht. ...

Es gibt keine reinen Beobachtungen: Sie sind von Theorien durchsetzt und werden von Problemen und von Theorien geleitet« (Karl Popper, Logik der Forschung, 10. A., Tübingen 2002, S. 61 und 76).

Glauben und Sehen sind zwar als Erkenntnisgrundlagen komplementär. Nach dem Vorgang der Erkenntnisgewinnung kann man deshalb auch noch klar zwischen Glaubens- und Wissensinhalt unterscheiden. Das bedeutet allerdings nicht, dass daraus auch separierte Kenntnisinhalte resultieren. Vielmehr wechseln sich Glauben und Sehen bei der Erkenntnisgewinnung ständig ab und beeinflussen in dieser Wechselwirkung das Resultat. Unsere Glaubensinhalte sind nie ganz losgelöst von unseren Sinneserfahrungen. Und unsere Sinneserfahrungen sind nie losgelöst von Glaubensinhalten.

Deshalb ist die vermeintlich nur mit Sehen gewonnene Erkenntnis tatsächlich nie objektiv. Zunächst einmal muss einem bewusst sein, dass wir nicht mit den Augen sehen (und auch nicht mit den Ohren hören), sondern mit dem Gehirn. Die Augen sind die Linsen für das Einfallen der Lichtstrahlen (und die Ohren fangen die Schallwellen auf). Diese werden über die Nervenzellen transformiert und ins Gehirn weiter geleitet. Dort kommen die Nervenreize als unzählige »Farbtupfer« (oder beim Gehör als »Einzeltöne«) an. Und das ist erst der Erkenntnisvorgang. Dieser ist noch neutral und objektiv. Mit den bloßen Stromstößen in den Nerven hat sich noch lange kein Bild (oder beim Hören noch kein Wort oder Satz oder Konzert) ergeben.

Damit der mechanische Erkenntnisvorgang zum Erkenntnisinhalt wird, ist eine *Interpretation* (Deutung, Übersetzung,

Verständlichmachung) nötig. Dabei werden die unzähligen Sinnes- und Nervenreize, d.h. die durch Sehen gewonnenen Einzel-»Farbtupfer« zum Bild (die »Einzelklänge« zum Wort und Satz). Das geschieht nicht durch das Gehirn selbst. Das wäre, wie wenn die Leinwand, auf welcher ein Film abläuft, diesen verstehen würde. Sondern der menschliche *Geist* interpretiert die im Gehirn ankommenden Reize als Bild (oder Wort und Satz).

Der an sich neutrale Erkenntnis*vorgang* des Sehens endet somit als Erkenntnis*inhalt* immer im Geist. Und dieser ist vorgeprägt durch Glauben und Sehen. Je besser der menschliche Geist im Laufe eines Lebens zur Interpretation von Sinneserfahrungen fähig ist, desto vorgeprägter ist er auch von Welt- und Selbstbildern bzw. Glaubensinhalten. Sehen und jede andere Sinneserfahrung ist deshalb als Vorgang schon, im Ergebnis aber nie objektiv und neutral. Sondern die Sinneserfahrung ordnet sich im Moment des Übergangs von der Erkenntnisgewinnung zum Erkenntnisinhalt automatisch dem im Geist vorherrschenden Welt- und Selbstbild unter.

Es ist aus dem Gerichtsalltag bekannt, dass verschiedene Zeugen denselben Sachverhalt in aller Regel ziemlich unterschiedlich wiedergeben. Unvollständige Erinnerungen eines dynamischen Ablaufs werden im eigenen Kopf vervollständigt, sodass es für Gerichte zuweilen sehr schwierig ist herauszufinden, was von den Erinnerungsbildern wirklich selber erlebt worden ist. Oft schildern Zeugen in einem Prozess unabsichtlich mehrfach Dinge, die sie klarerweise nicht selber erlebt haben konnten oder vermögen anderes nicht zu schildern, obwohl sie zugesehen hatten. Das kommt daher, dass die Bilder im Kopf nicht neutral und objektiv zusammengefügt und gespeichert, sondern vom »vorbelasteten« Geist interpretiert und ergänzt oder – nicht selten – verdrängt werden.

Das alles erhellt, was in der Bibel über Menschen gesagt wird, die

»*sehend nicht sehen und hörend nicht hören noch ver-*
stehen« (Matthäus 12,13f.; Jesaja 6,9 f. etc.).

Das Publikum konnte das, was es sah und hörte, im vorgeprägten
Geiste nicht richtig interpretieren, im Grunde überhaupt nicht
aufnehmen.

Und nicht umsonst verlangt Gott in der Bibel, dass eine Sache
stets nur auf mindestens zweier Zeugen Aussage hin gültig sein
soll (so etwa 5. Mose 17,6; 19,15, bestätigt im Neuen Testament
z.B. Matthäus 18,16; Johannes 8,17; 2. Korinther 13,1; 1.
Timotheus 5,19; Hebräer 10,28).

6. Der Glaube ist größer als das Wissen

Setzen wir bei der Erkenntnisgewinnung den Glauben dem Sehen
entgegen, erkennen wir, dass das Sehen oder das Wissen i.e.S. so
endlich ist, wie es unsere Sinneserfahrungen sind, dass Glaube
dagegen unendlich ist.

Unser Wissen reicht nur bis zur nächsten Wand. Ich glaube,
dass dahinter ein weiterer Raum ist. Ich weiß es erst, wenn ich ihn
sehe oder betrete. Deshalb kommt Glaube vor dem Wissen. Bin
ich im zweiten Raum, sehe ich den ersten nicht mehr, kann nur
noch glauben, dass er existiert und nicht hinter mir abgebrochen
wurde. Deshalb kommt Glaube auch nach dem Wissen. Dasselbe
kann vom morgigen und gestrigen Tag, von der Zukunft und der
Vergangenheit gesagt werden. Glaube umfasst jedes Wissen und
ist größer als Wissen. Das gilt für den Raum wie für die Zeit.
Deshalb können wir ohne Glauben nicht Wissen. (Empfehlenswert: Kessler-Solymosi, Ohne Glauben kein Wissen, »Mathematischer Beweis« der Unvollständigkeit unseres Wissens,
Schwengeler-Verlag, CH-Berneck).

Deshalb können wir die großen Sinnfragen unseres Lebens nur
durch Glauben ergründen. Unser Sehen reicht nicht weit genug.
Deshalb können wir auch Gott, der ja mit den Sinnen nicht

fassbar ist, nur im Glauben erkennen. Deshalb ist die Glaubens-feindlichkeit gerade auch der Wissenschaft und leider je länger je mehr auch der Theologie letztlich eine Gottesfeindlichkeit. Mit dem Anspruch des Sehens statt Glaubens wird der Weg zu Gott verbaut.

ZWEITER TEIL

Evolution contra Kreation aus juristischer Sicht

1. KAPITEL
Einführung in die juristische Methodik

I. VERFAHRENSSTADIEN

Wie geht man als Jurist an die Kontroverse Evolution – Kreation heran? – Natürlich mit juristischer Methodik wie bei jeder Auseinandersetzung zwischen zwei streitenden Parteien: Praktisch alle Zivilprozessordnungen der Schweiz (jeder Kanton hat seine eigene) wie auch diejenige Deutschlands sehen, abgesehen vom Streitschlichtungsverfahren vorher und vom Rechtsmittelverfahren nachher, vier – teilweise überlappende – Stadien der Auseinandersetzung vor. Sehr übersichtlich geht dies etwa aus der Systematik der Zivilprozessordnung des Kantons Zürich hervor, wo das ordentliche Verfahren in die vier Abschnitte »Prozesseinleitung«, »Hauptverfahren«, »Beweisverfahren« und »Erledigung des Prozesses« aufgeteilt ist.

1. Die Prozessvoraussetzungen und die Sachlegitimation

Ganz zu Beginn werden bei einem Gerichtsverfahren die Prozessvoraussetzungen, insbesondere die örtliche und sachliche Zuständigkeit des Gerichts, die Berechtigung der Parteien und ihrer Vertreter zur Prozessführung, die gehörige Einleitung des Prozesses und die Zulässigkeit der gewählten Prozessart von

Amtes wegen geprüft (§ 108 der Zivilprozessordnung des Kantons Zürich, entspricht den §§ 56 und 280 f. der deutschen Zivilprozessordnung, ZPO). Bei Unzuständigkeit oder wenn dieselbe Klage anderswo schon eingereicht ist, wird nicht auf die Klage eingetreten, ansonsten werden Verbesserungen angeordnet.

Nicht zu den formellen Prozessvoraussetzungen zählt die Frage der Sachlegitimation. Wohl aber ist sie materiellrechtliche Vorfrage. Die Aktivlegitimation ist die Berechtigung des Klägers, das eingeklagte Recht oder Rechtsverhältnis geltend zu machen, und zwar gegen den ins Recht gefassten Beklagten, welcher bezüglich des strittigen Rechts in der Pflichtstellung steht und damit passivlegitimiert ist. Die Sachlegitimation fehlt, wenn der Anspruch nicht dem Kläger zusteht oder nicht dem Beklagten gegenüber besteht.

Beispiel: Bauherr X schließt einen Werkvertrag mit Maler Y als Einzelunternehmer. Maler Y gehört aber auch die Y GmbH. Nach Abschluss der Arbeiten stellt die Y GmbH Rechnung. X verweigert die Zahlung, da die Rechnung zu hoch ist. Die Y GmbH klagt. Da sie nicht Vertragspartnerin war, steht ihr die Werklohnforderung nicht zu. Ihre Klage wird mangels Sachlegitimation von vornherein abgewiesen, ohne dass das Gericht auf die Frage des Bestandes und des Umfanges der Forderung eingeht. Y müsste persönlich klagen.

Die Legitimation einer Partei, den gerichtlich geltend gemachten Anspruch zu erheben, ergibt sich also aus dem materiellen Recht. Die Legitimation wird nicht als formelle Prozessvoraussetzung geprüft, wohl aber als materielle Voraussetzung zur Geltendmachung des Anspruchs und damit als Grundlage einer möglichen Klagegutheißung. Fehlt die Sachlegitimation, geht das Gericht nicht weiter auf den eingeklagten Anspruch ein.

2. Das Hauptverfahren

§ 112 der Zivilprozessordnung des Kantons Zürich lautet (entspricht den §§ 253 und 277 der deutschen ZPO):

> »Im Hauptverfahren ist das Streitverhältnis darzustellen und das Begehren zu begründen. Die Parteien haben ihre Behauptungen bestimmt und vollständig aufzustellen und sich im Einzelnen über das Vorbringen des Gegners auszusprechen.«

In der Sache selbst bringen die Parteien im Hauptverfahren ihre Behauptungen vor, wobei es Aufgabe der Anwälte und des Richters ist, die Auseinandersetzung auf den relevanten Sachverhalt zu reduzieren. Die Parteien tragen dabei die sog. *Behauptungslast*. Sie müssen ihre Behauptungen *bestimmt und vollständig* aufstellen und sich im Einzelnen über das Vorbringen des Gegners aussprechen.

Die Behauptungen müssen so *substanziiert*, d.h. *gehaltvoll* bzw. mit Inhalt gefüllt, konkret und präzise sein, dass sie zum einen vom Gegner auch konkret bestritten werden können und dass zum anderen darüber Beweis geführt werden kann.

Alles, was nicht zum Streitthema gehört und alles, was keinen Inhalt aufweist, also substanzlos ist, wird ausgeschieden. Der verbleibende Sachverhalt wird schließlich aufgeteilt in den unbestrittenen und den bestrittenen Teil.

Wichtig ist, dass dieser Teil des Verfahrens sauber von der Beweisführung getrennt wird, wie das aus der Zivilprozessordnung des Kantons Zürich besonders klar hervorgeht. Gemäß § 136 wird dort das Beweisverfahren nach dem Hauptverfahren mit besonderem Beschluss eröffnet, mit welchem die zu beweisenden Tatsachen genau bezeichnet werden.

3. Das Beweisverfahren

§ 133 der Zivilprozessordnung des Kantons Zürich lautet (dieser Paragraph entspricht den §§ 288, 291 und 359 der deutschen ZPO):

»Beweis wird erhoben über erhebliche streitige Tatsachen, ... Hat der Richter davon sichere Kenntnis, ist der Beweis nicht abzunehmen.«

Nur der relevante umstrittene Sachverhalt wird Thema des Beweisverfahrens. Dabei werden in der Regel zunächst die Beweissätze gemäß den Behauptungen der Parteien aufgestellt und die Beweislast für die einzelnen Sätze auf die Parteien verteilt. Dann folgt die Beweisaufnahme durch den Richter, allenfalls unter Mitwirkung der Parteien. Danach folgt die Beweiswürdigung durch den Richter, also die Beurteilung, ob der Beweis gelungen ist oder nicht.

Können bestrittene Behauptungen nicht bewiesen werden, fallen sie nicht einfach außer acht. Nach einer allgemeinen Regel (Art. 8 des Schweizerischen Zivilgesetzbuches) hat derjenige das Vorhandensein einer behaupteten Tatsache zu beweisen, der aus ihr für sich ein Recht, oder genauer: eine günstige(re) Rechtsfolge, ableitet. Wer die Beweislast trägt, den Beweis aber nicht erbringen kann, muss auch die Folgen des fehlenden Beweises tragen. Die Sache gilt dann womöglich als nicht bewiesen und die Klage wird abgewiesen.

4. Das Urteil

§ 188 der Zivilprozessordnung des Kantons Zürich lautet (entspricht § 300 der deutschen ZPO):

»Sobald der Prozess spruchreif ist, fällt das Gericht den Endentscheid. Es legt ihm unter Vorbehalt rechtzeitiger

Geltendmachung den Sachverhalt zugrunde, wie er in diesem Zeitpunkt besteht.«

Zuletzt folgt im gerichtlichen Verfahren das Urteil über die Streitsache. Darin berücksichtigt werden die unumstrittenen, substanziierten Behauptungen sowie die bewiesenen bestrittenen Behauptungen und – gemäß der Beweislastregel – die nicht bewiesenen umstrittenen Behauptungen quasi zu Lasten des Behauptenden.

Im juristischen Prozess wird das Beweisergebnis bzw. wird der Sachverhalt mit den Rechtssätzen verknüpft (Subsumtion), um zu einem Urteil in der geltenden Rechtsordnung zu gelangen. Das Ganze ist im Grunde ein Wahrheitsfindungsprozess mit gesetzlich vorgegebener Entscheidung bei richtigem Vorgehen.

In der Auseinandersetzung zwischen Evolutionisten und Kreationisten kann man alle Verfahrensschritte bis und mit Urteil durchspielen. Nur gibt es keine Rechtsordnung, unter welche man die relevanten Tatsachen subsumieren könnte, und damit auch keinen vorgegebenen Entscheid. Deshalb wird sich diese Auseinandersetzung höchstens bis und mit Beweiswürdigung nach der gegebenen Methodik abspielen lassen. Das Beweisergebnis wäre dann bereits die Urteilsfindung. Die Frage ist nur, ob man überhaupt bis zum Beweisverfahren vorstößt ...

II. Die Bedeutung der Reihenfolge

Wie einleitend festgestellt bekundet jedermann Mühe, objektiv und neutral zu sein. Nur wer seine Vorurteile kennt und weiß, diese wegzuschieben, wenn er über eine Sache urteilen soll, kommt überhaupt erst in die Nähe der Objektivität. Das ist aber noch nicht alles:

Es passiert auch manchen gestandenen Richtern und Anwälten

immer wieder, dass sie in einer Sache *vorschnell* urteilen. Abgesehen von der Überwindung der allgemeinen persönlichen Vorurteile muss in jedem Prozess auch ein zu rasches Urteil aufgrund des durch die Parteivorträge und -schriftsätze gewonnenen Eindrucks und der vorschnell vorgelegten Beweise vermieden werden. Dazu dient der vorgegebene Verfahrensablauf, insbesondere die klare Unterscheidung zwischen Behauptungsstadium und Beweisstadium.

Zu oft passiert es leider selbst in der Gerichtspraxis, dass der Streitgegenstand ungenau definiert bleibt und man zu rasch auf die Beweise zusteuert. Das führt dazu, dass Beweissätze ungenau sind oder irrelevant, weil eine Behauptung gar nicht bestritten ist. Und das führt zu einer Verzerrung der Auseinandersetzung, zum Setzen von falschen Schwerpunkten und zuletzt zu einem unausgewogenen Urteil. Man läuft Gefahr, vor lauter Beweisstreben die Sache selbst aus den Augen zu verlieren.

In der Auseinandersetzung zwischen Evolutionisten und Kreationisten wird stets sehr direkt über Beweise gestritten, ohne dass die zu beweisenden Behauptungen konkretisiert und substanziiert sind. Dabei leuchtet es doch ein, dass über unklare, unsubstanziierte, also leere oder unpräzise Behauptungen gar nicht gestritten, geschweige denn Beweis geführt werden kann.

2. KAPITEL
Die Auseinandersetzung

I. PROZESSVORAUSSETZUNGEN UND SACHLEGITIMATION

Die Zuständigkeit der Menschheit über ihre Herkunft zu urteilen ist stets gegeben. So darf sich auch jeder Leser dieses Buches ein Urteil zu diesem Thema bilden. Welche Parteien ihre Vorstellungen vortragen, entscheidet ebenfalls der Leser des Buches als Richter. Was ihn nicht interessiert, liest er nicht. Will er nichts über Kreation oder Evolution wissen, geht er auf die »Klage und Widerklage nicht ein«, sprich: kauft er das Buch nicht.

Vorliegend wird ein Prozess über die Herkunft der Materie und des Lebens zwischen zwei Parteien, den Evolutionisten und den bibeltreuen Kreationisten, nachgespielt. Es gibt zahlreiche andere Parteien, hauptsächlich Vertreter von Religionen, welche Aussagen zu diesem Thema machen. Sie bleiben hier ebenso unberücksichtigt, wie die »Mitte-Partei«, d.h. die theistischen Evolutionisten (vgl. dazu aber Anhang 4 und 5).

Auch innerhalb der Evolutionslehre und innerhalb der Schöpfungslehre bestehen je zum Teil recht gewichtige Differenzen. Die vorliegende Abhandlung muss sich je auf die Grundaussagen beschränken. Es wird versucht, möglichst die Hauptrichtung der beiden Parteien wiederzugeben. Auf Abweichungen und Details kann nicht eingegangen werden.

Jede der beiden Parteien darf im durchgespielten Prozess jede beliebige Aussage vortragen, solange sie relevant, d.h. themenbezogen ist. In Frage kommen somit historische, naturwissenschaftliche, philosophische oder theologische Behauptungen. Nicht entscheidend ist im juristischen Prozess, wie oder woher die Aussagen gewonnen wurden, ob sie aus bereits erarbeiteten Beweisen, aus Experimenten oder von Zeugenaussagen oder sonst woher abgeleitet sind oder ob es sich um reine Glaubensaussagen handelt. Die Aussagen werden einfach einmal als Parteibehauptung entgegengenommen und zunächst je separat auf ihre Substanziiertheit geprüft. Erst danach folgt die Beweisführung über diejenigen Behauptungen, welche gehaltvoll und präzise genug sind. Bei der Nennung der Beweismittel wird sich herausstellen, auf welcher Grundlage die Aussagen beruhen.

Es wird hier bewusst keine naturwissenschaftliche Auseinandersetzung geführt, in welcher an sich nur Aussagen aufgrund von bestimmten Beweismitteln (Beobachtung und Experiment) zulässig wären. Sondern es wird eine juristische Auseinandersetzung über die Herkunft der Welt und der Menschheit geführt, wobei die Parteien zuerst gehört werden und erst danach den Beweis für ihre Behauptungen mit allen möglichen Beweismitteln antreten dürfen.

Wer – als Leser des Buches – auf die Auseinandersetzung eingeht, muss sich zunächst Gedanken über die Sachlegitimation der Evolutionisten und Kreationisten machen. Das Thema ist die Frage »Woher kommen wir?« Für eine umfassende Antwort auf diese Frage müssen stets sowohl der *Ausgangspunkt* als auch der zurückgelegte *Weg* bekannt sein. Es hilft nichts, wenn man jemanden fragt, woher er komme, und dieser antwortet: Die Straße hatte 12 Biegungen und führte über zwei Brücken. Da könnte er von vielen Orten her gekommen sein. Es hilft mehr, ist aber noch immer ungenügend, wenn er lediglich antwortet: vom Ort X. Denn es führen viele Wege bis hierher. Präzise ist nur die Auskunft, die den Ausgangsort und den Weg detailliert beschreibt.

Von der Parteibezeichnung her stellt sich vorweg die Frage der Legitimation der Evolutionisten, über Ursprungsfragen Streit zu führen. Mit Ursprung ist der erste gesetzte Grund für eine Reihe von Wirkungen bis heute gemeint. Man könnte – aus menschlicher Sicht – auch von *Herkunft* sprechen. Man könnte aber auch von *Ursache* oder von *Entstehung* reden.

Das Wort Evolution stammt gemäß dtv-Etymologisches Wörterbuch des Deutschen aus dem Lateinischen

»*evolutio* ›das Auseinanderwickeln (der Schriftrolle), das Lesen‹, einem Verbalabstraktum zu lat. *evolvere* ›hinauswälzen, enthüllen, auseinander rollen, entwickeln‹, das sich aus lat. *ex-* ›aus-, heraus- (...) und lat. *volvere* ›rollen, wälzen, abspulen‹ zusammensetzt.«

Über das französische évolution für militärische Truppenformationen gelangte das Wort ins Deutsche. Im 18. Jahrhundert wurde es aus der lateinischen Wissenschaftssprache in vielen Fächern übernommen.

»Besondere Bedeutung für die philosophische Diskussion seit dem 18. Jh. gewinnt der (...) naturwissenschaftliche Terminus *Evolution*, der anfangs unter dem Einfluss der Präformationslehre steht (›Auswickelung, Entfaltung der bereits seit der Schöpfung vorhandenen Organismen‹), im 19. Jh. aber (...) durch Darwins Abstammungslehre den Sinn ›ständige Höherentwicklung durch allmähliche Veränderungen‹ erhält.«

Der ursprüngliche Sinn des Wortes Evolution ist somit das Aufrollen einer Schriftrolle zum Lesen. Die Schriftrolle bzw. der Text ist schon vorhanden. Diese Bedeutung hatte das Wort auch noch für Truppenformationen im Militär. Auch die Truppen, die es umzuformieren galt, waren bereits vorhanden. Selbst in der Naturwissenschaft bedeutete Evolution getreu dem ursprünglichen Wortsinn zunächst »bloß« die Entfaltung der bereits vorhandenen, geschaffenen Organismen. Erst durch die *philosophischen* Einflüsse Darwins veränderte sich der Sinn in Richtung Höherentwicklung und Neu-Entstehung.

Wer sich als Entwicklungsforscher und als Vertreter einer Entwicklungstheorie bezeichnet, ist nicht zwingend auch ein Ursprungsforscher und ein Vertreter einer Ursprungstheorie. Entgegen der Bezeichnung erheben die Evolutionisten aber, ganz nach Darwin, allgemein den Anspruch, nicht nur die »Herauswälzung« oder »Abwicklung« von bereits Vorhandenem (Theorie der *Mikroevolution*, eine echte Entwicklung im Wortsinne), sondern auch die *Entstehung von Neuem* zu erklären oder gar zu beweisen, und zwar immer dann, wenn es um die gemeinsame Abstammung der Lebewesen (Deszendenzlehre) und die Höherentwicklung, also um neue Strukturen oder Organe der Lebewesen durch Informationszunahme im Genom (Gesamtheit der Erbanlagen eines Lebewesens) geht, geschehe diese nun plötzlich und sprunghaft oder allmählich und in kleinsten Schritten (Theorie der sog. *Makroevolution*, welche *keine* Entwicklung im ursprünglichen Wortsinne ist. Näheres zur Unterscheidung von Mikro- und Makroevolution folgt nachstehend zu den Behauptungen).

Im Gegensatz dazu führen die Kreationisten in ihrer Parteibezeichnung das Element der Erschaffung. Nach Duden handelt es sich dabei um ein *gestaltendes Hervorbringen*. Damit ist ihre Legitimation, über Ursprungs- und Entstehungsfragen zu streiten, offensichtlich gegeben.

Umgekehrt muss man fragen, ob Kreationisten über Entwicklung streiten dürfen, wenn sie sich mit ihrer Bezeichnung als Ursprungsspezialisten legitimieren. Kreationisten müssen aber, wollen sie nicht ein deistisches Weltbild vertreten (also göttlicher Ursprung und evolutionistischer Weg), auch die Entwicklung bis heute erklären, um das »Woher« umfassend zu bestimmen. Damit ist bereits zum Ausdruck gebracht, dass Kreationisten eine Entwicklung der Lebewesen anerkennen. Der Streit dreht sich also nicht darum, *ob* Entwicklung stattfindet, sondern *wie* Entwicklung stattfindet und ob es *Tendenzen und Grenzen* der Entwicklung gibt.

Oft hört man von unaufgeklärten Evolutionisten dagegen noch immer die Behauptung, Kreationisten glaubten an die Unveränderbarkeit der Lebewesen seit der Erschaffung. Dieser sog. Typenfixismus hatte als Ideologie vor der Zeit Darwins tatsächlich einmal geherrscht, wobei sich die Idee nicht aus der Bibel ableiten lässt. Darwins große Leistung war es, diesen Irrtum aufzudecken und zu zeigen, dass sich die Lebewesen verändern. Seine von der künstlichen Zucht der Nutz- und Haustiere abgeleitete Theorie der natürlichen Zuchtwahl weitete er mittels Analogieschlüssen zur Deszendenz- oder Abstammungslehre (Makroevolution) aus. Danach stammen alle Lebewesen von einem einzigen Organismus ab, wobei dieser von Gott belebt wurde. Darwins Theorie wies damit noch einen deistischen Ansatz auf. Seine Theorie wiederum wurde von den konsequenteren Materialisten über das theoretische erste Lebewesen hinaus auf die tote Materie ausgeweitet, wobei von vornherein überhaupt nicht mehr mit Gott gerechnet wurde. Leben soll demnach von selbst entstanden sein. Damit überschritten die Evolutionisten ihr naturwissenschaftliches Spezialgebiet der Entwicklung und konkurrieren seither die Kreationisten in der historisch-philosophisch-theologischen *Frage des Ursprungs* der Welt und der Lebewesen quasi in fremdem Territorium. Streitpunkt dabei ist: *Mit oder ohne Gott?*

Die Kreationisten sind in dieser Auseinandersetzung als Spezialisten des Ursprungs insofern im Vorteil, als die Ursprungsfrage, d.h. der Ausgangspunkt des »Woher« der drei Sinnfragen, die Gesellschaft sicher brennender interessiert als die Entwicklungsfrage, auch wenn die Evolutionisten alles daran setzen, diese beiden Fragen zu vermischen. Und erstere muss stets vor letzterer geklärt sein, da eine Entwicklung ohne Ausgangspunkt in der Luft hängt und man nie sicher sein kann, ob die Aussagen darüber zutreffen, solange man die Ausgangsbedingungen noch nicht einmal kennt.

Betrachtet man zudem die evolutionistische Theorie der Makroevolution mit der *Entstehung* neuer Arten genauer, entpuppt sie sich in Wahrheit als mit »Entwicklung« bezeichnete fortlaufende Schöpfung, womit gerade in diesem heiß umstrittenen Gebiet der »Evolution« die Legitimation paradoxerweise wieder eher den Kreationisten zusteht und den Evolutionisten abgeht. *Echt Neues entwickelt sich nicht, es entsteht.* Es ist eine bekannte Rechtsregel, dass z.B. Verträge nicht nach der irrtümlich von den Parteien gewählten Bezeichnung, sondern einzig nach dem Inhalt qualifiziert werden. Wenn also Parteien einen Kaufvertrag irrtümlich mit »Mietvertrag« betiteln, so gilt trotzdem Kaufrecht. Der verwirrende Begriff Makro-»Evolution« ändert nichts daran, dass der Inhalt dieser Theorie die *Entstehung von Neuem* und *nicht* die Entfaltung von Bestehendem betrifft.

Wir lassen trotz Bedenken beide Parteien zur nachfolgenden theoretischen Auseinandersetzung über den ganzen Streitgegenstand von Ursprung und Entwicklung zu und sehen uns diesen genauer an:

II. Hauptverfahren (Streitgegenstand)

1. Behauptungen
Bei der Frage nach dem »Woher« gibt es zwischen Evolutionisten und Kreationisten zusammengefasst diese zwei wesentlichen Streitpunkte:

(1) Der **Ursprung** der *Materie*, also des Universums und der Erde oder alles sinnlich Wahrnehmbaren, und des *Lebens* bzw. des Geistes.

(2) Die **Entwicklung** der *Materie* und des *Lebens* bzw. des Geistes.

Die zwei Hauptstreitpunkte lassen sich je in zwei weitere Unterstreitpunkte gliedern:

a) **Auslösendes Moment** oder treibende Kraft von Ursprung und Entwicklung: *Was oder wer hat ausgelöst?*

b) **Vorgang** oder Prozess des Ursprungs und der Entwicklung: *Wie lief es ab?*

Die gegensätzlichen **Behauptungen** oder Grundaussagen zum »Woher« lauten grob gesagt:

Evolutionisten:

a) *Treibende Kraft* der Entstehung und Entwicklung von Materie und Leben innerhalb von Zeit und Raum sowie deren immanenter Natur-Gesetze ist **vorbestehende Materie** und **Zufall**.

b) *Vorgang* der Entstehung und Entwicklung von Materie und Leben:

- *Entstehung*: **zufällige chemisch-physikalische Prozesse** vorbestehender lebloser Materie führen zur Weiterentwicklung der Materie bis zur zufälligen Entstehung des Lebens.

- *Entwicklung*: alle Lebewesen haben eine **gemeinsame Abstammung**; zufällige biochemische Prozesse führen zu **zufälligen Mutationen** der Gene mit der langfristigen **Tendenz oder dem Fakt der Höherentwicklung** i.S. der **Andersartigkeit** (d.h. neue Strukturen durch zunehmenden Informationsgehalt der Gene, zunehmende Komplexität und Organisation) aufgrund des Gesetzes des Stärkeren bzw. der besseren Anpassung an die Umwelt (**Selektion**).

Kreationisten:

a) *Treibende Kraft* der Entstehung und Entwicklung von Materie und Leben ist der **ewige** Gott, welcher außerhalb von Zeit und Raum sowie über deren Gesetzen stehend existiert.

b) *Vorgang* der Entstehung und Entwicklung von Materie und Leben:

- *Entstehung*: Gott **schafft**, indem er das Wahrnehmbare aus dem nicht Wahrnehmbaren **hervorruft**, er **spricht** und es wird, d.h. er lässt seine **Gedanken sinnlich wahrnehmbar** werden, er **verbindet Geist mit Materie (materialisierte Geistesleistung/Information)**; und: Gott **belebt** Materie **durch Spende** bzw. Einhauchung seines Lebens.

- *Entwicklung*: Materie und Leben entwickeln sich in den **Grenzen** der von Gott geplanten **Variabilität** (der Gene und Umweltfaktoren) **innerhalb der geschaffenen Arten** (oder Grundtypen), mit der Möglichkeit der Unterartenbildung durch **Spezialisierung** aufgrund der langfristigen Tendenz zur Tieferentwicklung (abnehmender Informationsgehalt der Gene, abnehmende Organisation und Komplexität) zufolge Loslösung der Schöpfung von Gott (**Sündenfall**).

c) *Und jenseits der Auseinandersetzung:*

- *Neu-Entstehung:* Unsichtbare **Neuschöpfung** der Menschen und später sichtbare Neuschöpfung der Menschen und der ganzen verdorbenen Schöpfung durch die **Verbindung mit Jesus Christus**, d.h. mit Gott selbst.

2. Zur Substanziierung der Behauptungen Zufall contra Gott

Die Grundbehauptungen der Parteien werden im folgenden im Einzelnen genauer auf ihren *Aussagegehalt* untersucht. Nach jeder Behauptung folgt unter ➤ ein persönlicher Kommentar.

A. Behauptungen der Evolutionisten

a) **Auslösendes Moment** des Ursprungs und der Entwicklung ist:

- **Materie! – Materie entstand aus Materie** (Materialismus, Naturalismus).

➤ Das ist eine absolut *inhaltslose* Aussage! Das ist, wie wenn Sie vor dem Richter behaupten, die andere Partei schulde Ihnen 50000 Franken. Auf die Frage des Richters, aus welchem Grund, antworten Sie: Weil sie mir 50000 Franken schuldet. Diese Klage wird abgewiesen, ohne dass überhaupt Beweis geführt wird.

Das erkennen auch viele Evolutionisten und bringen deshalb ein

- *Ausweichargument*: **Materie hat schon immer existiert**, es gibt **keinen Anfang**.

➤ Manche Evolutionisten drücken dies anders aus, indem sie behaupten, der Urknall sei der Anfang gewesen, was davor war, wisse man nicht. Einig ist man sich aber doch darin, dass Materie nicht aus dem Nichts entstanden ist. So oder so bedeuten diese Behauptungen: *Fehlende Legitimation* zur Auseinandersetzung über die Ursprungsfrage.

Wer behauptet, es gibt keinen Anfang oder man wisse nichts darüber, ist vom Streit über den Anfang ausgeschlossen. Dann kann man nur noch über die Frage der Entwicklung des Bestehenden streiten, eine ziemlich bodenlose Angelegenheit. Hier ist genau zu unterscheiden zwischen den Grundaussagen zum Ursprung und jenen zur Entwicklung.

Fazit: *Die Evolutionisten haben keine positive, mit Inhalt gefüllte Behauptung zum Ursprung von Materie!*

- *Folgebehauptung*: **Leben stammt aus lebloser Materie** (Materialismus).

➤ Diese Behauptung hängt in der Luft, nachdem der Ursprung der Materie nicht konkret behauptet wird.

Immerhin wird diese Folgebehauptung von den Evolutionisten mit einigem Inhalt gefüllt. Die Aussagen über die chemisch-physikalischen präbiotischen Prozesse, welche (in der »Ursuppe«) zu lebenden Organismen geführt haben sollen, sind aber bisher rein *hypothetisch*.

Und der Übergang von nicht genetisch codierter zu genetisch codierter Materie kann ohne sichere Kenntnis über die Funktion der Gene (noch) nicht substanziiert behauptet werden (genetischer Code = Anordnung der Basen im DNS-Strang, welcher die Zusammensetzung der Proteine mitbestimmt; DNS (Desoxyribonukleinsäure, engl. DNA) = molekularer Träger der Erbinformation).

Trotzdem könnte man sich vorstellen, dass eines Tages solche präzisen Behauptungen aufgestellt und allenfalls mit Experimenten Erfahrungssätze nachgewiesen werden können, wie aus gegebener lebloser Materie durch irgendwelche Prozesse in der Natur (Blitzeinschlag etc.) lebende Organismen entstehen. Die entsprechenden Behauptungen im physikalisch-chemischen – nicht aber genetischen – Bereich sind schon heute einigermaßen substanziiert, sodass sie auch konkret bestritten werden können und – unter dem Vorbehalt der fehlenden Grundlagenbehauptung – zum Beweis zuzulassen wären. (Der Nachvollzug solcher

Theorien wird von Evolutionisten denn auch seit Jahrzehnten im Labor versucht, bisher vergebens).

➤ Es gibt nun aber, neben der fehlenden substanziierten Grundbehauptung zur Entstehung der Materie, ein weiteres großes Problem bezüglich Aussagegehalt der evolutionistischen Ursprungsbehauptung zum Leben, welches wahrscheinlich mit dem genetischen Code eng zusammenhängt: Die Evolutionisten haben *keine Definition von Leben*. In Frage kommt für sie nur eine *mechanistische* des »sich selbst bewegen« (also ein Automobil), inklusive der selbständigen Reproduktion. *Man kann aber mit Vorgängen bzw. mit einer Entwicklung weder einen Ursprung noch einen Seinszustand definieren.*

Eine materialistische und mechanistische Definition des Lebens scheint nicht möglich zu sein, weil es zu offensichtlich ist, dass es Geist gibt und er das belebende Element der Materie ist, und nicht umgekehrt.

Fazit: *Die Evolutionisten vermögen mit ihrem materialistischen Weltbild die Entstehung des Lebens nicht substanziiert zu behaupten, da sie Leben nicht definieren können.*

Das bedeutet: *Prozessabbruch*, keine Zulassung zum Beweis über diesen Punkt. Die Evolutionisten versagen bei der Ursprungsfrage bereits im Behauptungsstadium total.

Schauen wir uns – unter Ausblendung des Ursprungs der Materie und der Definition von Leben – trotzdem die Behauptungen der Evolutionisten zunächst zum *auslösenden Moment* der *Entwicklung* und danach zum *Vorgang* des Ursprungs und der Entwicklung an:

- **Zufällige naturgesetzliche, physikalisch-chemische Prozesse** sind, in Zusammenwirkung mit notwendigen Selektionsprozessen, die **auslösende Kraft** der Entwicklung der Materie und der Entstehung des Lebens aus

lebloser Materie sowie der Weiterentwicklung des Lebendigen (rein innerweltliche Ursache).

➤ Die moderne Evolutionslehre basiert auf der Kombination von
Zufall und Notwendigkeit. Es gilt nun, diese beiden Teilaussagen
auf ihren Gehalt zu prüfen. Da der Zufall (zufällige Mutationen)
grundsätzlich die Veränderungen im Einzelnen »bewirken« und
die notwendige Selektion eher für die Richtungsgebung des
Vorgangs maßgebend sein soll, wird unter dem Titel »Auslösendes Moment« zuerst die Aussage »Zufall« untersucht. Unter
dem Titel »Vorgang« der Entwicklung wird sodann auf die
Aussage »Notwendigkeit« näher eingegangen (nachstehend b).

➤ Der Faktor **Zufall** durchzieht die Evolutionstheorie wie ein
roter Faden. Zufall als auslösende Kraft ist allerdings eine
inhaltslose, unsubstanziierte und nicht zuletzt *atheistische* sowie
im Weltbild der Evolutionisten oft *inkonsequente* Behauptung.

Der Zufall der Evolutionslehre ist als zusammengefasste
Ablehnung einer von außerhalb geplanten und zielgerichtet
erschaffenen sowie sinnvollen Welt der eigentliche *Gegenbegriff
zu Gott*. Zufall im evolutionistischen Sinne bedeutet *plan-, ziel-
und sinnlos*. Es ist ein *negativer* Begriff. Jede damit verbundene
Aussage ist *gehaltlos*.

Wie soll ein solcher Zufall fassbar oder begreifbar oder
messbar gemacht werden? Inwiefern soll Plan-, Ziel- und
Sinnlosigkeit in der physischen Welt ein auslösendes Moment,
ein Antrieb, eine treibende Kraft oder Ursache sein und etwas
Positives bewirken? Inwiefern sollen physikalisch-chemische
Prozesse von einem solchen Zufall *abhängig* sein? Wovon genau
sind sie denn abhängig? Der leere Begriff des Zufalls der
Evolutionisten gibt keine Antworten.

Die Evolutionslehre basiert auf einem *naturalistischen und
materialistischen Weltbild*. Es gibt nur die physische Welt. Alles
scheinbar Übernatürliche oder Übersinnliche lässt sich demnach

auf die Natur zurückführen. Die Materie ist allein wirklich und höher als der Geist. Dieser ist lediglich eine aus der Materie abgeleitete Funktion eben dieser Materie. Daraus ergeben sich die Ideologien des *Mechanismus* und *Determinismus*: Das Naturgeschehen lässt sich rein mechanisch erklären; alles Geschehen ist *innerweltlich kausal* bestimmt. Es gibt keine übernatürlichen Eingriffe.

Konsequenterweise passt dazu der sogenannte *Positivismus*, also die Philosophie, welche sich allein auf die Erfahrung (*Empirismus*) beruft und jegliche Metaphysik, d.i. die Auseinandersetzung mit dem Übersinnlichen, als nutzlos ablehnt. – Der Positivismus, die metaphysische Ablehnung der Metaphysik, ist allerdings ein einziger Widerspruch in sich selbst.

Wie dem auch sei, die Evolutionisten verneinen jedenfalls einen Sinn hinter der physischen Welt. Und so wird auch Gott abgelehnt. Der Zufall der Evolutionisten ersetzt im Grunde den Gott der Kreationisten. Ein gehaltvoller Begriff wird mit einem gehaltlosen ausgetauscht. Man unterliegt dabei einer methodischen Selbsttäuschung. Mit der Entleerung des metaphysischen Begriffs Gott mittels Ersetzung durch den negativen und damit gehaltlosen Begriff Zufall glauben die Materialisten, sie stünden auf einer rein sinnlichen Erfahrungsebene (Empirismus). Dabei übersehen sie, dass sie mit der Negation des Übersinnlichen mitten in der Metaphysik stecken. Das ist das altbekannte Phänomen: Materialisten *glauben* mit der Ablehnung von Glaubensinhalten den Glauben an sich, als Erkenntnisgrundlage aufzulösen. Dabei ist Nicht-Glaube auch Glaube (vgl. Erster Teil). Und Ablehnung der Metaphysik ist Metaphysik.

Wenn also der evolutionistische Begriff des Zufalls inhaltlich leer ist, was bedeutet dann seine Verwendung in der Evolutionstheorie? Dazu Darwin selbst (Charles Darwin, Die Entstehung der Arten, übersetzt von Carl W. Neumann, Nikol Verlag Hamburg, 2004, S. 188):

»Ich habe bis jetzt das Wort ›Zufall‹ gebraucht, wenn von Veränderungen die Rede war, die bei organischen Wesen im Zustand der Domestikation häufiger und bei solchen im Naturzustand seltener auftreten. Das Wort ›Zufall‹ ist natürlich keine richtige Bezeichnung, aber sie lässt wenigstens unsere Unkenntnis der Ursachen besonderer Veränderungen durchblicken.«

Zufall ist in einem mechanistisch-materialistischen Weltbild mit rein innerweltlichen Kausalitäten tatsächlich nichts anderes als die *Ausrede*, dass man *keine Erklärung* für gewisse physische und angeblich darauf beruhende geistige Vorgänge hat. Zufall ist lediglich ein Ausdruck dafür, dass man eine außerweltliche Ursache *ablehnt* (Negation von Gott) und die innerweltliche Gesetzmäßigkeit oder Kausalität *nicht* (er-)kennen oder empirisch *nicht* nachvollziehen kann, weil die Vorgänge zu komplex, zu klein oder zu groß oder zu zeitaufwendig und deshalb nicht beobachtbar sind.

So ist z.B. das Würfeln einer 5 oberflächlich betrachtet »Zufall«. Bei genauerem Hinsehen jedoch musste bei diesem bestimmten Wurf mit der bestimmten Ausgangslage in der Hand, der Kraft beim Werfen, der Reaktion beim Aufprallen auf der bestimmten Kante und den folgenden Drehungen aus physikalischer Gesetzmäßigkeit eine 5 oben stehen. Der Würfel fällt genau so, wie er fallen muss! Für jede Bewegung und die Endlage gibt es physikalische Ursachen. Der Vorgang ist aber zu komplex, um ihn als Ursache-Wirkungsfolge nachzuvollziehen. Die Verwendung des Ausdrucks Zufall ist auch hier zunächst einmal lediglich Erklärungsnotstand.

Nun könnte man auf der Suche nach positivem Inhalt des Zufallsbegriffs sagen, einerseits sei Zufall zwar bloß die Ausrede, dass ein physischer Vorgang objektiv zu komplex sei. Andererseits sei der Zufall beim Würfeln auch der Ausdruck für ein *nicht* vom menschlichen Willen steuerbares, *nicht* planbares, *nicht* vorhersehbares Geschehen. Damit hat man die Naturgesetzlichkeit zunächst erfolgreich negiert. Damit begibt man sich aber von der objektiven auf die subjektive Ebene, von der Physik zur Metaphysik, von der Materie zum Geist. Und damit kommen die Evolutionisten logisch und ideologisch nicht weiter.

Denn erstens sind diese Feststellungen nach wie vor *negativ* und damit leer bzw. gehaltlos. Das gilt selbst, wenn man statt zu würfeln Lose zieht. Hier steuert der Mensch zwar willentlich auf ein Los zu. Das Resultat, das bestimmte Los in der Hand zu halten, ist aber noch immer *nicht* plan- und voraussehbar. Der Begriff bleibt somit leer.

Und zweitens ist der Einbezug des menschlichen Willens – vordergründig ein positiver Begriff – für Evolutionisten heikel, da *inkonsequent*. Der freie Wille steht in Widerspruch zu ihrem materialistischen Weltbild und ist eben nur vordergründig eine Negation der Naturgesetze. Konsequente Evolutionisten erklären die geistige Wirklichkeit ja von unten, also von der Materie her und behaupten, selbst der Geist sei nur das Resultat der (zufälligen, da für eine Erklärung noch zu komplexen) Vereinigung von Hirnströmen aufgrund von Sinnesreizen oder chemischen Vorgängen im Menschen, welche wiederum stoffliche Ursachen haben und damit rein naturgesetzlich zu erklären wären, wenn man es könnte. Somit gibt es für konsequente Materialisten den freien Willen als Gegensatz zur naturgesetzlichen Notwendigkeit gar nicht (strikter Determinismus). Der unfreie Wille ist nun aber begriffslogisch kein Wille, sondern bloß Transformator von Reizen aus der materiellen Welt, eine Funktion der Materie wie jede geistige Leistung.

Würde ein wirklich freier, d.h. von Materie unabhängiger Wille anerkannt, dann gäben die Evolutionisten ihr Weltbild preis. Ein von stofflichen Vorgängen unabhängiger Wille würde den postulierten Vorrang der Materie vor dem Geist auf den Kopf stellen und metaphysischen Ursachen für materielle Prozesse und damit Gott als Erstursache alles Bestehenden Tür und Tor öffnen. Das kann nicht sein. Willensfreiheit, ja sogar Subjektivität gibt es in einem evolutionistisch konsequent zu Ende gedachten und damit rein deterministischen Weltbild eben nicht. Zwischen einem Felsbrocken und einem Menschen besteht demnach lediglich ein quantitativer, nicht aber ein qualitativer Unterschied: Im Vergleich zum Felsen besteht der Mensch lediglich aus (noch) nicht messbar mehr Kombinationen von physikalisch-chemischen Prozessen.

So offen würden das viele Evolutionisten zwar kaum je behaupten, weil es zu offensichtlich der Wirklichkeit widerspricht und weil ein konsequenter Determinismus dem Menschen, auch dem Verbrecher, jede Verantwortlichkeit nimmt. Aber: Ein Evolutionist, der im menschlichen Willen eine von der Materie unabhängige Ursache anerkennt, wird inkonsequent und verrät sein materialistisches Weltbild. Deshalb kann Zufall im konsequent evolutionistischen Sinn nicht freier Wille bedeuten. Ebenso ist der Instinkt der Tiere nach der materialistischen Idee der ausnahmslos stofflichen Ursachen nicht unabhängig, sondern aus entwicklungstheoretischer Sicht noch unmittelbarer von der Materie gesteuert als der menschliche Geist.

So konsequent ziehen das Evolutionisten selten durch. Ihre Inkonsequenz kommt immer dann zum Ausdruck, wenn sie der Natur oder gar ihrer eigenen Theorie oder Genen oder hirnlosen Organismen oder Tieren einen Willen zuordnen, indem diese Abstraktionen und Lebewesen personifiziert, d.h. vermenschlicht oder gar vergöttlicht werden, z.B. wenn die Natur oder die Evolution oder der Einzeller etwas Neues *schafft*. Die Natur oder die Evolution oder der Organismus wird zum Ersatzgott.

Die Inkonsequenz kommt genauso zum Ausdruck, wenn der Zufall als verkappter Gott für den nicht offen eingestandenen Einfall von Übernatürlichem in den natürlichen Verlauf der Dinge herhalten muss. Das geschieht zwar in der Regel nicht bewusst. Unbewusst benutzen die Evolutionisten den Zufall aber oft, um damit das naturgesetzlich nicht Erklärbare auszudrücken und dabei völlig offen zu lassen, was sie anstelle der Naturgesetze meinen. Oft reden sie selber von den Wundern der Natur, welche der Zufall hervorgebracht habe.

Drücken sich Evolutionisten so aus, haben sie jedenfalls die empirisch erfahrbare physische Welt und ihr naturalistisch-materialistisches Weltbild längst verlassen, wollen aber mit dem leeren Begriff des Zufalls vermeiden, in einer metaphysischen Welt anzukommen. Sie brechen ihr Weltbild auf, ohne die Öffnung oder Lücke mit Substanz zu füllen.

Beim besten Willen lässt sich für den Zufall der Evolutionisten somit keine positive Bedeutung finden. Deshalb gilt: *Jede mit Zufall begründete Behauptung ist eine leere Behauptung.*

Beispiel: A verlangt von B 50000 Franken und geht deswegen zum Richter. Der Richter fragt, aus welchem Grund? A meint, weil er sie hat. Der Richter fragt nochmals, aus welchem Grund hat er sie? A meint, zufällig. Die Klage wird abgewiesen mangels Substanziiertheit der Parteibehauptung. – So kann man nicht streiten. So gibt es nichts zu beweisen.

➤ Die Entstehung von Neuem durch zufällige naturgesetzliche Prozesse ist sodann eine *widersprüchliche* Behauptung:

Was war zuerst, die physikalisch-chemischen Prozesse und damit die Naturgesetze oder der Zufall, d.h. die Gesetzlosigkeit? Was führte zu den planmäßigen, vorhersehbaren physikalisch-chemischen Abläufen? Weshalb gibt es Naturgesetze? Wer oder was setzte die erste Ursache für die nicht mehr enden wollenden Wirkungen, welche die Naturgesetze beschreiben?

Wenn Evolutionisten Zufall und Naturgesetz zusammenbringen, meinen sie wohl, eine »*zufällige*« Kombination, also die unvorhersehbare Kreuzung vorbestehender, an sich gesetzmäßiger chemisch-physikalischer Abläufe, habe zur Entwicklung der

Materie und Entstehung des Lebens (was auch immer das ist) geführt und unzählige solche Kreuzungen ergäben in der Summe den Vorgang der Entwicklung. Dabei verkennen sie allerdings, dass eine – zufällige oder nicht zufällige – Kreuzung von zwei oder mehreren naturgesetzlichen Abläufen nur dann etwas bewirkt, wenn eine *Interaktion* stattfindet. Und diese kann nach ihrer Auffassung wieder nur im rein innerweltlichen, naturgesetzlichen Ursache-Wirkungs-Gefüge erfolgen. Ein Blitz, der in eine »Ursuppe« einfährt, kann ja noch als Zufall bezeichnet werden (tatsächlich aber wieder nur in dem Sinne, dass man heute noch nicht genau erklären kann, wie Blitze entstehen und welche Wege sie gehen). Aber die Reaktion, die er auslöst, ist eine physikalisch-chemische innerhalb der Naturgesetze, ansonsten wäre jeder Versuch, so etwas theoretisch nachzuvollziehen und in einem Experiment nachzustellen von vornherein zum Scheitern verurteilt.

Auch die Kombination des Zufalls mit Naturgesetzen bringt die Evolutionisten also nicht weiter. Das Ergebnis der Kreuzung von zwei oder mehreren naturgesetzlichen Abläufen als Zufall zu bezeichnen ist nach wie vor nichts anderes als die Ausrede, den Vorgang nicht erklären zu können. Der Zufall bleibt ein negativer Begriff. Alle Kombinationen von Gesetzmäßigkeiten mit dem Begriff des Zufalls enden im Zufall, der Ausrede für Gehaltlosigkeit. (Auf die synthetische Evolutionslehre mit dem angeblich notwendigen Element der Selektion wird nachstehend zum Vorgang der Entwicklung noch näher eingegangen.)

➤ Bestehen die Evolutionisten darauf, dass der Zufall bei der Kombination vorbestehender naturgesetzlicher Abläufe im Sinne einer causa (Ursache) mitspielt, dann beruht die Wirkung dieser Kombination letztlich doch nur auf Zufall, denn *die Faktoren Zufall mal Gesetz ergeben stets Zufall*: $0 \times 1 = 0$. Und damit wird die ganze Aussage wieder *gehaltlos*.

Jeder Teil-Faktor Zufall macht die ganze Behauptung substanzlos, nicht nachvollziehbar, nicht beweisbar.

Fazit: Fällt der *Nonvaleur Zufall* als Faktor oder Ursache weg, dann haben die Evolutionisten *keine positive Behauptung* zum auslösenden Moment von Ursprung und Entwicklung. Denn die Naturgesetze haben ihrer Theorie nach schon immer bestanden (gewisse Urknalltheorien bestreiten das, ohne aber eine positive Gegenbehauptung aufzustellen). Wer sie erlassen hat, wer also Gesetzgeber ist, wird nicht beantwortet, sodass diesbezüglich die *Legitimation* zur Auseinandersetzung über den Ursprung *fehlt*.

Und würde man dem Begriff Zufall wider jede Logik eine Wirksamkeit zugestehen, dann wäre die *zufällige kausale* Entwicklung jedenfalls eine in sich *widersprüchliche bzw. eine innerhalb des evolutionistischen Weltbildes inkonsequente und im Ergebnis doch wieder leere Behauptung (0 x 1 = 0).*

Damit verlieren die Evolutionisten den Prozess zur Frage der auslösenden Kraft von Ursprung und Entwicklung bereits im Behauptungsstadium, weil sie mit dem Vorbestehen der Materie und der Naturgesetze entweder *keine Behauptung* oder aber mit dem Zufallsfaktor eine *inhaltslose oder aber widersprüchliche Behauptung* aufstellen.

➤ Nebenbei bemerkt kann man die Behauptung, alles beruhe auf Zufall, auch nicht richtig ernst nehmen. Falls sie zutrifft, sind auch die Gedanken des Behauptenden und die Behauptung selber reiner Zufall. Alles ist eine Abfolge von Zufällen. Jede Auseinandersetzung ist sinnlos, denn der Streit und das Ergebnis bleiben stets reiner Zufall.

➤ Als Exkurs sei an dieser Stelle der Begriff Zufall aus kreationistischer Warte erklärt: Zum einen gibt es im Bereich des Geistes, welcher über der Materie steht, Zufälle: Diese nennt man dann Einfälle, Ideen oder Offenbarungen. Zum anderen gibt es im Bereich des Materiellen Zufälle, welche die Bibel Schöpfung oder Wunder nennt. Der Ursprung von geistlichen Einfällen und Wundern ist nach der Bibel entweder Gottes Geist oder der Geist der Welt (Satan). Der Ursprung der Schöpfung ist Gott. Im kreationistischen Weltbild ist Zufall somit ein positiver, mit Inhalt gefüllter Begriff und entspricht der ursprünglichen Wortbedeutung des »Zuteilwerden«.

b) **Vorgang** des Ursprungs und der Entwicklung:
- **Zufall innerhalb der Naturgesetze ist** in Zusammenwirkung mit der **notwendigen Selektion »lenkendes Gesetz« des Ursprungs von Neuem und der Veränderungen** (rein innerweltliche Kausalität, mechanistisches Weltbild), d.h. eine Entwicklung entsteht zufällig und läuft *nicht* geplant, *ohne* Lenkung, *ohne* Richtung, *ohne* Ziel, *nicht vorhersehbar* ab.

➤ Die Behauptung der Evolutionisten zum Vorgang des Ursprungs und der Entwicklung der Welt und des Lebens ist mit dem Zufallsfaktor so *negativ, inhaltslos, atheistisch und widersprüchlich* wie die Behauptung zum auslösenden Moment.

Auch beim Vorgang der Entwicklung macht jede Teilursache Zufall eine andere Teilursache Gesetz im Ergebnis zum reinen Zufall (0 x 1 = 0).

Fazit: *Zufall im evolutionistischen Sinn ist stets eine Ausrede für das Nichterklärbare, ein Nonvaleur, ein undefinierter, wirkungsloser Faktor (=0), welcher als Gesetzlosigkeit nicht in das deterministische, kausalistisch-mechanistische Weltbild* der Evolutionisten passt. Ihre Zufallsbehauptung ist *substanzlos* und *inkonsequent.*

Das spüren auch die Evolutionisten und kombinieren deshalb die zufälligen Prozesse mit der angeblich richtungsweisenden notwendigen Selektion. Die Behauptung lautet:

- Der Ursprung und die Entwicklung der Materie oder der Lebewesen (durch Veränderungen am Genpool einer Population) erfolgte durch die **Kombination der Evolu-**

tionsfaktoren *zufällige* **Mutation und** *notwendige* **Selektion** (**synthetische Evolutionslehre**), neben der Durchmischung des Erbgutes bei der sexuellen Fortpflanzung (Rekombination) und der Trennung von Populationen (Separation und genetische Isolation).

➤ Nachdem der Zufall als gehaltlose Aussage entlarvt ist, hilft die theoretische Kombination dieses Faktors mit einer angeblichen Notwendigkeit logisch nicht weiter:

➤ Für die Entwicklung der Materie (präbiotische Prozesse) passt die Behauptung nicht, da die synthetische Evolutionslehre Veränderungen am Genpool von Lebewesen einer Population betrifft. Leblose Materie hat keine Gene und keinen Genpool.

➤ Genauso wenig kann mit dieser Aussage der Vorgang des Ursprungs der Lebewesen erklärt werden. Eine substanziierte Behauptung zum Übergang von nicht genetisch codierter zu genetisch codierter Materie gibt es nicht. Die Theorie hängt in der Luft.

➤ Weiter ist diese Behauptung der Evolutionisten so *inkonsequent und widersprüchlich* wie die allgemeine Kombination von Zufall und Naturgesetz. Die allgemeinen Naturgesetze werden lediglich durch ein vermeintliches Gesetz der Selektion ersetzt.

Zufall ist auch Ausdruck von *Unvorhersehbarkeit* und damit von *Gesetzlosigkeit*. Kausalität dagegen ist die Gesetzmäßigkeit von Ursache und Wirkung. Eine *gesetzlose Gesetzmäßigkeit* ist ein Widerspruch in sich.

Innerhalb des konsequent physischen Weltbildes tritt der Zufall als undefinierter, aber vermeintlich wirksamer Faktor mit dem Gesetz der Kausalität in Widerspruch. Der Zufall hebt den Determinismus auf und unterbricht Kausalitäten, ohne etwas zu erklären.

➤ Und auch hier gilt: Sollte der Zufall in der Kombination mit der notwendigen Selektion wider jede Logik doch irgendwie tatsächlich im Sinne einer causa (Ursache) mitspielen, dann beruht die ganze Wirkung dieser Kombination letztlich doch nur auf Zufall, denn die Faktoren Zufall mal Gesetz ergeben stets Zufall: 0 x 1 = 0.

Jeder Teil-Faktor Zufall macht die ganze Behauptung substanzlos, nicht nachvollziehbar, nicht beweisbar.

Fazit: *Die Evolutionisten verlieren den Prozess über das Wie des Ursprungs und der Entwicklung der Lebewesen – wie schon betreffend auslösendem Moment – bereits mangels substanziierter Behauptungen.*

➤ Losgelöst vom leeren Zufallsbegriff und der im Ergebnis substanzlosen synthetischen Evolutionstheorie soll an dieser Stelle der Begriff der **notwendigen Selektion** näher untersucht werden. Es zeigt sich schnell einmal, dass auch dieser Begriff für sich allein betrachtet leer bzw. *unklar* ist.

Nach Ernst Mayr (Das ist Evolution, S. 150 ff., vgl. nachstehend Dritter Teil) ist auch die *Selektion* als »Prozess der Beseitigung« eine

»Mischung aus Zufall und Determination«

(gemeint wohl als Bedingtheit, Abhängigkeit, Notwendigkeit), wobei allerdings an anderer Stelle (S. 154) erklärt wird, Evolution sei *nicht* deterministisch, man könne sie nicht vorhersagen.

➤ Sogar bei der Selektion spielt also der Zufall eine entscheidende Rolle. Für die so genannte *notwendige* Selektion gilt in sich somit dasselbe wie für die zufällige Mutation kombiniert mit dieser Selektion oder allgemein mit Naturgesetzlichkeit: Der Zufallsfaktor macht die Kombination im Ergebnis zufällig. Die notwendige Selektion ist mit dem Zufallsfaktor also von Anfang an ebenfalls eine leere Behauptung.

➤ Lassen wir den Zufall einmal weg und untersuchen den Begriff der notwendigen Selektion isoliert in Bezug auf die

Notwendigkeit: Abstrakte theoretische Begriffe vermögen eine Behauptung nicht mit Inhalt zu füllen, wenn sie erklärungsbedürftig sind und zur Wiedergabe eines Sachverhalts in einzelne Tatbestandsmerkmale aufgeteilt werden müssen.

Beispiel: Wenn A zum Richter geht und den Diebstahl von B behauptet, genügt das bei weitem nicht. Diebstahl ist ein theoretischer Begriff für einen bestimmten Tatbestand. Behaupten (und nachweisen) muss A im Zivilprozess sein Eigentum sowie die unrechtmäßige Wegnahme des gestohlenen Gutes und im Strafprozess zusätzlich die Aneignungs- und Bereicherungsabsicht des Diebes.

Was bedeutet denn nun *notwendige Selektion*? Was ist notwendig, der Prozess der Selektion oder die Folge von Selektion oder beides? Und welche Folge wäre gemeint? Notwendigkeit kann zum einen eine *causa* als conditio sine qua non, also eine erforderliche Ursache für eine bestimmte positive Wirkung bedeuten. Mit Notwendigkeit kann zum anderen aber auch eine *Gesetzmäßigkeit*, also ein bestimmter, vorhersehbarer zwingender Ablauf als Ganzes gemeint sein, oder beides zusammen. Die erste Definition betrifft das *auslösende Moment*, die zweite den *Vorgang*.

➤ Beginnen wir einmal mit dem *Vorgang*: Selektion bedeutet Auslese. In der Regel wird sie negativ im Sinne der Beseitigung der weniger geeigneten oder weniger angepassten Lebewesen definiert. Da nach der Evolutionslehre der Zufall auch bei der Selektion eine entscheidende Rolle spielt, kann diese im Grunde keine Notwendigkeit im Sinne einer Gesetzmäßigkeit sein.

Sollte mit der notwendigen Selektion trotzdem gemeint sein, dass der Ablauf der Evolution notwendigerweise davon *gesteuert* werde, dann müssten die Evolutionisten zunächst entsprechende Erfahrungssätze präzise und konkret, im Allgemeinen und im Einzelfall behaupten und dann auch nachweisen. Aufgrund der Komplexität der Natur ist dies nicht möglich.

Dass es Wechselwirkungen in der Natur gibt, bestreitet niemand. Dass die Bienen von den Blumen und diese wieder von den Bienen abhängig sind und das Zusammenwirken notwendig für das Überleben beider ist und dass Veränderungen des einen Faktors zur Veränderung oder zum Aussterben des anderen führen, wird auch von den Kreationisten nicht bestritten. Diese Interdependenzen müssen deshalb weder als Grundsatz noch im Einzelnen bewiesen werden.

Dass der Tod in der Natur herrscht, bestreitet ebenfalls niemand. Selektion bedeutet in erster Linie Tod und Verderben für die Schwächeren bis zur Ausrottung ganzer Arten und nur in zweiter Linie – mittelbar – Spezialisierung der Art aufgrund der besser an die Umwelt angepassten Überlebenden (dazu nachstehend mehr). Bibelgläubige Kreationisten führen die Selektion im einfachen Sinne des Sterbens auf die Loslösung der Natur von Gott zurück. Sie bestreiten jedoch Veränderungen von Lebewesen über die Artgrenzen hinaus oder eine Tendenz der Höherentwicklung im Sinne einer Genpool-Bereicherung durch Erhöhung des Informationsgehalts aufgrund eines Selektions-»Gesetzes«.

Die Symbiose in der Natur ist so komplex, dass es voraussichtlich nie gelingen wird, einen allgemeinen Erfahrungssatz der generellen und der speziellen Entwicklung im Sinne einer Gesetzmäßigkeit (und damit Vorhersehbarkeit: wenn A sich so verändert, verändert B sich so) nachzuweisen. Und selbst wenn *einzelne* Wechselwirkungen tatsächlich so erfasst werden könnten, steht überhaupt nicht fest, welche Rolle der Tod und die sexuelle Auslese (so es diese überhaupt gibt) bei diesem Prozess im Speziellen und erst recht im Allgemeinen spielen. Rein logisch kann es keine unmittelbare sein. Denn was stirbt, ist nicht mehr da, um sich zu verändern. Und was nicht fortgepflanzt ist, wird nicht, auch nicht anders.

Weil die Evolutionisten keine konkreten und präzisen Erfahrungssätze zur Selektion als angeblich notwendigem Prozess aufstellen und erneut den Faktor Zufall ins Spiel bringen, scheitern sie mit der Behauptung der Selektion als *Gesetzmäßigkeit* zur Veränderung von Lebewesen bereits vor der Beweisführung. Bei solch leeren Aussagen gibt es nichts zu beweisen.

➤ Und selbst wenn Evolutionisten einzelne Erfahrungssätze zur synthetischen Evolution nur schon einigermaßen präzise formulieren könnten, so hingen diese doch völlig in der Luft: Denn eine Notwendigkeit der Selektion im Sinne der erforderlichen *Ursache* für positive Veränderung fällt – wie vorstehend gezeigt – logischerweise von vornherein außer Betracht.

Nur weil die Auslese, gemeint ist vor allem der Tod, letztlich unausweichlich ist, heißt das noch lange nicht, dass sie für irgendetwas unbedingt erforderlich ist oder sich irgendwie positiv auswirkt.

Die bloße Auswahl von etwas – sei es positiv oder negativ – kann nie Ursache im Sinne des auslösenden Moments irgendeiner positiven Veränderung des Ausgewählten oder des Übrigbleibenden sein. Denn selektiert werden kann ja nur das Bestehende. Selektion setzt allerhöchstens die Rahmenbedingungen für anderweitig verursachte Veränderungen, ohne deren Ursache zu sein. Selektion kann, da stets auf Bestehendes bezogen, die Mutationen der Gene der Lebewesen im Grunde nicht einmal beeinflussen. Beispiel: Aus einem Korb mit gesunden und faulen Birnen liest man alle faulen heraus. Auch wenn man diese Auslese hundertmilliardenfach wiederholt, werden deswegen aus den gesunden Birnen nie Äpfel, ja, es werden die gesunden Birnen dadurch nicht einmal tangiert.

Entwicklung im Sinne von Veränderung wird ausschließlich durch Mutation (bzw. Rekombination, dazu nachstehend mehr) bewirkt. Selektion (bzw. die Trennung von Populationen) dagegen bezieht sich stets auf das bereits Veränderte, ohne je Ursache für weitere Veränderungen zu werden. Damit man also bei Äpfeln die Auslese vornehmen kann, muss zuerst eine

Mutation von der Birne zum Apfel stattgefunden haben, wozu Selektion rein gar nichts beiträgt. Auch die vielgeplagte und in jedem Experiment stets von einen rational denkenden Wesen einzeln aus nichtmutierten oder bereits künstlich mutierten Exemplaren aussortierte Drosophila-Fliege hat sich aufgrund dieser Selektion nie verändert, sondern allein aufgrund weiterer künstlicher Mutationen (ohne dass daraus allerdings je eine Biene geworden wäre ...).

Das alles erkennen auch die Evolutionisten mehr oder weniger und verlagern deshalb in der synthetischen Evolutions*theorie* die Evolutions-Einheit vom einzelnen Individuum zur Population (d.h. der biologischen Art mit der faktischen Möglichkeit der Fortpflanzung). Abgesehen davon, dass die Population eine theoretische Größe ist, die in der Natur selten in Reinform (Inseldasein) beobachtbar ist, handelt es sich hier um ein typisches Ausweichargument, das die unlogische Verwendung der Selektion als Ursache für Veränderung höchstens vernebelt, aber nicht beseitigt. Nimmt man mehrere Körbe voll Birnen und liest diejenigen aus, die stets mehr gesunde als faule Birnen enthalten, werden daraus trotzdem nie Äpfel.

Das Beispiel stimmt auch noch, wenn man statt Obst Tiere nimmt, welche sich sexuell fortpflanzen. Die Fortpflanzung findet – von der Art- und Populationsdefinition her (fruchtbare Kreuzbarkeit) – immer nur *innerhalb der eigenen Art (oder Population)* statt. Veränderungen über die Art hinaus fallen von vornherein außer Betracht. Aber selbst innerhalb der Art sind die natürliche und die sexuelle Selektion (sowie die Trennung von Populationen) rein logisch nie die Ursache einer positiven Veränderung. Beispiel: Eine wild lebende Herde von Pferden wird eingefangen. Dadurch werden (künstlich zwar, aber man könnte sich auch eine natürliche Schranke vorstellen) alle fortpflanzungsfähigen Hengste in den übrigen Herden von der Fortpflanzung mit den Stuten der gefangenen Herde ausgeschlossen. Diese Selektion bzw. Trennung *bewirkt nichts Neues*. Die Auswahl- und Kombinationsmöglichkeit zur Fortpflanzung wird bloß *enger*. Innerhalb der gefangenen Herde gibt es von den fortpflanzungsfähigen Hengsten (vielleicht, gesichert ist das nicht!) Präferenzen für gewisse Stuten. Diese »Auswahl«, so es sie überhaupt gibt, *bewirkt ebenfalls rein gar nichts*. Ob die vermeintliche Bevorzugung je zum Tragen kommt, ist fraglich, wenn ein Leithengst dies unterbindet. Der Leithengst selber bevorzugt vielleicht(!) gewisse Stuten. Auch diese mögliche »Auswahl« *bewirkt nichts*. Nicht einmal, wenn der Leithengst die »ausgewählten« Stuten deckt, wird dadurch etwas Neues bewirkt. Denn nicht jede Deckung führt zur Fortpflanzung. Einzig und allein die Kombination des Erbgutes in der Verschmelzung von Same und Eizelle (Rekombination) bewirkt etwas. Und das hat der Hengst nicht im Griff, auch nicht durch seine (vermeintliche) »Wahl« der Stute.

Nicht die natürliche oder die sexuelle Selektion, d.h. die Ausscheidung vor der geschlechtlichen Fortpflanzung, sondern nur der erfolgreiche Akt der Fortpflanzung selber führt also durch die *Rekombination* zu Veränderungen *innerhalb* der Art. (Zum Begriff: »*Rekombination* erfolgt durch Crossing-over, indem Chromosomenabschnitte zwischen mütterlichen und väterlichen Chromosomen ausgetauscht werden. Rekombination führt zu erhöhter genetischer Variabilität, dient aber in erster Linie dazu, schädliche Mutationen in der DNA zu eliminieren«; Großes Handbuch Genetik, Compact Verlag München, S. 65).

Die natürliche und die sexuelle *Auslese* bewirken dagegen nicht nur nichts Neues, sie *schränken* das genetisch festgelegte *Veränderungspotential* einer Art sogar *ein*, indem allenfalls schlecht an die Umwelt angepasste oder schwache Tiere schon vor dem fortpflanzungsfähigen Alter umkommen, während die (i.d.R. auf Kosten der Flexibilität) besser Angepassten (was auch immer das konkret bedeuten mag) Gelegenheit zur Fortpflanzung erhalten.

Durch Selektion entsteht also nichts Neues, sondern es überlebt *von der Art* nur der Teil, der – allenfalls aufgrund besonders zur Umwelt passenderer Eigenschaften – gesünder und stärker ist und deshalb möglicherweise mehr Fortpflanzungschancen hat. Die günstigeren Eigenschaften waren aber schon da, ansonsten die Selektion bzw. das längerfristige – bei Umweltveränderungen oft auch das kurzfristige – Überleben der Art nicht möglich gewesen wäre. Durch das langsame Aussterben der Artgenossen ohne diese Eigenschaften werden die vorteilhaften Eigenschaften der Überlebenden mit der Zeit, ab und zu auch sehr rasch, art*spezifisch*.

Also nochmals: Natürliche und sexuelle Auslese sowie die Trennung von Populationen sind als solche nie die Ursache für irgendwelche positiven Veränderungen oder etwas Neues, sondern verkleinern das Veränderungspotential bzw. die Variabilität einer biologischen Art oder Population, indem sie den Rahmen für die *Rekombination* bei der Fortpflanzung einengen. Allein dieser letztgenannte Faktor führt zur Veränderung der Nachkommen im Vergleich zu den Eltern, und mit der Zeit möglicherweise allgemeiner im Vergleich zu früheren Generationen. (Man beachte z.B. die heute durchschnittlich um mehrere Zentimeter größeren Menschen der industrialisierten Welt nach nur zwei bis drei Generationen, übrigens ohne jede Auslese.)

Entscheidend ist, dass die Veränderung der Lebewesen durch Rekombination aufgrund des Aussterbens von Artgenossen mit anderen, ungünstigen Eigenschaften sowie der Bedingung der fruchtbaren Kreuzbarkeit stets eine *Spezialisierung innerhalb der Art* bzw. eine *Spezialisierung der Art* selber ist.

➤ Losgelöst von der Frage der Fortpflanzung und der Rekombination (mit ihrer Korrekturwirkung bei Mutationen) wird auch jede andere *Mutation* nie durch die Selektion oder Abtrennung einer Population bewirkt. Spontane Mutationen in Genen von Lebewesen sind seltene Ereignisse und in aller Regel schädlich. Sie werden auch von Evolutionisten als »Fehler der Informationsübertragung« beim Kopiervorgang der DNS definiert (Großes Handbuch Genetik, Compact Verlag München, S. 133, 159 f., 162). Die »notwendige Selektion« aufgrund veränderter Umweltbedingungen bzw. die Trennung von Populationen spielen somit für solche Mutationen keine Rolle. Da es sich bei diesen Veränderungen gerade nicht um Spezialisierungen zufolge verengter Rahmenbedingungen handelt, ist die Dauerhaftigkeit höchst fraglich. Führen die Mutationen selber nicht schon zu Unfruchtbarkeit zufolge Sterilität bzw. fehlender Kompatibilität mit dem genetischen Code der Artgenossen, so sterben die Nachkommen in aller Regel rasch aus, weil die abartigen (nicht neuartigen) Strukturen nur Nachteile bringen. Selektion *verhindert* in dem Falle langfristige Veränderungen durch spontane Mutationen.

➤ Zufällige spontane Mutationen können auch aus einem anderen Grund niemals als Erklärung für eine »Entwicklung« vom Einzeller bis zum Menschen dienen: Ist schon die *einmalige* ungesteuerte »Entwicklung« auf diese Weise statistisch in 100 Milliarden Jahren und mehr nicht möglich, so ist gänzlich auszuschließen, dass sich all die unzähligen *männlichen und weiblichen* Lebewesen durch zufällige Mutationen exakt Schritt für Schritt gleichzeitig *parallel* und stets kompatibel »entwickelten«, dass also m.a.W. all die unzähligen Zufälle *gleichzeitig doppelt* stattfanden. Im übrigen haben Evolutionisten keine überzeugende Erklärung dafür, weshalb es überhaupt Männchen und Weibchen gibt und wie und wann diese Unterscheidung und die sexuelle Fortpflanzung entstanden sein soll.

➤ *Zusammengefasst*: Selektion und Trennung der Populationen betrifft die *Umstände (Rahmenbedingungen)*, innerhalb derer sich Rekombination und Mutation abspielen, ohne je zur Ursache zu werden. Einzig Rekombination und Mutation betreffen die *Ursache* für Veränderungen, die aber aufgrund der erforderlichen

Übereinstimmung des genetischen Codes zur Fortpflanzung stets nur *innerhalb der Art* vorkommen (Mikroevolution), die sich durch die einengende Wirkung der Selektion oder der Abtrennung einer Population (Verarmung des Genpools, Spezialisierung) allenfalls in Unterarten aufspaltet, nie aber zu einer neuen Art im Sinne der Bereicherung des Genpools oder der Höherentwicklung (Makroevolution) wird (mehr zu Mikro- und Makroevolution gleich nachstehend).

➤ Da Selektion und Abtrennung der Population die *Umstände* betrifft, nicht aber eine *Ursache* setzt, kommt eine Kombination im Sinne der gemeinsamen Ursache-Setzung von Mutation/Rekombination und natürlicher und sexueller Selektion/Separation aus rein logischen Gründen nicht in Frage. *Die synthetische Evolution fällt* – entgegen der Bezeichnung – *auseinander.*

➤ Und selbst wenn eine Ursachen-Kombination, aller Logik zum Trotz, möglich wäre, würde der Zufallsfaktor Mutation den vermeintlichen Gesetzesfaktor Selektion, wie schon gezeigt, wieder zum *reinen Zufall* machen (0 x 1 = 0). Nimmt man dazu noch den Zufallsfaktor innerhalb der notwendigen Selektion, so gilt die Gleichung: 0 x (0 x 1) = 0.

Fazit: *Die synthetische Evolutionstheorie fällt, soweit sie überhaupt genügend präzise beschrieben wird, logisch auseinander.* Wird die Kombination von Mutation und Selektion trotzdem vertreten, bleibt aufgrund des Teilfaktors Zufall so oder so alles zufällig. Damit erweist sich die zusammengefasste Aussage der Evolutionisten nach wie vor als *inhaltslos bzw. unsubstanziiert.* Sie kann nicht zum Beweis zugelassen werden.

Das gilt im Grunde auch für die nächste Aussage:

- **Zufällige Mutationen** führen in Kombination mit der notwendigen Selektion über die Artgrenze hinaus bzw. lassen **neue Arten** entstehen **(Makroevolution),** alle

Lebewesen haben eine *gemeinsame Abstammung*. Es besteht die Möglichkeit oder gar eine **Tendenz zur Höherentwicklung** (im Sinne von Informationszunahme, zunehmender Komplexität, höherem Organisationsgrad).

➤ Die Frage der *gemeinsamen Abstammung* und der *Höherentwicklung*, d.h. die Theorie der *Makroevolution* (»Entwicklung« über die Ebene der biologischen Art hinaus im Sinne der Entstehung neuer Arten) ist die *Kernaussage* der Evolutionslehre und sollte zweifellos das Hauptgebiet der Evolutionisten sein. Wie zu zeigen sein wird, scheiden sich – abgesehen von den Grundbehauptungen Zufall contra Gott – insbesondere, möglicherweise gar ausschließlich an dieser Frage die Geister der Evolutionisten und der Kreationisten.

➤ Vorweg ist festzuhalten, dass die *Finalität* und die *Tendenz* zu größerer Komplexität von fast allen Evolutionisten bestritten wird. Man fragt sich freilich, was vom Darwinismus übrigbleibt, wenn diese Untertheorien wegfallen. Ohne Tendenz der Entwicklung dürfte es fast unmöglich sein, konkrete, beweisbare und widerlegbare Behauptungen dazu aufzustellen. Vielleicht kommen deshalb Evolutionisten, welche ein Ziel und eine Tendenz der Evolution ablehnen, ja aus ideologischen Gründen konsequenterweise ablehnen müssen, trotzdem indirekt darauf zurück, indem sie es als *historischen Fakt* darstellen, dass die Entwicklung beim Einzeller angefangen habe und beim Menschen als höchste oder komplexeste Entwicklungsstufe angekommen sei. Diese Differenzierung ist im Hinblick auf die Beweisführung entscheidend: Ohne Finalität fehlt jede Vorhersehbarkeit und ist die empirische Beweisführung ausgeschlossen; es bleibt nur die historische (dazu nachstehend III.).

➤ Ob nun die Höherentwicklung philosophisch-zielgerichtet oder als angeblicher historischer Fakt betrachtet wird, auffallend ist, dass die Evolutionisten kaum Behauptungen über Degeneration und Tieferentwicklungen in der Natur aufstellen, obwohl – oder vielleicht weil – diese immer und überall beobachtet werden können. Dieses offenkundige Entwicklungs-Phänomen scheint die Evolutionswissenschaftler seltsamerweise weniger zu interessieren als die rein theoretische Höherentwicklung.

➤ Abgesehen von den Schwierigkeiten, eine präzise Ausgangsbehauptung aufzustellen und abgesehen von der leeren Zufallsbehauptung und abgesehen von der logisch nicht haltbaren Ursache-Kombination von Mutation und Selektion, vermögen die Evolutionisten zur Frage der gemeinsamen Abstammung und der Veränderungen über die Artgrenze hinaus mit diversen Stammbäumen immerhin einzelne, ziemlich konkrete, allerdings bislang zu den entscheidenden Schnittstellen rein hypothetische Behauptungen aufzustellen.

➤ Was ist nun erforderlich, um die Grundbehauptung der *Makroevolution*, also der gemeinsamen Abstammung und der Höherentwicklung der Lebewesen über die Artgrenze hinaus bzw. die Entstehung neuer Arten, mit Inhalt zu füllen:

Zunächst müsste der *Art-Begriff* eindeutig *definiert* werden. Evolutionisten haben verschiedene Art-Begriffe. In einem juristisch geführten Streit müssten sie sich auf einen festlegen, ansonsten sie den Prozess mangels Substanziiertheit der Behauptung von vornherein verlieren. Immer mehr setzt sich bei ihnen der biologische oder genetische Artbegriff durch, wonach eine Art als Fortpflanzungsgemeinschaft bzw. als *fruchtbare Kreuzbarkeit* definiert wird: eine Gruppe natürlicher Populationen, die sich untereinander kreuzen können und von anderen Gruppen reproduktiv isoliert sind. Die Definition der Art über das objektive Merkmal der Kreuzbarkeit kommt der von den Kreationisten schon lange verwendeten nahe, ist im Grunde enger, da Kreationisten das Isolationsargument weglassen und bei ihrem »Artbegriff«, der *Grundtypendefinition*, auch indirekte Verbindungen aus Kreuzungen im Freiland oder in der

Zucht einbeziehen und die Fruchtbarkeit der Mischlinge nicht fordern.

Die Aussagen zur gemeinsamen Abstammung der Lebewesen sind innerhalb der Arten mit Stammbäumen zum Teil bereits recht präzise, jedoch an den entscheidenden Schnittstellen zwischen den verschiedenen Arten und Gattungen bislang bloß theoretisch, zum Teil höchst spekulativ und vor allem viel zu allgemein und oberflächlich. Sie erforderten zum Nachvollzug und zur Zusammenfassung in einen oder mehrere Erfahrungssätze weitere Konkretisierungen:

Um die gemeinsame Abstammung substanziiert zu behaupten, müssten die Evolutionisten die ununterbrochene Reihe aller genetischer Mutationen vom Einzeller bis zu heute lebenden Tieren oder bis zum Menschen zunächst nur schon einmal theoretisch nachvollziehen. Eine solche konkrete Behauptung liegt bis heute in keinem einzigen Fall vor. Das verwundert nicht. Sie ist aufgrund der Komplexität der Lebewesen schlicht unmöglich. Nicht umsonst benutzen die Evolutionisten den leeren Begriff des Zufalls in diesem Zusammenhang und kaschieren damit ihre fehlende Erklärung.

Wollte man den Evolutionisten entgegenkommen, könnte man sich mit der präzisen Aufzeichnung der genetischen Mutationen wenigstens an den entscheidenden Übergängen der weniger komplexen zu den komplexeren Lebewesen bzw. bei entscheidenden angeblichen Strukturänderungen zufrieden geben. Die Evolutionisten müssten also im Einzelnen substanziiert behaupten, welche Genveränderungen z.B. in Bezug auf die Bildung der Schuppenzelle eines Reptils in der Natur zufällig stattfanden, sodass sich aus der Schuppe eine Feder entwickelte (inklusive alle notwendigen »Nebenveränderungen« wie etwa die Bildung leichterer Knochen, die Veränderung des Gehirns zur Bewegung im dreidimensionalen Raum beim Fliegen etc.) Selbst eine solche konkrete Behauptung ist zurzeit nicht möglich, da die Genforschung die Funktionen einzelner Gene erst im Ansatz erfasst hat. Die Kombination der Funktionen der verschiedenen Gene scheint so komplex zu sein, dass sie möglicherweise nie im Sinne einer Kausalität bzw. eines Gesetzes oder Erfahrungssatzes nachgewiesen werden kann. Aufgrund dieser Komplexität ist es heute noch nicht einmal möglich, äußerlich beobachtbare Veränderungen *innerhalb* einer biologischen Art in einem Erfahrungssatz über die genetischen Mutationen theoretisch nachzuvollziehen. Wie sollten da Erfahrungssätze von angeblichen Veränderungen bis zu völlig neuen Strukturen oder Organen (z.B. die Bildung einer Lunge aus einer Luftblase oder eines Flügels aus einem Vorderbein) möglich sein?

Da hilft auch nichts, wenn Genveränderungen heute im Labor geplant durch Zuführung vorbestehenden Materials (welche biologische Information enthalten) künstlich herbeigeführt werden. Das ist im Grunde nichts anderes als die altbekannte Züchtung von Tieren auf einer anderen Ebene. *Dieser in aller Regel zerstörerische künstliche Vorgang, wie auch die in der Regel degenerative Züchtung, entspricht nicht der Behauptung der Evolutionisten*, wonach solche Veränderungen unvorhersehbar, nicht geplant, zufällig in der Natur vorkommen. Sondern dieser Vorgang ist eine Art Kreation mit vorgegebenen Mitteln durch ein intelligentes Wesen, wie der Künstler aus gelb und blau grün »kreiert«. Außerdem kann sogar dieser künstlich herbeigeführte Vorgang, ähnlich wie die Züchtung von Tieren, aufgrund der Unkenntnisse über die Funktionen der Gene in der Theorie nicht als kausaler Erfahrungssatz nachvollzogen werden. Zur Zeit und bis auf weiteres ist nur die beschreibende Wiedergabe der Beobachtung der Veränderung möglich, ohne aber die Ursachen tatsächlich zu kennen.

Fazit: *Die generellen, unpräzisen und substanzlosen Behauptungen der Evolutionisten zu Veränderungen einzelner Zellen oder gar Organe bzw. Strukturen von Lebewesen im Sinne der* *gemeinsamen Abstammung und Höherentwicklung können heute streng genommen noch nicht zum Beweis zugelassen werden.*

Könnten sie zugelassen werden, müssten auch die Folgen im Einzelnen konkret und präzise behauptet werden, also wie das Tier im Zwischenstadium lebte und überlebte, damit die Veränderung Fortbestand hatte. Es müsste also zunächst behauptet und dann nachgewiesen werden, wie ein Lebewesen mit einem in Mutation begriffenen Vorderbein zugleich laufen und fliegen kann oder mit einer in Mutation begriffenen Luftblase neben der Kiemenatmung bereits Luft atmen kann.

➤ Trotz der leeren Zufallsbehauptungen und des logischen Auseinanderfallens der synthetischen Evolutionslehre und trotz fehlender konkreter Behauptungen zur Makroevolution – von Beweisen kann keine Rede sein -, hält sich diese *Theorie* erstaunlich gut in der Gesellschaft und unter Wissenschaftlern. Das hängt mit der rein *theoretischen Verflechtung der sehr spekulativen Theorie der Makroevolution mit der beobachtbaren Mikroevolution* zusammen.

Zur *Entflechtung* ist eine präzisere theoretische Darstellung der Mikroevolution notwendig. Wie erwähnt scheiden sich an der Grenze bzw. der qualitativen Unterschiedlichkeit der Mikroevolution und der Makroevolution die Geister der Evolutionisten und Kreationisten, und im übrigen teilweise auch der Evolutionisten untereinander.

Zur *notwendigen Selektion* als vermeintlicher *Faktor der Höherentwicklung* (neben der zufälligen Mutation) sei vorweg nochmals klargestellt: Die Notwendigkeit der Selektion im Sinne einer Gesetzmäßigkeit des Ablaufs der Veränderung ist aufgrund unzähliger Wechselwirkungen der symbiotischen Natur kaum nachzuweisen. Und um eine Kausalität für Veränderungen kann es sich dabei nicht handeln, da Auslese keine Veränderung bewirkt, auch nicht wenn man die Evolutions-Einheit vom Individuum theoretisch auf die Population anhebt. Wenn die durch die Veränderung der Umwelt bewirkte Auslese das Überleben des »Stärkeren« (Passenderen) bedeutet, wird damit noch keine Ursache für eine Mutation gesetzt, wohl aber eine Rekombination mit Genen der aussterbenden »Schwächeren« verhindert. Mit dieser Veränderung der Umstände entsteht tatsächlich eine Tendenz, dass sich innerhalb der Art Passendere und Resistentere länger behaupten, sodass die Nachkommen mit der Zeit mehrheitlich oder ausschließlich genau die spezifischen Merkmale, die den Überlebensvorteil in der Umwelt schafften, aufweisen (z.B. dürfte die unterschiedliche Pigmentierung bei Menschen je nach Sonnenbestrahlung bzw. Breitengrad entstanden sein, als der Mensch noch variabler reagieren konnte). Diese *Häufung der von jeher vorhandenen passenderen Merkmale* ist kurz- bis mittelfristig vorteilhaft, sichert sie doch das Überleben der Art unter den neuen Umweltbedingungen. Da es sich jedoch um eine *Spezialisierung* und somit um eine potentielle oder tatsächliche *Abnahme der Variabilität* handelt, kann sie *längerfristig nachteilig* sein, weil die Flexibilität, auf weitere Umweltveränderungen zu reagieren, abnimmt. Einzige Ursache der Veränderung *innerhalb der Art* ist und bleibt die Rekombination, kaum je einmal eine in aller Regel (bei über 99,9%) schädliche und unbeständige Mutation.

Selektion bewirkt also nichts Positives, schon gar nicht etwa Veränderungen über die Artgrenze hinaus durch Bereicherung des Genpools im Sinne einer Zunahme des Informationsgehalts des genetischen Codes für neue Strukturen, sondern schränkt die Variabilität einer Art ein, weil der Genpool verarmt oder bestimmte Gene zufolge Nichtgebrauchs nicht mehr aktiviert werden können (vgl. Anhang 1).

▶ Dagegen läuft *Mikroevolution* so ab: Durch die umweltbedingte natürliche und/oder die sexuelle Selektion (so es letztere überhaupt gibt) werden die *Umstände* oder Rahmenbedingungen für eine Veränderung von Lebewesen verengt, ohne dass irgendeine Veränderung oder gar Neues bewirkt wird. Es ist lediglich der Genpool einer Art (oder Population, sofern es so etwas gibt) *kleiner* geworden. Fortan steht *weniger biologische Information* für die kommenden Generationen zur Verfügung. Die Rekombination bei der erfolgreichen Fortpflanzung sowie (ganz selten) die spontane, aber kaum dauerhafte Mutation sind einzige *Ursache* für Veränderungen der kommenden Generationen *ein- und derselben Art* (vgl. Anhang 1).

Eines der *Ergebnisse* der Kombination dieser *Umstände* (Selektion) und *Ursachen* (Rekombination/Mutation) ist somit die *Abnahme der Variabilität*, d.h. der Vielfältigkeit, der Flexibilität und wohl auch der Komplexität einer Art. Diese *Spezialisierung* kann allenfalls durchaus zu »neuen« Unterarten führen, welche aber nicht neu im Sinne von mehr Information im genetischen Code oder höherer Komplexität oder Andersartigkeit durch veränderte Strukturen sind. Sondern sie sind lediglich neu im Sinne der Definition der Art aufgrund der *verloren gegangenen* Kreuzbarkeit und allenfalls im Sinne einzelner äußerer Modifikationen der *gleichbleibenden Grundstrukturen*, die aber auf zuvor bestehender biologischer Information beruhen. Diese Unterarten können sich nicht mehr fruchtbar kreuzen, weil der Informationspool ihrer Gene aufgrund der Kombination von Selektion und Rekombination mit der Zeit je derart *eingeschränkt* wurde, dass zu wenig Deckungsgleichheit vorliegt, oder m.a.W., dass eine Rekombination mangels Kompatibilität der Gene unmöglich geworden ist.

➤ Einige Evolutionisten verkennen, dass die der Fortpflanzung vorangehenden Selektionen jeglicher Art für die Fortpflanzung nicht kausal sind. Sie verkennen allgemein, dass Selektion nichts Neues bewirkt, sondern nur Bestehendes vernichtet und damit höchstens die Rahmenbedingungen für das Überlebende und die Möglichkeiten für Veränderungen innerhalb der Art einengt. Diese Evolutionisten verwechseln diese Einengung der Rahmenbedingungen mit dem Setzen einer Ursache.

➤ Weiter vermischen einige Evolutionisten bei der Theorie der Kombination von zufälliger Mutation und (angeblich) notwendiger Selektion die Frage der Veränderung an sich mit der Frage der Tendenz dieser Veränderung (die Frage der Finalität ist allerdings selbst unter ihnen umstritten, nichtsdestotrotz gilt die Höherentwicklung zumindest als historischer Fakt). Entwicklung muss *zuerst* stattfinden, bevor allenfalls ein Gesetz oder eine Notwendigkeit eingreifen kann und sie in eine bestimmte Richtung (Höher- oder Tieferentwicklung) lenkt. Findet keine Entwicklung statt, kann es auch keine Tendenz zur Höher- oder Tieferentwicklung geben.

➤ Unkorrekt ist schließlich, wenn Evolutionisten Spezialisierung mit Höherentwicklung gleichsetzen. Höher- und Tieferentwicklung sind nach Zu- oder Abnahme des Informationsgehalts des Genoms zu bestimmen (mehr zur Information vgl. nachstehend unter der Behauptung B.b). Spezialisierung mag auf den ersten Blick den äußeren Anschein einer Höherentwicklung haben. Sie ist es aber nicht. Es handelt sich lediglich um die Ausprägung und Ausbreitung einer bereits bestehenden Eigenschaft. Sie ist Ausdruck der bestehenden Variabilität. Sie basiert stets auf bereits vorhandener Information (genetischer Code). Es kommt keine neue hinzu. Woher auch? Spezialisierung bedeutet somit eine Tieferentwicklung, weil auf ihre Kosten die Variabilität der Art bzw. der neuen Unterart abnimmt, indem Information, d.h. gehaltvoller und wirksamer genetischer Code verloren geht oder nicht mehr aktiviert werden kann.

Dagegen soll die (theoretische) Höherentwicklung nach der Abstammungslehre der Evolutionisten stets die Entstehung neuer Strukturen durch neuen genetischen Code, d.h. durch Informationszunahme bedeuten. Makro-»Evolution« ist, wie vorstehend zur Legitimation erklärt, im Gegensatz zur Mikroevolution also keine Entwicklung im ursprünglichen Wortsinne, sondern Entstehung von Neuem. Makroevolution kann mit Selektion oder

Rekombination nicht erklärt werden. Bei Mikro- und Makroevolution handelt es sich um *grundverschiedene, gegenläufige Tendenzen* (vgl. Anhang 1).

B. Behauptungen der Kreationisten

a) **Auslösendes Moment** für Ursprung und Entwicklung ist:

* **Gott**. Die konkrete Behauptung lautet gemäß 1. Mose 1, 1: *»Im Anfang schuf Gott die Himmel und die Erde.«*
  Weiter gelten die zwei Schöpfungsberichte der Bibel als konkrete Behauptungen. Im übrigen wird die ganze Bibel als Offenbarung des Schöpfers angeführt, was wiederum Rückschlüsse auf die Schöpfung zulässt. Dabei wird Gott stets als der Ewige beschrieben, welcher die Naturgesetze erlassen hat, sie erhält und über ihnen steht. Gott hat sich in Jesus Christus und seinem Wort sehr konkret und präzise vorgestellt.

➤ Die Ursprungsbehauptung bibelgläubiger Kreationisten scheitert nicht an Unsubstanziiertheit. Eine andere Frage ist der Gottesbeweis (vgl. nachstehend III.6.). Doch die stellt sich in diesem Verfahrensstadium noch nicht. Hier wird nur der Gehalt der Aussagen untersucht.

b) **Vorgang** des Ursprungs und der Entwicklung:

* **Kreation geschieht durch Sprechen oder Hervorrufen, durch die sinnliche Wahrnehmbarmachung oder Materialisierung der Schöpfungsgedanken Gottes**. Dazu gibt es viele konkrete Aussagen in der Bibel:
  Hebräer 10,3: *»Durch Glauben verstehen wir, dass die*

Welten durch Gottes Wort bereitet worden sind, sodass das Sichtbare nicht aus Erscheinendem (d.h. aus Dingen, die mit Sinnen wahrgenommen werden können) geworden ist.«

1. Mose 1,3: *»Und Gott sprach: Es werde ...! Und es wurde ....«*

Psalm 33,6.9: *»Durch des Herrn Wort sind die Himmel gemacht und all ihr Heer durch den Hauch seines Mundes. ... Denn er sprach, und es geschah; er gebot, und es stand da.«*

Jesaja 48,12 f. (Gott spricht): *»Höre auf mich, Jakob und Israel, mein Berufener! Ich bin, der da ist, ich der Erste, ich auch der Letzte. Ja, meine Hand hat die Grundmauern der Erde gelegt und meine Rechte die Himmel ausgespannt; ich rufe ihnen zu: allesamt stehen sie da.«*

➤ Das sind *konkrete, substanziierte* Aussagen, die ohne weiteres nachvollzogen werden können.

Beim Akt der Schöpfung geht es stets um das **gesprochene Wort**, um das **Sprechen**, das **Hervorrufen** und das **Gebieten**. Es geht um die *sinnlich wahrnehmbar gemachten Gedanken des Schöpfers*. Und weil die ganze Schöpfung vom kleinsten Teilchen bis ins Universum Sprache Gottes ist, wird sie den Menschen, bei entsprechender Übersetzung, zur Information über den Schöpfer selbst.

Das Wort »**Information**« leitet sich ursprünglich aus »gestalten, formen, bilden« ab und bedeutet heute u.a. *Mitteilung* oder Nachricht. Es handelt sich im Grunde um eine *materialisierte Geistesleistung* bzw. um sinnlich wahrnehmbar und damit für sinnliche Geschöpfe empfangbar gemachte Gedanken eines intelligenten, d.h. eines zum Denken und zur Mitteilung fähigen Wesens. Mit der sinnlichen Aufnahme, also dem rein mechanischen Empfang der Botschaft, geht jedoch nicht automatisch das Verständnis einher. Die Naturwissenschaften helfen, die Schöpfungssprache Gottes zu übersetzen. Solange allerdings Gott dabei ausgeschlossen bleibt, wird es stets ein sehr begrenztes Verstehen sein (ausführlich zur Information: Werner Gitt, Am Anfang war die Information, Hänssler Verlag, D-Holzgerlingen).

➤ Kreation funktioniert heute noch genau gleich, wie sie in der Bibel beschrieben ist: Jedes Wort, welches heute gesprochen wird, ist Kreation des Sprechenden: Es ist ein sinnlich wahrnehmbarer Ausdruck von Gedanken, ein Festhalten und Verfügbarmachen geistiger Inhalte oder Leistungen in Zeit und Raum und damit Information oder eben Mitteilung über diese Gedanken (vgl. Anhang 2).

Vorliegend zum Beispiel werden mit diesem Buch, durch die Farbe der Druckmaschine auf dem Papier, Gedanken materialisiert. Die Worte, die Sie lesen, sind *Materie in bestimmter Form (organisiert, strukturiert, hierarchisiert), welche Gedanken – buchstäblich – zum Ausdruck bringt und damit zur Information wird.*

Zugegeben: Die Farbe hat schon vorbestanden. Als chemische Verbindung ist sie selber schon ein materialisierter, d.h. sinnlich wahrnehmbar gemachter Gedanke, und damit Schöpfung. Für ihre Bestandteile gilt dasselbe. Für die Schöpfung dieses Buches wurde die Farbe bloß zur neuen, zusätzlichen Information umgeformt, wodurch sich der Autor den Lesern mitteilt. Als Information oder sinnlich wahrnehmbar gemachte Gedanken handelt es sich aber doch um echte Neuschöpfung, um eine Verbindung von Geist und vorbestehender Materie. Um auf die erste Schöpfung zu kommen, müsste man die Entstehung der Farbe zurückverfolgen bis zum Ursprung der Erde, worüber hier geschrieben wird. An jenem Punkt käme dann wieder die Aussage, dass alles aus der Kraft des Geistes Gottes, also aus Nichtmateriellem, durch das erste Wort Gottes entstanden ist, so wie es die Bibel mehrfach beschreibt.

Näher kommen wir diesem Ursprung bei der handschriftlichen und erst recht bei der mündlichen Materialisierung von Gedanken oder Geistesleistungen *(Kombination von Geist/Gedanken und Materie/Stimmband)*: Mein Geist aktiviert über die Nerven die Muskeln in meiner Hand, welche mit vorbestehender Materie, dem Füllfederhalter (als Verlängerung) und der Tinte Information auf einem Blatt Papier materialisiert. Oder: Während ich spreche, entstehen durch Schwingungen meiner Stimmbänder Schallwellen. Auch das sind sinnlich wahrnehmbare, somit materialisierte Gedanken, die aus dem »Nichts« (sinnlich nicht Wahrnehmbaren) kommen. Mit der sinnlichen Wahrnehmbarmachung werden sie zur Information, welche ein intelligentes Wesen nicht nur sinnlich empfangen, sondern im Geist auch deuten kann. Die Schwingungen haben nicht vorbestanden. Sie entstehen und werden gelenkt aus meinen Gedanken, meinem Geist. Vorbestanden haben aber immerhin die Stimmbänder, die jedoch Teil von mir selbst sind und nicht Teil der gehörten Worte werden, obwohl sie diese bilden. Aus dem Zusammenführen von Geistesleistung und Stimmband wird somit losgelöst etwas Drittes, die hörbaren und damit sinnlich wahrnehmbaren Worte. Das ist Schöpfung (vgl. auch Anhang 2).

➤ Die rechte Hand Gottes oder das »Stimmband Gottes« war und ist nach der Bibel Jesus Christus, also wiederum Gott selbst:

Johannes 1,1: *»Im Anfang war das Wort, und das Wort war bei Gott, und das Wort war Gott. Dieses war im Anfang bei Gott. Alles wurde durch dasselbe, und ohne dasselbe wurde auch nicht eines, das geworden ist.«*
Kolosser 1,15 f.: *»Er (Jesus Christus) ist das Bild des unsichtbaren Gottes, der Erstgeborene aller Schöpfung. Denn in ihm ist alles in den Himmeln und auf der Erde geschaffen worden, das Sichtbare und das Unsichtbare, es seien Throne oder Herrschaften oder Gewalten oder Mächte: alles ist durch*

ihn und zu ihm hin geschaffen; und er ist vor allem und alles besteht durch ihn.«

Sprüche 8,22 ff. (über die Weisheit als Synonym für Christus; vgl. 1. Korinther 1,30): *»Der Herr hat mich geschaffen als Anfang (od. im Anfang; oder: hat mich erworben im Anfang) seines Weges, als erstes seiner Werke von jeher. Von Ewigkeit her war ich eingesetzt, von Anfang an, vor den Uranfängen der Erde. Als es noch keine Fluten (oder: Tiefen) gab, wurde ich geboren, als noch keine Quellen waren, reich an Wasser. Ehe die Berge eingesenkt wurden, vor den Hügeln war ich geboren, als er noch nicht gemacht die Erde und die Fluten, noch die Gesamtheit der Erdschollen des Festlandes. Als er die Himmel feststellte, war ich dabei (oder: dort). Als er einen Kreis abmaß über der Fläche der Tiefe (oder: der Flut), als er die Wolken droben befestigte, als er stark machte die Quellen der Tiefe (oder: Flut), als er dem Meer seine Schranke setzte, damit die Wasser seinen Befehl nicht übertraten, als er die Grundfesten der Erde abmaß: da war ich Schoßkind bei ihm (oder: Liebling an seiner Seite, andere übersetzen: Werkmeister bei ihm) und war seine Wonne Tag für Tag, spielend vor ihm allezeit, spielend auf dem weiten Rund seiner Erde, und ich hatte meine Wonne an den Menschenkindern.«*

➤ Jesus Christus ist gemäß der Bibel die Verbindung von ewig Seiendem und zeitlich Gewordenem. Soweit sich das nachvollziehen lässt, hat Gott die Schöpfung *in sich* (wie das Stimmband im Menschen), *das ist: in seinem Sohn,* begonnen. Christus ist sowohl Gott selber als auch der Logos, das Erstlingswort Gottes, sowohl ewig seiend als auch zeitlich geworden.

Alles was danach folgte, der Vorgang der Entstehung von Kosmos und Menschen durch Jesus Christus als Wort Gottes zusammen mit dem Geist Gottes, lässt sich ohne weiteres aufgrund unserer eigenen Fähigkeit zur Kreation durch Materialisierung von Gedanken beim Sprechen oder Schreiben oder künstlerischen Schaffen (über das Stimmband oder die Hand) nachvollziehen. Jeder Stuhl, auf dem Sie sitzen, ist ein materialisierter Gedanke, eine Neuschöpfung aufgrund einer Geistesleistung in Verbindung mit vorbestehender Schöpfung/Materie (Bäume, Eisen etc.).

- **Spende des Lebens durch Gott**. Auch dazu gibt es viele konkrete Aussagen in der Bibel:

  2. Mose 2,7: »... – *da bildete Gott, der Herr, den Menschen, (aus) Staub vom Erdboden und hauchte in seine Nase Atem des Lebens.*«

  Hiob 10,9 ff.: »*Bedenke doch, dass du mich wie Ton gestaltet hast! ... Hast du mich nicht hingegossen wie Milch und wie Käse mich gerinnen lassen? Mit Haut und Fleisch hast du mich bekleidet und mit Knochen und Sehnen mich durchflochten. Leben und Gnade hast du mir gewährt, und deine Obhut bewahrte meinen Geist.*«

  Hiob 12,7 ff.: »*Aber frage doch das Vieh, und es wird dich lehren, oder die Vögel des Himmels, und sie werden es dir mitteilen, oder rede zu der Erde, und sie wird es dich lehren, und die Fische des Meeres werden es dir erzählen: Wer erkennt nicht an all diesem, dass die Hand des Herrn dies gemacht hat? In seiner Hand ist die Seele alles Lebendigen und der Lebensatem alles menschlichen Fleisches.*«

  Hiob 33,4: »*Der Geist Gottes hat mich gemacht, und der Atem des Allmächtigen belebt mich.*«

  Psalm 104,24 ff.: »*Wie zahlreich sind deine Werke, o Herr! Du hast sie alle mit Weisheit gemacht, die Erde ist voll deines Eigentums. ... Tiere klein und groß. ... Du verbirgst dein Angesicht: Sie erschrecken. Du nimmst ihren Lebensatem weg: Sie vergehen und werden wieder* *zu Staub. Du sendest deinen Lebenshauch aus: Sie werden geschaffen.«*

Sacharja 12,1: *»Es spricht der Herr, der den Himmel ausspannt und die Grundmauern der Erde legt und den Geist des Menschen in seinem Inneren bildet: Siehe, ich mache Jerusalem zu einer Taumelschale für alle Völker ringsum.«*

Bibelgläubige Kreationisten können Leben auch definieren:

Jesus Christus ist das Leben (Johannes 14,6). Jesus Christus ist Gott (Johannes 1,1b). Gott ist Geist (Johannes 4,24a). Leben ist *Geist* von *Geist.* Leben ist die *geistliche Verbindung mit Gott.* Leben ist *Begeisterung der Schöpfung durch Gott.*

➤ Bei Tieren und Pflanzen bestimmt allein die einseitige Aussendung oder Wegnahme des Geistes Gottes das natürliche Leben, welches sich, je nach zugeordnetem Maß, unterschiedlich manifestiert. Der Unterschied zwischen Tieren und Pflanzen ergibt sich aus der Bibel aufgrund der separaten Erschaffung an verschiedenen Schöpfungstagen sowie aufgrund der Art der Erschaffung.

Die Pflanzen entstanden am dritten Schöpfungstag *jede nach ihrer Art* durch ein von Gott *gerufenes Hervorsprießen und Hervorbringen des Erdbodens* (somit durch eine spezielle Einwirkung seines Geistes auf den Erdboden mit sinnlich wahrnehmbarem Resultat und Leben in sich).

Die Wassertiere und Vögel wurden am fünften, die Landtiere am sechsten Schöpfungstag durch Begeisterung der *vom Erdboden separierten Gefäße* als lebendige Wesen *jedes nach seiner Art* erschaffen (vgl. 1. Mose 1,11 ff. und 20 ff.).

Beim am sechsten Tag erschaffenen Menschen gilt das Merkmal der Aussendung und des Rückzugs des Odems durch Gott auf der Ebene des allgemeinen natürlichen Lebens und

Webens ebenfalls (vgl. Apostelgeschichte 17,28). Speziell dem Menschen hatte Gott ursprünglich seinen Odem in einem solchen Maß eingehaucht, dass er Gott und sich selber als Bild Gottes erkennen konnte (2. Mose 2,7 und 16). So erhielt er ein Gottes- und ein Selbstbewusstsein. Durch diese Autonomie war er aber auch in der Lage, das »Übermaß« an Geist Gottes, welches ihn über die Tiere erhob und Gott ebenbildlich machte, selber zu kappen, sich *bewusst* von Gott zu entfernen, was er nach der Bibel auch tat und dadurch geistlich starb und so dem leiblichen Tod verfallen war (1. Mose 2,16; 3,3 und 19).

➤ Um dieses Leben wieder zu erhalten, muss er sich wiederum *bewusst* für eine Verbindung mit Gott im Geiste entscheiden, die ihm mit dem *Glauben* an den Gott-Mensch *Jesus Christus* angeboten wird. Auch und besonders dieses neue ewige Leben wird *geistlich definiert als eine geistliche Verbindung*, die aus der vertrauensvollen Annahme der Zusage Gottes nach Johannes 3,16 entsteht: »*Denn so sehr hat Gott die Welt geliebt, dass er seinen eingeborenen Sohn gab, damit jeder, der an ihn glaubt, nicht verloren geht, sondern ewiges Leben hat.*«

➤ Weil der Mensch als das Niedrigere Gott als den Höchsten nicht aus eigener Kraft erreichen kann, erniedrigte sich Gott und kam als Mensch in die Welt. Sobald sich der Mensch im Glauben an Jesus Christus Gott zuwendet, entsteht die Verbindung mit ihm, wenn Gott seinen Geist von neuem in den Menschen legt.

Johannes 3,3 u. 5: »*Jesus antwortete und sprach: Wahrlich, wahrlich, ich sage dir: Wenn jemand nicht von neuem (von oben) geboren wird, kann er das Reich Gottes nicht sehen. ... Wahrlich, wahrlich, ich sage dir: Wenn jemand nicht aus Wasser und Geist geboren wird, kann er nicht in das Reich Gottes hineingehen.*«

Johannes 20,21 f.: »*Jesus sprach nun wieder zu ihnen: Friede euch! Wie der Vater mich ausgesandt hat, sende ich* *auch euch. Und als er dies gesagt hatte, hauchte er sie an und spricht zu ihnen: Empfanget Heiligen Geist!«*

➤ Hier mag der *Einwand* aufkommen: Das ist doch Glaube, Religion! Was hat das in einer wissenschaftlichen Auseinandersetzung zu suchen, was kann da bewiesen werden?

Erstens: Es geht genau darum in der Auseinandersetzung zwischen Evolutionisten und Kreationisten, nämlich um *Atheismus (Zufall) contra Theismus (Gott)*. Und hier wird eine Auseinandersetzung nach *juristischen* Spielregeln geführt. Entscheidend ist zunächst, ob konkrete, mit Inhalt gefüllte und logisch nachvollziehbare Aussagen aufgestellt werden oder nicht. Über Beweisfragen wird erst im nächsten Stadium gestritten, sofern die Parteien überhaupt zugelassen werden. Atheismus und Zufall klingen jedenfalls ziemlich inhaltslos ...

Zweitens: Leben kann nicht materialistisch erfasst oder mechanistisch erklärt werden. Aussagen zum Leben müssen geistlichen Inhalt haben, denn der Geist ist nun einmal da und macht, ob ganz oder hauptsächlich sei einmal dahingestellt, das Leben aus. Das Leben ist offenkundig mehr als bloße Materie. Unmittelbar nach dem Tod ist die ganze Materie des Körpers noch vollständig vorhanden - und doch ist das Leben weg! Leben ist offensichtlich mehr als Materie. Und der Geist ist offenkundig größer als die Materie, denn er kann sie erfassen, sie kann ihn aber nicht begreifen. Geist kann man sinnlich nicht wahrnehmen, nicht sehen. Materie kann man dagegen geistlich wahrnehmen. Glaube ist laut Definition ein rein geistlicher Vorgang. Es liegt auf der Hand, dass das Leben nur über den Glauben begriffen werden kann. Es liegt ebenso auf der Hand, dass das Leben nur mit dem Lebensspender zusammen erfasst werden kann.

Drittens: Theologie ist eine Wissenschaft, Betriebswirtschaftslehre ist eine Wissenschaft, Jurisprudenz ist eine Wissenschaft, ...; *es gibt kein Diktat der Naturwissenschaft!*

Viertens: Als Jurist, Historiker, Philosoph oder Theologe ist man in der *Beweisführung* nicht auf Empirie (sinnliche Erfahrung) beschränkt. Auch *innere Vorgänge* lassen sich beweisen und müssen ständig bewiesen werden: direkt mittels Zeugnis oder indirekt mittels Indizien. Es gibt keinen Grund, in einer historisch-philosophischen Debatte über die Herkunft von Materie und Leben dem Diktat der Empirie nachzugeben. Dies würde bedeuten, dass man den Prozess – jedenfalls nach der Evolutionstheorie, wo ja während Milliarden von Jahren kein Geist- und Vernunftbegabter dabei war – gar nicht führen könnte. Es ist unsinnig, eine angebliche Entwicklung von der Materie bis zum Geist und zum Bewusstsein rein materialistisch nachvollziehen zu wollen. Das Niedrigere kann das Höhere nie erfassen.

➤ Allerdings muss gefragt werden, ob die Aussage der Kreationisten, Leben komme aus dem Leben Gottes, tatsächlich gehaltvoller ist als die Aussage der Evolutionisten, wonach Materie aus Materie stamme.

Tatsächlich ist sie das: Evolutionisten postulieren einen Aktualismus (oder Uniformitarismus): Die Naturgesetze sowie Zeit und Raum hätten schon immer unabänderlich bestanden und es gäbe nichts anderes. Mit »schon immer« meinen sie unendlich lange. Für Evolutionisten ist deshalb Ewigkeit einfach unendliche Zeit, also eine rein quantitative Frage. Nicht so für bibelgläubige Kreationisten und wohl für jeden, der Zeit und Raum als eine recht beschränkte Dimension erkennt und dabei ahnt, dass es mehr geben muss.

»Materie aus Materie« ist deshalb eine leere Behauptung, weil es bei jeder früheren und späteren Materie stets um die gleiche Art und Qualität von Materie unter den gleichen und gleichbleibenden Rahmenbedingungen der Naturgesetze geht. Seit dem Urknall und den angeblichen »Wellen« davor, also schon immer, veränderte sich dieselbe Materie *innerhalb* von Zeit und Raum den Naturgesetzen gemäß. Dieselbe Materie war schon immer sinnlich wahrnehmbar (so jemand dabei gewesen wäre).

Es geht bei der »Materie aus Materie« nicht um etwas wirklich, d.h. qualitativ Neues, erstmals Wahrnehmbares, von außerhalb der Naturgesetze und von außerhalb von Zeit und Raum Herrührendes. Es geht nach der Evolutionstheorie um die rein mechanistische (vermeintlich kausal erklärbare und doch zufällige) Veränderung der Materie aus sich selbst, ohne übernatürliche oder geistige Einflüsse.

Genau das Gegenteil sagt aber die Bibel aus. Psalm 90,2 lautet: *»Ehe die Berge geboren waren und du die Erde und die Welt erschaffen hattest. Von Ewigkeit zu Ewigkeit bist du, Gott.«*

Die (sinnlich wahrnehmbare) Schöpfung und die Spende des Lebens haben ihren Ursprung in Gott, somit in der Ewigkeit, d.h. in einer nicht mit Sinnen wahrnehmbaren Dimension, die sich von Zeit und Raum nicht quantitativ, sondern *qualitativ* unterscheidet. Die Schöpfung und das Leben in der Schöpfung ist deshalb *echt neu*, weil es vor dem schöpferischen Walten Gottes Zeit und Raum gar nicht gegeben hat. In der Ewigkeit gibt es nichts Neues und keine Veränderung. Erst mit der Erschaffung von Zeit (in Verbindung mit Raum) konnte es Neues und Bewegung und damit Veränderung geben. *Zeit und Raum ist nichts anderes als die Möglichkeit zur Veränderung*, insbesondere der Abkehr von und der *Umkehr* zu Gott; letztere ist in der Ewigkeit nicht mehr möglich.

Der Inhalt der Schöpfung und das Leben in der Schöpfung sind wegen dieser qualitativen Schwelle zwischen Ewigkeit und Zeit nicht nur ganz neu, sondern auch *wirklich anders*, weil sie bzw. es von außerhalb der Naturgesetze, von außerhalb von Zeit und Raum, aus der Gegenwart Gottes in die Zeit und in den Raum hineingelegt den Naturgesetzen unterstellt und so *erstmals* sinnlich wahrnehmbar wurden. Hineingelegt in Zeit und Raum wurde die erste Schöpfung und das Leben sowie die weiteren

Schöpfungen stets durch Gottes Geist, eine von der Materie unabhängige Kraft.

Deshalb ist das von Gott aus sich selber durch die Wirkung seines Geistes aus der Ewigkeit in die Schöpfung und damit in die Zeit und in den Raum hinein gespendete Leben eine inhaltlich gehaltvolle Aussage. Es ist nicht einfach abgeleitetes Leben aus gleichem Leben unter denselben Rahmenbedingungen. Sondern es ist (für Menschen) *erstmals* wahrnehmbares, aus der Ewigkeit in die Schöpfung transformiertes, d.h. gerade durch die Verbindung mit Materie qualitativ umgewandeltes, echt anderes, in gewisser Weise verselbständigtes Leben.

Dass dieses Leben in der geschaffenen Welt tatsächlich anders ist als das ewige Leben, zeigt sich schon daran, dass es möglich war, es *ganz* zu verselbständigen und vom ewigen Leben Gottes abzutrennen. Eine Möglichkeit, welche die Menschen gemäß der Bibel leider nutzten. Das autonome (eigentlich: rebellische) Handeln von Adam und Eva schnitt die Menschheit definitiv vom ewigen Lebensquell ab. Und dies riss nach der Bibel die ganze Schöpfung in einen tödlichen Fall, welcher erst wieder durch die Rettungsleine Gottes – Jesus Christus – aufgehalten wurde. In diesem schuf Gott eine neue Verbindung zu seinem ewigen Leben.

Johannes 11,25 f.: »*Jesus sprach ...: Ich bin die Auferstehung und das Leben; wer an mich glaubt, wird leben, auch wenn er gestorben ist; und jeder, der da lebt und an mich glaubt, wird nicht sterben in Ewigkeit.*«

Weiter mit den Behauptungen:

- Alles ist ein **geplantes, gelenktes Vorgehen** von einem **Schöpfer, welcher Macht und Kraft in sich trägt, die Naturgesetze und die Schöpfung so weit zu erhalten, wie er will**. Auch dazu gibt es viele konkrete Aussagen in der Bibel:

1. Mose 1,26: »*Und Gott sprach: Lasst uns Menschen machen in unserem Bild, uns ähnlich! Sie sollen herrschen über die Fische des Meeres und über die Vögel des Himmels und über das Vieh und über die ganze Erde. Und Gott schuf den Menschen nach seinem Bild, ...*« – Hier wird ein klarer Plan erkennbar, der dann ausgeführt wurde und noch heute gilt.

Hiob 42,1-2: »*Und Hiob antwortete dem Herrn und sagte: Ich habe erkannt, dass du alles vermagst und kein Plan für dich unausführbar ist.*«

Psalm 33,11: »*Der Ratschluss (od. Plan) des Herrn hat ewig Bestand, die Gedanken seines Herzens von Geschlecht zu Geschlecht.*«

Jesaja 46,9 ff: »*Gedenket des Früheren von der Urzeit her, dass ich Gott bin. Es gibt keinen sonst, keinen Gott gleich mir, der ich von Anfang an den Ausgang verkünde und von alters her, was noch nicht geschehen ist, – der ich spreche: Mein Ratschluss (od. Plan) soll zustande kommen, und alles, was mir gefällt, führe ich aus, ... Ja, ich habe (es) geredet, ja, ich werde es auch kommen lassen. Ich habe (es) gebildet, ja, ich führe es auch aus.*«

Hebräer 1,1 ff: »*Nachdem Gott vielfältig und auf vielerlei Weise ehemals zu den Vätern geredet hat in den Propheten, hat er am Anfang dieser Tage zu uns geredet im Sohn, den er zum Erben aller Dinge eingesetzt hat, durch den er auch die Welten (od: Zeitalter) gemacht hat; er, der Ausstrahlung seiner Herrlichkeit und Abdruck seines Wesens ist und alle Dinge durch das Wort seiner Macht trägt, ...*«

➤ Es handelt sich um *positive, theistische* und *substanziierte Behauptungen*; Planung, Gesetzmäßigkeit und Ordnung sind im Gegensatz zum Zufall gehaltvolle, positive Aussagen, die auch im Einzelnen an unzähligen konkreten Beispielen in der Natur nachvollziehbar sind. Ordnung und Gesetzmäßigkeit liegen aufgrund der Beobachtung der Natur vom kleinsten Teilchen bis ins Weltall auf der Hand, würden im Prozess bereits als gerichtsnotorisch gelten, sodass nicht einmal Beweis darüber geführt werden müsste.

Evolutionisten müssen die Ordnung in der Natur ebenfalls eingestehen, können ihre Entstehung aber nicht in ihre Theorie einordnen. Auf die Naturgesetze berufen sie sich zwar ebenfalls, ohne anzugeben, woher sie stammen und weshalb sie gelten. Deren statische Auswirkung versuchen die Evolutionisten rein innerweltlich (oder innerkosmisch) mit dem Zufallsfaktor »flexibel zu machen«, um die Entstehung und Entwicklung von Neuem trotz der erhaltenden Ordnung der Naturgesetze begründen zu können, ohne übernatürliche Eingriffe anerkennen zu müssen. Das Zufallselement ist allerdings bei genauem Hinsehen nur ein Platzhalter für ein übernatürliches Eingreifen Gottes und als Argument erst noch leer. Beobachtbar bleiben nur die unbestrittenen Naturgesetze, die aber bei weitem nicht alle Vorgänge der Natur erklären. Wie z.B. kann eine Spinne ein wunderschönes, geometrisch geordnetes Spinnennetz weben? Weshalb versorgen Raubtiermütter ihre Jungen bis zur Selbständigkeit? (Vgl. etwa Hiob 38,41 und dagegen Hiob 39,16 f.)

Einzig Planung lässt sich als geistiger Vorgang in der Natur nicht direkt beobachten. Eine vernünftige, unvoreingenommene Beobachtung der Ordnung und Gesetze der Natur lässt allerdings keinen anderen Schluss als übergeordnete Planung zu. Bei einem Flugzeug käme niemand auf die Idee, es wäre zufällig entstanden. Die um ein Vielfaches komplexere Fliege sollte dagegen ohne Planung entstanden sein? Auch die Evolutionisten sprechen bezüglich Lebewesen ständig von Bauplänen, ohne allerdings zuzugeben, dass ein Plan stets die Geistesleistung eines intelligenten Wesens ist.

- Es gibt **Variabilität der Kreaturen innerhalb der Artgrenzen** und, ausgehend von **geschaffenen Grundtypen/Arten**, auch Aufspaltungen in Unterarten durch **Spezialisierung (Mikroevolution)**.

➤ Bis auf das Taxon »Grundtyp« wird diese Behauptung von den Evolutionisten nicht bestritten. Die (z.T. rasche) Entstehung von Unterarten lässt sich empirisch nachweisen bzw. ist schon mehrfach beobachtet worden (z.B. Buntbarsche im Viktoria-See). Die Frage der aktuellen *Mikroevolution* muss deshalb gar nicht ins Beweisverfahren. Mikroevolution der Vergangenheit kann dagegen nicht beobachtet werden und müsste somit anders nachgewiesen werden. Da sich die Parteien aber in der Grundaussage der Veränderungen von Lebewesen unterhalb der Artgrenze grundsätzlich einig sind, ist das für die vorliegende Auseinandersetzung unnötig.

Die Frage, ob Variabilität nur innerhalb der oder auch über die Artgrenzen hinaus besteht, betrifft dagegen die Grenzziehung zwischen der Mikroevolution und der Theorie der *Makroevolution*. Dasselbe gilt für die Frage, ob zu Beginn mehrere Grundtypen geschaffen wurden oder ob alle Lebewesen von einem einzigen (aus Materie hervorgegangenen) Organismus abstammen. Kreationisten differenzieren strikt zwischen Mikro- und Makroevolution. Trotz der gleichen Bezeichnung handelt es sich tatsächlich nur bei ersterer um echte Entwicklung aus Vorbestehendem. Letzteres ist dagegen keine Entwicklung im Wortsinne, sondern Entstehung von Neuem. Der Unterschied dieser beiden »Entwicklungen« ist inhaltlicher, qualitativer Art.

Abgesehen von der atheistischen oder theistischen Grundbehauptung sind die gegensätzlichen Behauptungen in Bezug auf die gemeinsame Abstammung und Höherentwicklung (Makroevolution) und der unterschiedlich geschaffenen Arten und Tieferentwicklung (Mikroevolution) der zentrale, möglicherweise der einzige Streitpunkt zwischen den Parteien (vgl. dazu auch Dritter Teil, B.).

Da Mikroevolution als solche nicht umstritten ist, müssen die Kreationisten zu diesem Punkt an sich nichts beweisen. Es ist an den Evolutionisten, ihre Theorie der Makroevolution zu beweisen, was aufgrund der unsubstanziierten Aussagen von vornherein nicht möglich ist.

Ab und zu hört man von Evolutionisten auch, dass das Leben »mehrfach erfunden« worden sei. Das geht in Richtung Grund- oder Archetypen. Doch auch dann unterscheiden sich die Evolutionisten von den Kreationisten darin, dass sie weiterhin die Veränderung der Lebewesen über die Artgrenze hinaus, also die Entstehung echt neuer Arten im Sinne der Höher-»Entwicklung« mit zunehmendem Informationsgehalt der Gene für neue und komplexere Strukturen durch Mutation behaupten und auf die Frage des in dem Falle mehrfachen Übergangs von unbelebter zu belebter Materie keine Antwort geben können.

- Es herrscht eine **Tendenz zur Tieferentwicklung** (Degeneration, Zerfall, zufolge des Sündenfalls, also der Trennung von Gott).

➤ Hier bestehen zahlreiche konkrete Behauptungen der Kreationisten zur Genpoolverarmung im Laufe der Zeit, die sich auf wissenschaftliche Untersuchungen beziehen. Den beobachtbaren Fakt der Degeneration kann kein Evolutionist bestreiten. Die Behauptung einer generellen Tendenz dürfte dagegen von den meisten Evolutionisten abgelehnt werden, welche aufgrund des Zufallsfaktors der Evolution konsequenterweise keine bestimmte Richtung geben. Im Gegensatz zur Höherentwicklung lässt sich Tieferentwicklung aber beobachten. Wie die Evolutionisten mit diesem Fakt theoretisch umgehen, lässt sich mangels Befassung damit nicht feststellen. Wie bereits erwähnt ist es ein nicht nachvollziehbares Phänomen, dass sich Evolutionswissenschaftler – jedenfalls in der Öffentlichkeit – kaum je mit der nachweisbaren Tieferentwicklung der Lebewesen abgeben.

Empirisch nachvollziehbar ist insbesondere die Degeneration aufgrund von Züchtung. Die Degeneration vom Wolf bis zum Berner Sennenhund ist offensichtlich, die stark eingeschränkte (Über-)Lebensfähigkeit und die Krankheitsanfälligkeit »hoch«-gezüchteter Tiere ist allgemein bekannt. Diese einzelnen, konkreten und präzisen Behauptungen zu Genpoolverarmungen können zum Beweis zugelassen werden, sofern sie nicht bereits als notorisch gelten.

3. Zwischenresultat nach dem Behauptungsstadium

»Das Ziel der Wissenschaft – das Wachstum des Wissens – besteht im Wachstum des Gehaltes« (Karl Popper, Logik der Forschung, 10. A., Tübingen 2002, S. 96).

Kreation impliziert ein geplantes und gelenktes Vorgehen und einen Schöpfer, welcher Macht und Kraft in sich trägt und von außen, d.h. aus der Ewigkeit, in der Kraft seines Geistes in Zeit und Raum hineinwirkt, deren Gesetze erlässt und erhält sowie mit Sinnen wahrnehmbare Materie hervorruft und teilweise belebt. *Evolution* gibt keine Antwort auf die Ursprungsfrage von allem Sichtbaren und beantwortet die Frage der Entwicklung mit dem Zufallsfaktor als ungeplanten, ungelenkten, ziellosen Prozess.

Der Gott der Kreationisten, jedenfalls derjenige bibelgläubiger Christen und Juden, ist durch die Offenbarung der Bibel und Jesu Christi »mit sehr viel Inhalt gefüllt«, während der Zufall der Evolutionisten leer bleibt. Zufall als auslösende und lenkende Kraft ist Unsinn, ein Nichts. Jeder Teilfaktor Zufall macht aus weiteren (allenfalls) gesetzlichen Faktoren im Ergebnis wieder Zufall. Alle Aussagen, welche einen Zufallsfaktor beinhalten sind *gehaltlos.* Es sind bei der Ursprungsfrage also die Kreationisten, welche mit ihren positiven Behauptungen aus der Bibel den Streitgegenstand mit sehr viel Inhalt füllen, konkretisieren oder – in Juristensprache – substanziieren, während die *Evolutionisten* mit ihren atheistischen *Zufallsbehauptungen* im Grunde nur *inhaltslos reagieren.*

In der *Öffentlichkeit* wird der Prozess seltsamerweise genau umgekehrt wahrgenommen. Man meint, die Evolutionisten hätten mit der Evolutionstheorie eine positive Behauptung aufgestellt, und die Kreationisten seien am Reagieren. Das hängt allerdings mehr mit der philosophisch-religiösen, sprich: atheistischen Neigung der Wissenschaftler und der Medienschaffenden und einer gehörigen Portion Wissenschaftsgläubigkeit des Publikums denn mit einer logischen Analyse der Grundbehauptungen der Parteien zur Herkunft von Materie und Leben zusammen.

Der Prozess müsste nach dem Hauptverfahren abgebrochen werden. Die Evolutionisten verlieren, weil sie zum auslösenden Moment sowie zum Vorgang der Entstehung und Entwicklung von Materie und Leben keine bzw. mit dem Zufallsfaktor nur eine leere Behauptung aufstellen, mithin die Frage nach dem »Woher« nicht substanziiert beantworten können (vgl. Anhang 3).

Es verwundert und ist rational nicht nachvollziehbar, wie sich ein ganzes Weltbild, eine philosophisch-historische Theorie und gar eine (Natur-) Wissenschaft auf der *gehaltlosen Zufallsbehauptung* aufgebaut bilden und bis heute halten und gar noch entscheidende Impulse für zahlreiche andere Wissenschaften geben konnte.

Es bleibt – losgelöst von den an sich notwendigen Vorfragen (inklusive der Definition des Lebens von Seiten der Evolutionisten) und einmal abgesehen vom leeren Zufallsargument – aufgrund der von beiden Seiten mit Inhalt gefüllten Behauptungen *einzig* die Auseinandersetzung über die offenkundige Veränderung der Materie und der Lebewesen und dabei insbesondere über die Frage der **Tendenz** und der **Grenzen** der Entwicklung.

Kreationisten befürworten *Mikroevolution* im Sinne von *Variabilität innerhalb derselben Art bzw. desselben Grundtyps.* Sie gehen von ursprünglich sehr großer Variabilität der Grundtypen aus, welche sich aber mit der Unterartenbildung durch *Spezialisierung* (Tieferentwicklung mit abnehmendem Informationsgehalt, Beispiel Wolf-Hunderassen) verringerte. Dass die berühmten Finken von Darwin unterschiedliche Entwicklungen ein- und derselben Art sind, wird also gar nicht bestritten. Aber dass aus einem Finken eine andere Vogel- oder gar eine andere Tierart im Sinne von Makroevolution entstehen könnte, wird vehement bestritten.

Auch für *Evolutionisten* steht die *Mikroevolution* nicht in Frage. Leichte Unklarheiten gegenüber den Kreationisten gibt es vielleicht bei der Definition der »mikroevolutiven Einheit«. Die biologische Taxonomie erscheint allerdings hin und wieder recht willkürlich. Kreationisten gehen bei der Mikroevolution, wie erwähnt, von *Grundtypen* aus, welche in der schulbiologischen Einteilung teilweise die Familie, i.d.R. aber die Gattung und sicher die Art umfasst. Kreationisten haben deshalb oft eine etwas größere Mikroevolutionseinheit als Evolutionisten. Sie geht über den biologischen Artbegriff mit dem Kriterium der direkten fruchtbaren Kreuzbarkeit hinaus und reicht bis zur indirekten sowie zur fruchtbaren künstlichen und zur unfruchtbaren Kreuzbarkeit.

Innerhalb der Theorie zur Mikroevolution scheiden sich die Geister an der Tendenz der Entwicklung. Kreationisten behaupten Seitwärts- und Tieferentwicklung. Evolutionisten behaupten keine Tendenz bzw. alles sei möglich, auch die Höherentwicklung. Wo aber liegen die Grenzen? Und ist nicht mit jeder noch so geringen Höher-»Entwicklung« im Sinne der Entstehung von etwas Neuem (neue, nie da gewesene genetische Information) bereits die Grenze zur Makroevolution überschritten?

Kreationisten setzen die Grenzen der Entwicklung vor und nach der Mikroevolution. Weder entwickelten sich Steine und Staub oder Wasser von selbst zu Pflanzen, noch wurden Pflanzen zu Tieren, noch wurden Tiere zu anderen Arten oder gar zu Menschen. Jede Entwicklung basiert auf vorbestehender Information. Höherentwicklung im Sinne von Informationszunahme gehört definitionsgemäß nicht zur Mikroevolution.

Evolutionisten setzen keine Grenzen. Unbelebte Materie wurde von selbst, allein aufgrund zufälliger naturgesetzlicher, chemisch-physikalischer Abläufe zu belebter Materie. Der Einzeller entwickelte sich von selbst, aufgrund chemisch-biologischer Abläufe, bis zum Menschen.

Die Evolutionisten argumentieren *widersprüchlich*: Einerseits unterscheiden sie zwischen Mikro- und Makroevolution und grenzen erstere mit dem biologischen Artbegriff aufgrund des objektiv nachvollziehbaren Kriteriums der Kreuzbarkeit ein, lösen die Eingrenzung theoretisch aber gleich wieder auf, indem sie mit der Theorie der Makroevolution die grenzenlose Entwicklung postulieren.

Wie schon gezeigt handelt es sich allerdings bei dieser behaupteten Makro-»Evolution« im Gegensatz zur Mikroevolution nicht um Entwicklung im ursprünglichen Wortsinne, also Entfaltung des Vorbestehenden, sondern um spontane Entstehung von Neuem (Informationszunahme), also im Grunde um fortlaufende Schöpfung.

Die Unterscheidung zwischen Mikro- und Makroevolution macht für Evolutionisten auch nach der theoretischen Auflösung der *quantitativen* Grenzen der Mikroevolution nur dann weiterhin Sinn, wenn sie eingestehen, dass es sich bei Mikro- und Makroevolution um *qualitativ* unterschiedliche Vorgänge handelt und Mikroevolution nie Höher-»Entwicklung« im Sinne der Entstehung von etwas Neuem bedeutet. Leider bleiben die Evolutionisten – man ist versucht zu sagen: absichtlich – unklar bei der

Abgrenzung der Mikro- zur Makroevolution und erschweren damit die Gegenargumentation.

Dabei wäre es einfach: Mikroevolution ist die *Entwicklung* innerhalb der Artgrenzen, Makro-»Evolution« ist die *Entstehung* neuer Arten. Evolutionisten müssen beantworten und beweisen, *wie die Entstehung wird, die keine Entwicklung ist und woher die zusätzliche genetische Information kommt* (vgl. Anhang 1).

Umstritten bleibt zusammengefasst die Frage der **präbiotischen Evolution**, der Herkunft des Lebens sowie die der *gemeinsamen Abstammung der Lebewesen und deren (zumindest faktischen) Höherentwicklung über die Artgrenze hinaus*, d.h. die Theorie der **Makroevolution** (vgl. dazu auch Dritter Teil, B.).

Hier lauten die Parteibehauptungen:

- **Evolutionisten**: Aus unorganisierter Materie oder Materie mit niedrigem oder einfachem Organisationsgrad entwickelte sich u.a. organisierte Materie bzw. Materie mit höherem bzw. komplexerem Organisationsgrad und lebende Materie, aus keiner bzw. wenig Information entwickelte sich u.a. mehr Information (Tendenz oder historischer Fakt der Höherentwicklung, Makroevolution) durch Mutation und Selektion, sodass zumindest alle Arten einer Familie, wenn nicht überhaupt alle Lebewesen einen gemeinsamen Vorfahren haben (Abstammungslehre).

Dazu kommt die notwendige (aber für die Theorie der Makroevolution nicht ausreichende!) Nebenbehauptung:

Für die Entwicklung vom Einzeller bis zum Menschen gab es genügend Zeit.

- **Kreationisten**: Als er sprach »es werde« verband Gott im Akt der Schöpfung eine Geistesleistung mit Materie und ließ so seine Gedanken sinnlich wahrnehmbar werden, und zwar durch das Ursprungswort der Verbindung von Ungeschaffenem mit Geschaffenem in sich selbst, d.h. in Jesus Christus. Die aus Geist geschaffene und teilweise mit Leben verbundene Materie wies von Anfang an den höchst möglichen Organisationsgrad und Informationsgehalt auf. Lebewesen konnten sich innerhalb der von Gott gesetzten Art- oder Grundtypen-Grenzen seitwärts entwickeln (Variabilität ohne Informationsverlust). Sie sind aber durch die Trennung von Gott (Sündenfall) mit der dadurch verdorbenen Natur in eine Tendenz zur Tieferentwicklung bzw. Degeneration bis zur Abspaltung von spezialisierten (=verarmten) Unterarten geraten (Variation innerhalb der Grenzen mit Informationsverlust).

III. BEWEISVERFAHREN

1. Beweissätze
a) Die Evolutionisten müssen beweisen
aa) dass sich unbelebte Materie zu belebter und dass sich der Einzeller zum Menschen entwickelt hat (gemeinsame Abstammung), mithin, dass neue Arten im Sinne von Makroevolution entstanden sind und dass für diese Entwicklungsschritte genügend Zeit vorhanden war;

ab) dass Materie und Lebewesen sich tendenziell oder faktisch vom niedrigen zum hohen Organisationsgrad verändern (können), dass der Informationsgehalt im Genpool der Lebewesen (tendenziell oder faktisch) steigen kann und in der Vergangenheit gestiegen ist.

b) Die Kreationisten müssen beweisen
ba) dass Materie und insbesondere Lebewesen von Anfang an mit

dem höchst möglichen Organisationsgrad von Gott geschaffen wurden und

bb) dass die Materie und die Lebewesen sich nur in bestimmten Grenzen verändern, mit der Tendenz vom hohen zum niedrigen Organisationsgrad bzw. von mehr zu weniger Information.

2. Beweisobjekt

Beweisobjekt können *Tatsachen* und *Erfahrungssätze* oder – hier ohne Bedeutung – Rechtssätze sein.

Bei den **Tatsachen** unterscheidet man die tatbestandsrelevanten Tatsachen selber, die Indizien und die Hilfstatsachen. Indizien sind Tatsachen außerhalb des in Frage stehenden Tatbestandes, von welchen indirekt, durch Einkreisung, auf tatbestandsrelevante Tatsachen geschlossen wird. Es ist so, wie wenn man anstelle des Kreises alles rund herum beleuchtet, sodass die Kreisform negativ als dunkle Fläche erkennbar wird. Um eine geschlossene Kreisform von außen bilden zu können, muss eine *lückenlose* Indizienkette vorliegen. Hilfstatsachen geben Aufschluss über den Beweiswert von Beweismitteln.

Unter **Erfahrungssätzen** versteht man die – vorwiegend aus Beobachtung von Einzelfällen gewonnenen – Erfahrungsregeln, wie sie auf allen Wissensgebieten bestehen. Solche Erfahrungssätze wie auch Rechtssätze (v.a. ausländisches Recht oder Ortsgebrauch) sind im Prozess nur dann zu beweisen, wenn der Richter selber keine sichere Kenntnis davon hat.

Die Naturgesetze sind zum Beispiel Erfahrungssätze, welche sowohl von Evolutionisten als auch von Kreationisten als bewiesen betrachtet werden. Die Parteien unterscheiden sich allerdings in der Einordnung dieser Gesetze in ihrem Weltbild. Evolutionisten gehen von einer Selbstorganisation der Natur aus und erheben diese quasi zum Gott. Alles untersteht den Naturgesetzen. Kreationisten gehen von einem über den Naturgesetzen stehenden Gesetzgeber aus, dem Gott der Bibel, welcher die natürliche Ordnung derart erhält, dass sich Naturgesetze aus der Beobachtung gleichbleibender Abläufe ableiten lassen.

In Bezug auf die Erfahrungssätze ist bei der Auseinandersetzung Evolution contra Kreation die Unterscheidung zwischen kausaler und historischer Evolutionsforschung für die Beweisführung von Bedeutung (vgl. auch die Einleitung).

Kausale Evolutionsforscher sind i.d.R. Biologen und Chemiker, teilweise auch Physiker, welche als empirische Naturwissenschaftler, nach eigener Vorgabe, ausschließlich die (Feld-)Beobachtung und das Experiment zur Beweisführung zulassen und deren Beweisobjekt – da sich Vergangenheit weder beobachten noch rekonstruieren lässt – stets ein aktueller *Erfahrungssatz* ist. Die kausalen Evolutionsforscher versuchen mittels Empirie *aktuelle* Rahmenbedingungen oder Gesetzmäßigkeiten in der Natur nachzuweisen, innerhalb welcher und nach welchen sich Evolution abgespielt haben kann, unter der Annahme der gleichen Bedingungen in der Vergangenheit (Aktualismus oder Uniformitarismus).

Die *historische Evolutionsforschung* wird dagegen in der Paläontologie samt Unter- und Nebengebieten und – als Hilfswissenschaft – der Geologie betrieben. Es handelt sich hauptsächlich um Fossilforschung. Zur historischen Evolutionsforschung gehört auch die vergleichende Biologie (Morphologie und Anatomie), welche aufgrund von Ähnlichkeiten unter heute vorkommenden Lebewesen und unter gefundenen Fossilien die vergangene Entwicklung zu rekonstruieren versucht. Die historischen Evolutionsforscher betreiben keine empirische Wissenschaft, sondern versuchen aus *heute* vorhandenen *Tatsachenbeweisen* in Form von *Indizien* (Fossilien) vergangene Lebenssachverhalte zu rekonstruieren. Da Fossilien tote Materie sind, können sie stets nur Indizien für das Leben sein, dieses selber aber nie direkt beweisen. Da Fossilien stets Momentaufnahmen sind, können sie für sich alleine auch nie Indizien für Veränderungen sein. Für einen solchen Lebens- oder historischen Sachverhalt der Veränderung benötigte man eine ganze Indizienkette, d.h. ununterbrochene Reihen von Fossilien, welche so minime aufeinander abgestimmte Veränderungen in den (vermuteten) zeitlich aufeinanderfolgenden Schichten aufweisen, dass auf eine Abstammung mit hoher Wahrscheinlichkeit geschlossen werden könnte.

3. Beweisführung (Beweismittel)

Das Berufsleben des Rechtsanwalts oder Richters besteht aus Beweisführung über alle denkbaren und nicht denkbaren, über triviale und tragische, über einfache und komplexe Lebenssachverhalte. Dieser Beweisführung muss sich alles unterordnen, was je Gegenstand einer Auseinandersetzung sein kann. Der Anwalt oder Richter darf sich von komplexen Streitfällen (wie z.B. einem Arzthaftpflichtfall) oder von großen Namen, auch von Politikern oder Wissenschaftlern, nicht beeindrucken lassen. Anders ausgedrückt: Mit der juristischen Beweisführung muss, ohne Vorbefasstheit und Ansehen der Person, alles beurteilt werden, was einem vorgelegt wird.

Der Unterschied zwischen der juristischen und der naturwissenschaftlichen Beweisführung liegt darin, dass erstere umfassender ist und letztere selber zum Beweisthema macht. Der Juristerei stehen mehr Beweismittel zur Verfügung als die Beobachtung und das Experiment der Naturwissenschaftler (Empirie, für Juristen der Augenschein). Deren Beobachtungen und Experimente werden selber der Prüfung mit den eigenen Beweismitteln unterzogen. Die Juristerei hat als Sozialwissenschaft im weitesten Sinn das Ziel, der Gesellschaft eine Friedensordnung wenigstens formell zu gewähren. Sie hat als solche einen weiteren Horizont als die Naturwissenschaft, welche einen bloßen Teilaspekt des menschlichen Zusammenlebens betrifft und welche die Daseinsberechtigung zum Wohle der Gemeinschaft stets beweisen muss. Die Gesellschaft hat das Recht und die Pflicht, Motive und Ergebnisse der Naturwissenschaftler zu hinterfragen und sie nicht einfach kritiklos als gesetzt hinzunehmen. Das vorliegende Buch soll ja unter anderem dazu ermutigen, das zentrale Dogma einer Wissenschaft (die darwinistische Theorie der gemeinsamen Abstammung und Höherentwicklung) kritisch zu hinterfragen.

Im Zivilprozess kommen als Beweismittel in Frage: die *Parteiaussage (Parteivernehmung)*, das *Zeugnis*, der *Augenschein*, das *Gutachten* und die *Urkunde*.

Gutachten (Expertisen, Beweis durch Sachverständige) sind, wenn sie über den umstrittenen Sachverhalt selber erstellt werden, »Vorweg-Beweiswürdigungen« durch Sachverständige, welche der Richter mangels Fachwissen nicht selber vornehmen kann. Die Feststellung einer Todesursache beruht z.B. auf zahlreichen Einzelbeweisen, wobei gerade dieses Beispiel zeigt, dass in die Beweisführung stets eine Theorie einfließt, sobald eine Kausalität (Ursache-Wirkung) »Beweisthema« ist; denn der Eintritt des Todes wird bekanntlich trotz gleicher Daten nach wie vor unterschiedlich definiert. Oft wird ein Gutachten auch über andere Beweismittel erstellt, z.B. betreffend Glaubwürdigkeit eines Zeugen, ja selbst über andere Gutachten mit einem Obergutachten. Die Gutachten sind nachvollziehbar zu begründen, ansonsten sie als Beweis nicht taugen. Die letzte Beweiswürdigung verbleibt beim Richter, in der vorliegenden Auseinandersetzung beim Publikum, das am »Woher« von Materie und Leben interessiert ist.

In der empirischen (Natur-)Wissenschaft ist es im Grunde – jedenfalls aus der Sicht eines Juristen – nicht anders: Damit eine Experimentalerfahrung oder (Feld-)Beobachtung für Dritte erwiesen ist, muss sie entweder auf einem Träger nachvollziehbar festgehalten werden (Urkunde, elektronischer Datenträger etc.) oder es muss darüber von einem unabhängigen Wissenschaftler

(Zeuge) oder vom Wissenschaftler, welcher die Theorie aufgestellt hat (Parteiaussage), nachvollziehbar berichtet werden,
wobei der Aussage des Letzteren selbstverständlich längst nicht
dieselbe Beweiskraft zukommt wie der unabhängigen Zeugen-
aussage, oder es muss der Dritte bzw. das Publikum (z.B. Schüler
im Labor oder Zuschauer am Fernseher) ein Experiment selber
miterleben (Augenschein oder eben Empirie).

Aus der Sicht des Juristen sind das Experiment und die
Beobachtung des Naturwissenschaftlers stets selber das primäre
Beweisthema, nicht etwa die dahinter stehende Theorie.
Dagegen will der Naturwissenschaftler i.d.R. mit dem Experi-
ment die vorgegebene Theorie beweisen. Als Beweisobjekt
eignen sich aber nur Tatsachen und Erfahrungssätze. Eine
Theorie ist keine Tatsache, sondern ein Gedankenkonstrukt. Sie
ist objektiv nicht beweisbar, sondern nur mittels logischer
Schlüsse von Daten (induktiv) oder Axiomen (deduktiv)
ableitbar. Je dichter die Datenlage, desto plausibler wird die
induzierte Theorie. Dies gilt streng genommen selbst für
Theorien über kausale Zusammenhänge (Ursache-Wirkungs-
Gefüge), welche aufgrund der sehr dichten Faktenlage durch die
stets gleich ablaufenden Experimente als Gesetzmäßigkeit bzw.
als Erfahrungssatz »bewiesen« sind.

M.a.W.: Auch wenn die Naturgesetze als Beweisobjekt
»Erfahrungssatz« wie eine Tatsache behandelt werden, sind sie in
Wirklichkeit keine Tatsache. Vielmehr handelt es sich bei der
Formulierung der Naturgesetze wie bei allen Erfahrungssätzen
um gedanklich geschaffene Beschreibungen von beobachteten,
zusammengefügten, einzelnen faktischen Abläufen in der Natur,
welche stets gleich erfahren werden und damit *vorhersehbar* sind
und deshalb als Erfahrungssätze (sozusagen als stark verdichtete
und verifizierte Einzelsatz-Theorie) zum Beweisobjekt taugen.
Einzelne objektive Geschehnisse wie Experimente oder Beobachtungen, aber auch Erfahrungssätze können die Plausibilität

einer Theorie nur unterstützen, sofern sie für Dritte nachvollziehbar sind.

Einzelne Beweise können aber eine Theorie auch zu Fall bringen (Falsifizierung), wenn Tatsachen oder Erfahrungssätze, welche notwendige Bestandteile davon sind, mittels Gegenbeweis oder Beweis des Gegenteils widerlegt werden. Wenn also Evolutionisten zum Beispiel behaupten, die Erde sei Milliarden Jahre alt, dann haben sie dafür den Hauptbeweis zu erbringen, ansonsten die Behauptung nicht erstellt ist. Die Kreationisten dürfen die Beweise der Evolutionisten mit Gegenbeweisen, wonach die Erde nicht so alt sein kann, widerlegen. Stellen sie selber eine entgegengesetzte Behauptung auf, wonach die Erde wenige tausend Jahre alt sei, müssen sie dafür den Hauptbeweis (und damit den Beweis des Gegenteils zur alten Erde) liefern, während die Evolutionisten mit Gegenbeweisen kontern können.

Aus juristischer Sicht sind *historische Abläufe* beweisbar und Theorien darüber je nach Beweislage mehr oder weniger annehmbar. Die Beweismittel sind allerdings eingeschränkt. In Frage kommen für die jüngere Vergangenheit vor allem die *Parteiaussage* (z.B. eines Historikers über eigene Erlebnisse während des Zweiten Weltkriegs) oder das *Zeugnis* noch lebender Personen über bestimmte Sachverhalte. Über weiter zurückliegende Geschehnisse bleibt hauptsächlich der *Urkundenbeweis*. Dabei ist zu unterscheiden: Schriftliche Verträge z.B. aus dem 13. Jahrhundert bilden nach wie vor direkten Beweis über ein damaliges Rechtsverhältnis, ebenso Gesetzessammlungen über das damals geltende Recht wie zum Beispiel den Aufbau des Feudalwesens. Tatsachenberichte von damals sind dagegen schriftliche Parteiaussagen (z.B. eine Autobiographie) oder schriftliche Zeugnisse. Die Bibel zum Beispiel enthält als Urkunde sowohl direkte Beweise über zum Teil bis heute geltendes Recht und zahlreiche Bündnisse als auch schriftliche Zeugnisse und Parteiaussagen über bestimmte Ereignisse.

Gutachten über bestimmte Sachverhalte der Vergangenheit sind theoretisch möglich, solange man davon ausgeht, dass die noch vorhandenen Beweise nicht wesentlich verändert wurden und auch die Bedingungen heute gleich sind wie damals. So kann z.B. aus der im Felsboden eingeritzten Bremsspur eines Pferdegespanns aus dem 16. Jahrhundert noch heute auf die Geschwindigkeit vor dem Aufprall geschlossen werden. In der Praxis verbreiteter sind Gutachten über die anderen historischen Beweismittel. Allerdings gibt es auch da Einschränkungen. So kann ein toter Zeuge der Vergangenheit heute nicht mehr unmittelbar auf seine Glaubwürdigkeit getestet werden. Diese ist nur mittelbar im Vergleich mit anderen schriftlichen Zeugenaussagen von damals einigermaßen überprüfbar. Nicht umsonst sind deshalb in der Bibel alle wesentlichen inhaltlichen Aussagen mindestens doppelt belegt.

Als »Normalverbraucher« ist man bei der Auseinandersetzung zwischen Kreationisten und Evolutionisten auf »Gutachten« angewiesen, da man die Fülle des Stoffs nicht selber bewältigen kann. Selbst die Wissenschaftler sind unter sich auf »Gutachten«, sprich: Arbeiten anderer Wissenschaftler, angewiesen. Wir leben eben doch nur in einer Welt des Geglaubten. Um so bedeutender ist die Nachvollziehbarkeit der Gutachten. Zu diesen Beweisvorwegnahmen gehören präzise Formulierungen der Ausgangslage, d.h. der Behauptungen, welche zu beweisen sind, wie das vorstehend demonstriert wurde.

Als Jurist hat man auch in der Auseinandersetzung zwischen Evolutionisten und Kreationisten alle Beweismittel zur Verfügung. Kausale Evolutionsforscher akzeptieren dagegen, wie schon oben erwähnt, *nur die Empirie als Beweismittel*, d.h. die unmittelbare eigene oder nachvollziehbar aufgezeichnete Wahrnehmung von Vorgängen (Tatsachen oder abgeleitete Erfahrungssätze) durch Beobachtung oder Experiment. Sie entspricht dem Augenschein des Juristen. Der Richter, welcher einen Augenschein vornimmt, prüft allerdings stets relativ einfache Sachverhalte.

Dagegen geht es bei der Beobachtung und dem Experiment der Naturwissenschaftler zuweilen um äußerst komplexe Vorgänge. Bei solchen Augenscheinen sind gewisse Vorbehalte anzubringen: Wie im ersten Teil dargestellt gehen unsere Sinneserfahrungen stets in einem größtenteils geglaubten Weltbild auf. Bei der empirischen Wissenschaft kommt heute noch dazu, dass die meisten Daten nicht mehr unmittelbar, sondern nur noch über Instrumente, somit quasi übersetzt, wahrgenommen werden können. Dies gilt insbesondere für die Molekularbiologie, aber auch für die Astronomie. Verfälschungen bei der Beobachtung können nicht ausgeschlossen werden und sind im Bereich der Quantenphysik notorisch. Und was die Experimente betrifft, so steht inzwischen fest, dass diese stets durch den Experimentator mit beeinflusst sind, somit die so gesammelten Daten ebenfalls unter Vorbehalt zu verwenden sind.

Wie ebenfalls schon erklärt können mittels *Empirie nur aktuelle bzw. nicht veränderte Tatsachen und Erfahrungssätze* bewiesen werden. Da aber der aktuelle Tatsachenbeweis für den Ursprung und die vergangene Entwicklung von Materie und Leben total wegfällt, bleibt dafür nur der indirekte Beweis mittels aktuellem Erfahrungssatz mit der Annahme gleicher Bedingungen in der Vergangenheit. Erfahrungssätze sind, wie gesehen, im Grunde *Gesetzmäßigkeiten* wie etwa Naturgesetze. Sie zeichnen sich aus als *berechenbare, vorhersehbare, genau definierte tatsächliche Abläufe*.

Die **kausalen Evolutionsforscher** haben deshalb ein **unüberbrückbares Beweisproblem**: Sie müssen mit berechenbaren und vorhersehbaren Abläufen eine nach eigener Theorie *zufällige*, d.h. plan- und ziellose Entwicklung beweisen. Das aber ist unmöglich! *Der Faktor Zufall macht die empirische Erforschung der Makroevolution bzw. der gemeinsamen Ab-*

110

*stammung und Höherentwicklung der Lebewesen von vorn-
herein unmöglich!*

Somit taugen zur Beweisführung für die behauptete zufällige
Entwicklung an sich nur die historischen Evolutionsforscher,
d.h. die Paläontologen, welche die Vergangenheit aufgrund
heute gefundener Fossilien zu rekonstruieren versuchen, wobei
ihnen die Geologie und beschränkt die Archäologie für die
zeitliche In-Bezug-Setzung mit der Datierung der Gesteine, in
welchen die Fossilien gefunden werden, zu Hilfe kommt, mit der
Gefahr der gegenseitigen Beeinflussung bei der Fakteninterpretation! Historische Evolutionsforschung ist keine empirische
Wissenschaft.

Den Kreationisten stehen dieselben Fossilien und aktuellen
Erfahrungssätze wie den Evolutionisten als Beweisobjekte zur
Verfügung. Da sie einzig Mikroevolution in den Grenzen der
Arten akzeptieren und zufällige Neuentstehungen von Strukturen
bei Lebewesen bestreiten, können sie heute beobachtbare
mikroevolutive Vorgänge gestützt auf aktuelle Erfahrungssätze
in die Vergangenheit umlegen. Evolutionisten können dagegen
die aktuellen Beobachtungen der Mikroevolution aufgrund des
auch hierzu verwendeten Zufallsarguments nicht in die Vergangenheit extrapolieren.

Bibelgläubige Kreationisten behaupten allerdings zum einen,
dass die Welt »erwachsen« geschaffen wurde, was für diejenigen,
welche nicht mit diesem Umstand rechnen, Entwicklungen
vortäuschen kann, wo keine waren. Zum anderen gehen sie von
Erkenntnisschwellen im Sinne von *Brüchen in der Vergangenheit*
aus, über welche hinaus die heute bekannten Erfahrungssätze in
der Regel nicht einfach extrapoliert werden können. Nicht, weil
etwa die Naturgesetze selber anders waren, sondern weil sich
Ereignisse abspielten, die das Gesicht der Erde vollständig
veränderten, sodass Schlüsse von den aktuellen Auswirkungen
der Naturgesetze auf die Vorgänge vor dem Umbruch kaum

gezogen werden können. Kreationisten bestreiten damit den von den Evolutionisten vertretenen Aktualismus.

Die *weltweite Sintflut* ist ein solcher Bruch, bei welchem gemäß der Bibel die damalige »Welt, vom Wasser überschwemmt, unterging« (2. Petrus 3,6). Weiter bezeugt die Bibel einen neuen Bund Gottes mit den Menschen bzw. der Erde nach der Flut, in welchem es um die Verschonung vor einer weiteren Flut, um die Jahreszeiten und Tageszeiten und das Klima ging (1. Mose 8,21 f.). Auf Änderungen der Lebensbedingen lässt sodann der Umstand schließen, dass nach der Bibel dem Menschen erst damals fleischliche Nahrung zugewiesen wurde (1. Mose 9,3). Und zudem wurde für den neuen Bund zwischen Gott und der Erde ein Zeichen gesetzt, was für einige Kreationisten ein Hinweis auf ein verändertes Klima ist: Der Regenbogen (1. Mose 9,13). Aufgrund dieser Umwälzungen gehen die Kreationisten davon aus, dass heutige Erfahrungen nicht einfach auf die Welt vor der Sintflut übertragen werden können.

Als noch früherer wesentlicher Bruch seit der Schöpfung gilt der *Sündenfall*, nach welchem die ganze Schöpfung bis heute der Nichtigkeit oder Vergänglichkeit unterworfen wurde (Römer 8, 21). Die Verfluchung der Schlange und des Erdbodens durch Gott, die Ankündigung der Mühsal bei der Nahrungsgewinnung, der Dornen und Disteln und der Geburtswehen für Eva sowie insbesondere des leiblichen Todes der Menschen (1. Mose 3,14 ff.) – der geistliche war bereits vollzogen – sind wenige, aber signifikante Bemerkungen über einen gewaltigen Eingriff Gottes in die bisherige Schöpfungsordnung.

Trotz dieser selbst auferlegten Schwierigkeiten in Bezug auf das Beweisobjekt Erfahrungssatz steht den Kreationisten mit der *Bibel* ein Beweismittel über die Entstehung der Welt und des Lebens zur Verfügung, welchem die Evolutionisten nichts Vergleichbares entgegensetzen können.

4. Beweise/Indizien (eine Auswahl)
a) Hauptbeweis der Evolutionisten
aa) Makroevolution

Dass sich unbelebte Materie zu belebter veränderte, ist an sich im vorliegenden Streit von der Beweisführung ausgeschlossen, da Evolutionisten keine Definition von Leben geben können. Angefügt sei immerhin, dass einerseits sämtliche Experimente zur spontanen Entwicklung von Leben aus unbelebter Materie misslungen sind und andererseits, dass der Beweis des Gegenteils, nämlich, dass Leben nur aus Leben stammt, nach dem Erfahrungssatz von Louis Pasteur nach wie vor Gültigkeit hat.

Es bleibt also bloß die Beweisführung zur *Veränderung der Lebewesen selbst.*

Es folgt eine Auswahl von Beweisen bzw. Indizien, wobei es sich wegen der in dieser Abhandlung gebotenen Kürze nur um eine unvollständige Übersicht ohne Detailangaben handelt. Es wird dabei nicht strikte zwischen Daten und Deutung unterschieden. Eine solche Analyse des »Beweismaterials« würde für sich allein ein ganzes Buch füllen. Es wird auf weiterführende Literatur verwiesen.

A. Beweis der Evolutionisten

- **Fossilien**: Ähnlichkeit der Körperbauformen sowie sog. Zwischen- oder Übergangsformen. Das berühmteste Beispiel ist der sog. **Archaeopteryx**, ein urzeitliches Flugtier mit einigen auffallenden, angeblich reptilähnlichen Merkmalen.

B. Gegenbeweis der Kreationisten

- **Fossilien**: Große *Lücken* zwischen den verschiedenen Tierarten auch oder besonders bei Fossilien bzw. das systematische *Fehlen von Zwischenformen.*
- **Archaeopteryx** ist keine Zwischenform, weil keine

»Übergangsorgane« erkennbar sind und weil es andere eindeutige Vogelfossilien gibt, welche ebenfalls vogelun-typische Merkmale aufweisen.

- **Stasis/»lebende Fossilien«:** Seit – nach der Zeitrechnung der Evolutionisten – über hundert Millionen Jahren unveränderte sog. »lebende Fossilien«.

➤ Die Ähnlichkeit der Körperbauformen oder des molekularen Aufbaus von Lebewesen belegt keine gemeinsame Abstammung oder eine Entwicklung und schon gar nicht eine bestimmte Richtung einer Entwicklung.

➤ Wer von *Zwischen-* oder *Übergangs*formen spricht, verrät die eigene Voreingenommenheit, die sich auf die Interpretation der Fakten auswirkt. Tatsächlich sind keine Fossilien mit Organen in Übergangsform (also z.B. ein Zwischending zwischen Vorderbein und Flügel) bekannt. Alle Fossilien waren offensichtlich fertige, funktionsfähige Lebewesen. (Sog. Mosaikformen, wie etwa das Schnabeltier, mit seinen »fertigen« reptil-, säuger- und vogel-ähnlichen Merkmalen, sind nicht mit Zwischenformen in einem vermuteten Entwicklungsstadium zu verwechseln.)

➤ Fossilien sind Momentaufnahmen von einzelnen Lebewesen im Zeitpunkt des Todes. Eine Entwicklung von Lebewesen kann nie durch ein einziges Fossil bewiesen werden. Nötig ist eine lückenlose Indizienkette. Ob Archaeopteryx eine Zwischenform in einer Veränderung vom Reptil zum Vogel ist, kann ohne weitere Indizien zu dieser angeblichen Entwicklung nicht gesagt werden. Die offensichtlich funktionstüchtigen Organe bzw. Strukturen sprechen gegen eine Übergangsform. Die Federn entsprechen den Federn heutiger Vögel. Neueste Forschungen haben ergeben, dass das Tier voll flugfähig war (vgl. factum 7/2004 S. 41). Die übrigen Merkmale lassen ebenfalls keinen Schluss auf in Entwicklung stehende Übergangsformen zu. Die Zähne sind fertige Zähne und nicht ein Gemisch aus Schnabel und Zähnen. Man spricht deshalb auch bei diesem Fossil besser nicht von Übergangs-, sondern von Mosaikform.

Voteluntypische Merkmale machen zudem aus einem Vogel längst noch keine Zwischenform. Es gibt Fossilien, welche eindeutig als Vögel ausgewiesen sind, jedoch ebenfalls untypische Merkmale aufweisen. Auf der anderen Seite gibt es Tierarten, welche Vogelmerkmale aufweisen, ohne den Schluss auf Verwandtschaft zuzulassen, z.B. bei Schildkröten, Schlangen oder Fischen (vgl. R. Junker/S. Scherer, Evolution, ein kritisches Lehrbuch, 4. A. Weyel Lehrmittelverlag Giessen, VI.13, S. 221).

Ein weiteres Exemplar einer bisher als Zwischenform betrachteten Flugtierart, der Caudipteryx, der vor rund 120 Millionen Jahren gelebt haben soll, hat sich inzwischen als ein mit heute lebenden flugunfähigen Vögeln identisches Lebewesen herausgestellt (NZZ 27.9.2000 S. 73, mit Verweis auf den Artikel in Nature 406).

➤ »Lebende Fossilien«, also heutige Lebewesen, welche Fossilien in angeblich mehrere hundert Millionen Jahre alten Gesteinen bis auf kleinste Details gleichen, sind zwar kein Beweis, wohl aber ein Indiz gegen eine allgemeine Gesetzmäßigkeit der Veränderung. Es verändert sich offensichtlich nicht alles zwingend, wenn man nur lange genug wartet. Evolutionisten dürften Mühe haben, ein Modell zu entwickeln, in welchem Umweltveränderungen einerseits so gewaltig waren, dass sich ganz neue Strukturen »entwickelten«, jedoch andererseits trotzdem in all dieser Zeit auch völlige Stasis herrschte.

➤ Weitere Beweise oder Indizien für Makroevolution gibt es nicht. Morphologie, Embryologie, rudimentäre Strukturen etc. sind keine Daten oder Beweise für Makroevolution, sondern vom Aussehen der Fossilien und heutigen Lebewesen abgeleitete Interpretationen. Dazu sei auf den dritten Teil, B. verwiesen.

Mit dem Problem der Fossilien befasst sich aus juristischer

Sicht insbesondere Phillip E. Johnson, in: Darwin im Kreuzverhör, Verlag CLV, D-Bielefeld, Kap. 4, S. 60 ff.

Zur langen Zeitdauer im Besonderen:

A. Beweis der Evolutionisten

- Erfahrungssatz der Halbwertszeit des Zerfalls radioaktiver
  Isotope: Ableitung der Gesteinsalter und des Erdalters von
  rund 4,5 Mia. Jahren (**radiometrische Uhr**).

- Erfahrungssatz der konstanten **Lichtgeschwindigkeit**:
  Ableitung der Abstände leuchtender Himmelskörper von
  der Erde sowie Ableitung eines alten Universums aus
  diesen Abständen (12 bis 17 Mia. Jahre).

B. Gegenbeweis der Kreationisten

- *Anerkennung* des Erfahrungssatzes der Halbwertszeit
  radioaktiver Isotope durch die Kreationisten.

  **Jedoch Bestreitung der Altersbestimmung der Gesteine
  zufolge Systemfehlers** und vieler **Unbekannten** im
  »Erfahrungssatz« der radiometrischen Uhr:

  - Die absolute Anfangsmenge der Mutter- und Tochter-
    Isotope in den Gesteinen ist unbekannt (vgl. etwa
    Hansruedi Stutz, Die Millionen fehlen, Schwengeler-
    Verlag, CH-Berneck, S. 29 ff.).

  - Ob der Zerfall der Isotope stets konstant war, steht
    nicht fest (höhere Temperaturen könnten ihn beschleu-
    nigt haben).

  - Diffusions-, Lösungs- und Ablagerungsvorgänge im
    Laufe der Zeit sind unbekannt. Der Helium- und
    Radiokarbon- (C-14-) Gehalt in denselben Gesteinen
    stimmt mit der Zerfallszeit der zur Messung herangezo-
    genen radioaktiven Isotope nicht überein (vgl. Hans-
    ruedi Stutz, a.a.O., S. 33 ff. u. 37 ff.).

  - Gegenüber allen weiteren Erdalter-Zeitmessungen mit

maximal einigen zehn- oder hunderttausend Jahren fällt die radiometrische Uhr mit Milliarden Jahren als einzige weit aus dem Rahmen (vgl. Hansruedi Stutz, a.a.O., S. 36).

- Fossilien, welche durch mehrere angeblich um Millionen Jahre differierende geologische Schichten hindurch erhalten bleiben (vgl. z.B. NZZ 12.3.2004 S. 19 sowie factum 3/2004 S. 25 ff. zum Ichthyosaurier von Hauenstein): Sie sind ein starkes Indiz dafür, dass nicht nur die Schichten rasch entstanden waren, sondern auch mit der radiometrischen Altersbestimmung etwas nicht stimmen kann.

- Intaktes Weichteilgewebe (Blutgefäße, Blutzellen und Knochenzellen) im ältesten bisher entdeckten Skelett von Tyrannosaurus Rex, welches nach radiometrischer Methode 63 Millionen Jahre alt sein soll (vgl. NZZ 30.3.2005 aus Science 307, 1952-1955 (2005), sprechen deutlich gegen diese Datierung; solches Gewebe kann nicht mehr als ein paar tausend Jahre alt sein (vgl. Jonathan Sarfati, Refuting Compromise, Master Books, Inc., P.O. Box 726, Green Forrest, AR 72638, USA, S. 355 ff.).

- Weitere Nachweise von eindeutig falscher Datierung vgl. in ProGenesis (Hrsg.), Das Schöpfungsmodell, Schwengeler-Verlag, CH-Berneck, S. 101 (mit Hinweisen): Nagel in angeblich rund 400 Millionen Jahre altem Sandstein, Vase in angeblich über 600 Millionen Jahre alter Formation etc.

- Nachweislich falsche Datierungen nach der radiometrischen Methode lassen auf einen Systemfehler schließen: So wurden zehn Jahre alte Lavasteine des Mount St. Helens mit dieser Methode mit 1/3 bis 3 Millionen Jahre datiert (vgl. Edmond W. Holroyd, in

Die Akte Genesis, Schwengeler Verlag, CH-Berneck, S. 219).

- Kreationisten gehen aufgrund des Zeugnisses der Bibel von Umbrüchen in der Vergangenheit aus (Sündenfall, Sintflut), welche eine Extrapolation heutiger Erfahrungssätze darüber hinaus nicht zulässt.

- *Anerkennung* des heute geltenden Erfahrungssatzes der Lichtgeschwindigkeit auf der Erde durch die Kreationisten.
  Jedoch Bestreitung der daraus abgeleiteten Abstands- und Zeitbemessung zufolge vieler **Unbekannten** im »Erfahrungssatz« der Altersbestimmung aufgrund des Verhältnisses der Lichtgeschwindigkeit zum Abstand der Sterne:

  - Laut eines Artikels der Neuen Zürcher Zeitung fußt das neue Weltbild der Kosmologie größtenteils auf unbekannter Physik: »Dass sich in der Kosmologie ein Modell etablieren konnte, das zu 95 Prozent auf unbekannter Physik beruht, erfüllt manchen Forscher mit Unbehagen« (vgl. NZZ v. 12.2.2003, S. 57, zu diesem Thema auch nachstehend Dritter Teil, C.I.). Bei so vielen Unbekannten ist es an sich vermessen, die Lichtgeschwindigkeit auf der Erde ins Universum zu extrapolieren, um so den Abstand und das Alter der Sterne und damit die Größe und das Alter des Universums zu bestimmen.

  - Die Gültigkeit der Abstandsberechnung der Sterne kann bezweifelt werden, da diese auf diversen, nicht gesicherten Interpretationen von Beobachtungen und auf Zirkelschlüssen beruht. So wird die Absorption eines Teils des empfangenen Lichtspektrums (sog. Rotverschiebung) aufgrund der Urknalltheorie mit

118

einer Fluchtbewegung der Sterne interpretiert und über die vermutete Distanz der Sterne und die Lichtgeschwindigkeit auf den Zeitpunkt des Urknalls rückgeschlossen. Die Rotverschiebung kann aber auch anders verursacht sein, als durch eine Fluchtbewegung von der Erde weg (vgl. etwa factum 6/2004 S. 32 ff. sowie Dritter Teil, C.I.).

➤ Die radiometrische Uhr sowie die Lichtgeschwindigkeit und die daraus abgeleitete Entfernung der Sterne sind – zusammen mit der Ordnung der Fossilien in den Gesteinsschichten – die stärksten Indizien zugunsten der Evolutionstheorie. Die Erfahrungssätze der Halbwertszeit radioaktiver Isotope und der Lichtgeschwindigkeit werden auch von den Kreationisten anerkannt. Ihre Einwände erfolgen denn auch nicht gegen diese Gesetzmäßigkeiten, sondern einzig gegen die Extrapolation der Erfahrungssätze in die Vergangenheit respektive ins weite Universum hinaus, weil zusätzliche, nicht gesicherte Annahmen getroffen werden müssen. Einzig diese Annahmen bestreiten die Kreationisten und treten den Gegenbeweis mit denselben Erfahrungssätzen, aber unter anderen Bedingungen sowie mit zahlreichen weiteren Indizien für ein kurzes Erdzeitalter an (vgl. nachstehend). Beim Zeitfaktor ist im übrigen stets zu beachten: Zur Begründung der Evolutionstheorie ist viel Zeit unbedingt erforderlich, aber mitnichten ausreichend! Man kann 100 Milliarden Jahre lang vor einem Stein oder einer »Ursuppe« sitzen, ohne dass daraus ein Frosch wird. Man kann ebenso lange vor einem Frosch sitzen, ohne dass daraus ein Prinz wird.

➤ Konkret reicht aufgrund der Komplexität der Zelle, der Organismen und der Natur auch das mit den erwähnten Erfahrungssätzen berechnete Alter der Erde oder des Universums für die behauptete Evolution nicht aus: Selbst in 4,5 Milliarden Jahren ist eine Entwicklung vom Einzeller bis zum Menschen nicht möglich. Nicht einmal die Entwicklung einer einzigen Zelle ist in dieser Zeit möglich: Ein einziger Zellkern enthält eine digital codierte Datenbank, die einen höheren Informationsgehalt hat als alle 30 Bände der Encyclopedia Britannica zusammen (der Vergleich stammt aus dem Buch »Der blinde Uhrmacher« des Evolutionisten Richard Dawkins, zit. aus: Dave Hunt, Die okkulte Invasion, CLV-Verlag, D-Bielefeld, S. 29).

Proteine sind eine der wichtigsten Stoffgruppe der Organismen. Ihre Merkmale werden durch die Gene bestimmt bzw. sie bringen diese Merkmale durch ihren Aufbau erst zum Ausdruck. Proteine sind die strukturell vielfältigsten Moleküle; sie bestehen aus vielen einzelnen Bausteinen, den Aminosäuren. Alle Proteine sind aus 20 verschiedenen Aminosäuren zusammengesetzt. »Die Anzahl der Kombinationsmöglichkeiten von Aminosäuren ist unvorstellbar groß: ... Ist ein Protein ... aus 100 Aminosäuren aufgebaut, ergeben sich bereits $20^{100} = 10^{130}$ Kombinationsmöglichkeiten! (Ein Vergleichswert: Die Zahl der Elementarteilchen im Universum wird auf 10^{80} geschätzt)« (Großes Handbuch Genetik, Compact Verlag München, S. 90 f.). Die nötige Reihenfolge der bis zu 3000 Proteine in einer einzigen Zelle kann deshalb auch in 100 Milliarden Jahren nie zufällig entstehen. Den Evolutionisten fehlt somit selbst nach ihren Berechnungen die Zeit für die behaupteten Veränderungen der Lebewesen. Nicht umsonst schweigen sie einerseits die Komplexität der Zelle tot und versuchen sie andererseits die Entstehung des Lebens mit einem Ausweichargument ins Weltall zu verlegen, um ein paar Milliarden Jahre zu gewinnen.

➤ Man kann sich des Verdachts nicht erwehren, dass die Evolutionstheorie die Dateninterpretation zur radiometrischen Zeitbemessung mehr beeinflusst hat als die Daten selber. Schließlich entstand die Theorie der langen Erdzeitalter gut 100 Jahre bevor man radiometrische Messungen durchführte.

➤ Zur radiometrischen Uhr noch folgender Vergleich: Ein

Bekannter besucht Sie. Sie wissen nicht, woher er gerade kommt. Er fragt Sie: Rate mal, wie weit ich gefahren bin; der Tank meines Autos fasst 60 Liter, der Durchschnittsverbrauch betrug 7 Liter Benzin pro 100 Kilometer. – Wenn Sie seine Frage beantworten können, ohne zu wissen, ob der Tank bei der Abfahrt voll war und wie oft er unterwegs nachgetankt hat, können Sie mit der Halbwertszeit des Zerfalls radioaktiver Isotope auch das Alter der Erde bestimmen.

➤ Statt eines weiteren Kommentars sei auf folgende Schriften verwiesen: Hansruedi Stutz, Die Millionen fehlen, 2. A., Schwengeler Verlag, CH-Berneck; ProGenesis (Hrsg.), Das Schöpfungsmodell, Schwengeler Verlag, CH-Berneck, Kap. 4, S. 73 ff.; Don Batten (Hrsg.), Fragen an den Anfang, CLV-Verlag, D-Bielefeld, Kap. 4 und 5, S. 75 ff; John Lennox, Hat die Wissenschaft Gott begraben?, R. Brockhaus Verlag, D-Wuppertal, S. 62 ff.

ab) Tendenz der Höherentwicklung

A. Beweis der Evolutionisten

- **Ordnung der Fossilien** in den Erdschichten (geologische Schichtenfolge mit in tieferen Schichten andersartigen Lebewesen als in den höheren).
- **Beweislücken**: Es gibt viele und große geologisch nicht überlieferte Lebensräume.

B. Gegenbeweis Kreationisten

- **Fossilien** und **Ordnung der Fossilien**: Die Sintflut und Folgekatastrophen als Grund und Ursache für eine gewisse Ordnung und fehlende Zwischenformen. »Explosionsartiges« Auftreten voll ausgebildeter Fossilien, fehlende Zwischenformen.
- **Beweislücken**: Es gibt viele und große geologisch nicht überlieferte Lebensräume.

➤ Die Zuordnung bestimmter Arten von Fossilien zu bestimmten Erdschichten ist ein Fakt. Er wird von beiden Parteien akzeptiert. Daraus eine Entwicklung abzuleiten, hat mit Beweisführung nichts, mit Beweisinterpretation in einer vorgegeben Theorie alles zu tun.

Die Fossilien sind stets voll ausgebildet. Es gibt keine Zwischen- oder Übergangsformen, d.h. Lebewesen mit Beinen, die schon halbe Flügel sind oder mit Flügeln, welche etwas zwischen Schuppen und Federn aufweisen, oder Noch-Fische, deren Luftblase schon halb Lunge wäre, oder Fast-Vögel, deren Schnäbel noch halb Zähne wären, etc. Alle Organe erscheinen entweder voll funktionstüchtig oder – wie bei heutigen Lebewesen zum Teil auch noch – verkümmert, d.h. degeneriert. Nichts deutet auf eine Höherentwicklung hin.

Schon in den tiefsten Schichten finden sich sehr komplexe Lebewesen. Gegenteilige Behauptungen widersprechen den Fakten und beruhen auf einer längst überholten idealistischen Stufenleiter-Vorstellung (vgl. Manfred Stephan, Der Mensch und die geologische Zeittafel, Hänssler-Verlag, D-Holzgerlingen, S. 33 f.).

Selbst führende Darwinisten müssen eingestehen, dass Komplexität schon bei den Fossilien der untersten Schichten bestanden hat und eine Tendenz zu größerer Komplexität widerlegt ist (vgl. Ernst Mayr, Das ist Evolution, S. 269; das Buch wird im dritten Teil besprochen).

➤ Es gibt auch andere plausible Erklärungen für die eigenartige Ordnung der Fossilien in den Erdschichten. Z.B. dass die Wasserdynamik bei Katastrophen eine sortierende Wirkung hatte. Meeresbewohner sind sodann als Fossilien weit häufiger erhalten denn Landbewohner. Wo Landlebewesen erhalten sind, finden sich oft die immobilsten in tieferen Schichten, während die mobileren und stärkeren sowie die Vögel zuoberst sind, was mit der Flucht vor Wasserfluten zusammenhängen kann.

Eine weitere Erklärung der Ordnung sind ökologische und/oder klimatische Veränderungen nach oder durch Katastrophen, wodurch ganze Arten ausstarben, sodass andere, bis dahin wenig verbreitete Arten in den frei gewordenen Lebensraum einwandern konnten. Verwiesen sei dazu etwa auf Manfred Stephan & Thomas Fritzsche, Sintflut und Geologie, Hänssler-Verlag, D-Holzgerlingen, S. 48 ff. oder Manfred Stephan, Der Mensch und die geologische Zeittafel, a.a.O.; Don Batten (Hrsg.), Fragen an den Anfang, CLV-Verlag, D-Bielefeld, Kap. 15, S. 197 ff.

➤ Lücken können an sich nicht als Beweis dienen. Wie die großen Lücken in der Fossilüberlieferung interpretiert werden, hängt vom Vorurteil ab. Dabei ist zu unterscheiden: Es ist einerseits ein Fakt, dass es fossil nicht überlieferte Lebensräume gegeben haben muss, da gewisse Arten in tieferen Schichten enthalten sind, in mittleren Schichten nicht mehr, in höheren aber wieder auftauchen (zu den sog. »Lazarus-Arten« und den »lebenden Fossilien« vgl. Manfred Stephan, Der Mensch und die geologische Zeittafel, a.a.O.).

Diese Lücken sind aber andererseits kein Beweis, noch nicht einmal ein Indiz für die fehlenden Zwischenformen. Evolutionisten interpretieren trotzdem in die nicht überlieferten Lebensräume die ganze Makroevolution hinein. Das ist reinste Spekulation und widerspricht an sich den Indizien der Ordnung der Fossilien (plötzliches Auftreten »fertiger« Arten) und der »Lazarus-Arten« sowie der »lebenden Fossilien« (als Beispiele für Stasis).

b) Hauptbeweis der Kreationisten
ba) Hochgradig organisierte Materie von Anfang an

A. Beweis der Kreationisten
- Als Urkunde **die Bibel, 1. Mose 1,31**: »*Und Gott sah alles, was er gemacht hatte, und siehe, es war **sehr gut**.*«

Und **1. Mose 2,1**: *»So wurden die Himmel und die Erde und all ihr Heer* **vollendet**.*«*

Gemäß 1. Mose 1,27 gehörte auch der Mensch zur Schöpfung. Als offensichtlich komplexestes Wesen auf der Erde war er also von Anfang an da, und zwar vollendet und nicht in Entwicklung begriffen. Dass er geistbegabt war, lässt sich aus der Unterhaltung mit Gott schließen (z.B. 1. Mose 2,16). Offensichtlich war er geistbegabter als heutige Menschen, die Gott nicht verstehen.

- Heute beobachtbare **Komplexität und nicht reduzierbare Systeme der Natur**. Als Beispiel sei wieder die Zelle erwähnt. Die Fortpflanzung durch die genaue Kopie ihrer DNA erfordert ein System des Kopierens, welches als komplexer Vorgang von Anfang an vollkommen funktioniert haben musste, es hätte sonst nie einen zweiten Einzeller gegeben. Es gibt unzählige weitere Beispiele dafür (z. B. das Auge bzw. Sehen, Hören, Reden, das menschliche Knie und überhaupt das Zusammenspiel der Natur).

- **Information kann nicht aus dem Nichts entstehen**. Jede Information muss auf Intelligenz beruhen (und von Intelligenz empfangen und gedeutet werden). Geistlose Materie bringt keine Information hervor. Die DNS-Moleküle aller Lebewesen enthalten genetische Information (universeller Code von Erbfaktoren, Bauplan für sämtliche Proteine). Dies ist ein starkes Indiz für die Erschaffung der Lebewesen durch einen intelligenten Schöpfer. Die Hinzufügung genetischer Information im Laufe der Zeit wäre für Gott zwar möglich, widerspricht jedoch den vorstehenden Belegen und der beobachteten Degeneration bzw. Genpoolverarmung bei Lebewesen (vgl. dazu ausführlich: Werner Gitt, Am Anfang war die Information, Hänssler Verlag, D-Holzgerlingen).

B. Gegenbeweis der Evolutionisten

- Keine.

➤ Zu nicht reduzierbaren Systemen schweigen die Evolutionisten oder bringen das Argument der Kombination von zufälliger Mutation und notwendiger Selektion (welches logisch bereits widerlegt ist, vgl. vorn, und im Übrigen nicht hierher unter die Beweisführung gehört; hier müssten sie z.b. beweisen, dass die komplexen Systeme nicht komplex oder dass sie reduzierbar sind, was bisher nicht gelungen ist. Ein Auge funktioniert z.B. nur, wenn alle Komponenten inklusive Nervensystem und Gehirn vernetzt voll ausgebildet vorhanden sind; fehlt nur eine Komponente, ist das Auge ganz unbrauchbar).

Das Schweigen der Evolutionisten verwundert nicht, denn schon Darwin bemerkte (aus Entstehung der Arten, zit. bei John Lennox, a.a.O., S. 64):

»Ließe sich irgendein zusammengesetztes Organ nachweisen, dessen Vollendung nicht möglicherweise durch zahlreiche kleine, aufeinanderfolgende Mutationen hätte erfolgen können, so müsste meine Theorie unbedingt zusammenbrechen«.

➤ Negatives lässt sich bekanntlich nicht beweisen. Jedoch muss eine unvoreingenommene, vernünftige Betrachtung der Zelle und ihres Kopiervorgangs zum Schluss führen, dass sich dieses komplexe System nicht entwickelt haben konnte, sondern von Anfang an voll funktionsfähig gewesen sein musste. Darwins Theorie ist zusammengebrochen.

Zur kurzen Zeitdauer im Besonderen:

A. Beweis der Kreationisten

- Als Urkunde **die Bibel**: Aus der Bibel lässt sich ein Erdalter von nicht mehr als einigen tausend Jahren ableiten, indem von gesicherten historischen Daten rückwärts bis zu Adam gerechnet wird (am ausführlichsten dazu: das von Larry und Marion Pierce aufgearbeitete Werk von Bischof James Ussher aus dem 17. Jahrhundert: »The Annals of the World«; erhältlich bei Master Books, Inc., P.O. Box 726, Green Forrest, AR 72638, USA).

- Fossilien mitsamt **versteinerten Weichteilen** (oder mitten in einer Bewegung oder in der Jagd) belegen eine sehr rasche Verschüttung (als Folge einer Katastrophe wie etwa der Sintflut). Somit haben sich die geologischen Schichten nicht über Jahrmillionen aufgebaut.

- **Fehlende Erosionsspuren** und (häufig) fehlende Bioturbation und Bodenbildung auf den Oberflächen der geologischen Schichten belegen ebenfalls eine rasche Schichtbildung.

- **Durch mehrere geologische Schichten hindurch konservierte Baumstämme und versteinerte Tiere** belegen ebenfalls eine Schichtbildung innert Stunden oder Tagen (für welche Geologen Millionen von Jahren behaupten). Diese Fossilien legen nahe, dass die radiometrische Altersbestimmung fehlerhaft sein muss (vgl. vorstehend).

- Bis zu 20 Meter hohe **Erdschichtenbildung innerhalb zweier Jahre** und **Canyon-Bildung in einem Tag** nach dem Ausbruch des Mt. St. Helens 1980 (vgl. factum Nr. 8/2004, S. 28 ff.).

- **Helium in Kristallen** und **Radiokarbon (C-14) in Diamanten** belegen aufgrund der Flüchtigkeit ein Alter der Erde von nicht mehr als ein paar tausend Jahren (vgl. C. Wieland, in Creation Vol. 26 Nr. 2, S. 42 ff.).

- **Rasche Bildung von Diamanten** in weniger als 100000 Jahren (vgl. NZZ v. 29.9.2000 »Neue Thesen zur Entstehung von Diamanten, Weniger alt als bisher angenommen?«, mit Verweis).

- Der **rasche Zerfall des Erdmagnetfeldes** lässt auf ein Alter der Erde von nicht mehr als 10000 Jahren schließen (Keith H. Wanser, in Die Akte Genesis, Schwengeler Verlag, CH-Berneck, S. 84, mit Hinweis).
- Der **Saturnmond Titan** weist **zu viel Methan** auf. Alles Methan auf Titan sollte wegen des UV-Lichtes innerhalb von zehn Millionen Jahren längst verschwunden sein. Wäre Titan dagegen vor rund 6000 Jahren aus Methan erschaffen worden, würde dies genau mit dem heutigen Zustand übereinstimmen (Dan Backlund, ideaSchweiz 6/2005, S. 4).
- Der **Vulkanismus auf dem Jupitermond Io und dem Neptunmond Triton** legt nahe, dass die Monde höchstens wenige tausend Jahre alt sind , da ihre Eigenwärme nicht über Jahrmillionen in weiter Entfernung von der Sonne erhalten bleiben konnte (vgl. Reinhard Junker, Leben – woher?, Christliche Verlagsgesellschaft D-Dillenburg, S. 196).
- etc.

B. Gegenbeweis der Evolutionisten
- **Radiometrische Uhr** (vgl. vorstehend).
- **Flüchtigkeit von Radiokarbon oder Helium** lässt nachträgliche Zufuhr in die Gesteine vermuten.

➤ Zu den Indizien und Argumenten der Kreationisten vgl. allgemein Hansruedi Stutz, Die Millionen fehlen, 2. A., u.a. mit Belegen zur raschen Bildung von Kohle, zum raschen Verlanden der Seen in den Alpen, zum zu niedrigen Salzgehalt in den Meeren, zu den jungen Planetenringen und kurzlebigen Kometen, sowie etwa ProGenesis (Hrsg.), Das Schöpfungsmodell, Kap. 5 S. 119 ff. und Kap. 7 S. 153 ff. oder John F. Ashton (Hrsg.), Die Akte Genesis, Schwengeler-Verlag, CH-Berneck.

Der Fülle der Indizien der Kreationisten für eine junge Erde haben die Evolutionisten mit der aus dem Rahmen fallenden radiometrischen Uhr an sich sehr wenig entgegen zu setzen. Dass Radiokarbon und Helium tatsächlich im Laufe der Zeit von außen wieder in Kristalle und Diamanten eingedrungen wären, kann nicht bewiesen werden. Die Flüchtigkeit spricht für das Austreten in einer gewissen, kurzen Zeit, nicht aber für das Eintreten.

bb) Grenze der Veränderung und Tieferentwicklung

A. Beweis der Kreationisten

- Als Urkunde **die Bibel, 1. Mose 1,12.21.24**: Die separate, klar unterscheidbare Erschaffung von Pflanzen, Wassertieren, Geflügeltem und Landtieren *ein jedes nach ihrer oder seiner Art* impliziert klare Abgrenzungen. Die Wendung »nach ihrer Art« wird auch im Bericht über Noah und die Arche verwendet (1. Mose 6,19 ff.; 7,14 und 8,19).

- Beobachtbare **Fortpflanzung**: Diese findet beobachtbar und experimentell nachprüfbar und per Definition nur in den Grenzen der biologischen Arten (also bei Kreuzbarkeit) statt. Kreuzbarkeit ist also nicht bloß eine künstliche taxonomische, sondern eine natürliche tatsächliche Grenze.

- **Degeneration** (Zerfall, Krankheit und Aussterben) lässt sich überall beobachten. Augenfällig sind die degenerierten »hochgezüchteten« Pferde und Hunde, welche extrem krankheitsanfällig und oft verhaltensgestört sind. Erbkrankheiten sind nicht nur bei Tieren, auch bei Menschen im Vormarsch, und zwar so beängstigend, dass die Menschheit kaum mehr als ein paar tausend Jahre alt sein kann.

- Beobachtung **destruktiver Strukturen** in der Natur.

- Erfahrungssatz: Zweiter Hauptsatz der Thermodynamik (**Entropiezunahme**).

128

B. Gegenbeweis der Evolutionisten

- Keine.

➤ Die Evolutionisten schweigen in der Öffentlichkeit seltsamerweise zur offenkundigen Degeneration der Lebewesen, anstatt dass sie dieses Entwicklungsphänomen zu ihrem zentralen Forschungsgebiet erheben würden. Sie versuchen die Beweise der Kreationisten argumentativ zu widerlegen. So wird etwa die Artdefinition über die Fortpflanzungsmöglichkeit oder Kreuzbarkeit teilweise abgelehnt (wobei dies keine Beweisfrage, sondern eine Frage der Theorie ist und die Kreuzbarkeit im Grunde das einzige stichhaltige Einteilungskriterium der biologischen Taxonomie ist; vergleichbare Formen sind dagegen Interpretationssache und können trügen).

➤ Die Entropie ist ein Maß für die nicht mehr verwertbare bzw. gleichmäßig verteilte Wärmemenge; sie kann als Maß für die Unordnung eines Systems gedeutet werden (vgl. Großes Handbuch der Physik, Compact Verlag München, S. 207). Nach dem zweiten Hauptsatz der Wärmelehre kann die Entropie in einem geschlossenen System nie abnehmen. Diesem mikrophysikalischen Satz entsprechend werden Beobachtungen größerer Ordnungen als Entropie-Prinzip *gedeutet*: durch »Einebnung« zerfallen früher oder später alle Strukturen oder Ordnungen, die Komplexität nimmt ab (vgl. Ker C. Thomson, in Die Akte Genesis, Schwengeler Verlag, CH-Berneck, S. 173 f.; Hansruedi Stutz, Die Millionen fehlen, 2. A., S. 71 ff.). Dazu schweigen die Evolutionisten oder behaupten, dass keine abgeschlossenen Systeme vorlägen, weshalb der Grundsatz nicht anwendbar sei. Dies steht allerdings u.a. im Widerspruch zu ihrer Evolutionseinheit der angeblich abgeschlossenen Population; biologische Arten sind in gewissem Sinne abgeschlossene Systeme, da mangels Kreuzbarkeit natürlicherweise keine fremdartigen Gene eindringen können. Die Erde samt Atmosphäre ist zudem für das biologische Leben, wie wir es beobachten, augenscheinlich ein abgeschlossenes System. Rundherum herrscht Lebensfeindlichkeit. Die einfallende Strahlung, hauptsächlich der Sonne, vermag die auf der Erde entstandenen Strukturen nicht zu erklären, ansonsten es solche auch auf den übrigen Planeten geben müsste. Zur Umsetzung der Sonnenenergie, wie etwa bei der Photosynthese, ist stets ein – *vorbestehender* – »Motor« notwendig. Auch wenn die Sonne 100 Milliarden Jahre lang auf einen Stein scheint, wird weder daraus noch aus der Summe der Strahlen ein Berg. Und wenn die Sonne 100 Milliarden Jahre lang auf einen Berg scheint, entsteht daraus oder aus der Summe der Strahlen keine Maus. Im übrigen ist nicht erwiesen, dass der zweite Hauptsatz der Thermodynamik tatsächlich nur in geschlossenen Systemen gilt. Kennt man die einem System zugeführte Energie, kann man den Entropiesatz auch auf offene Systeme anwenden (vgl. Ker C. Thomson, a.a.O. S. 175 f.; Hansruedi Stutz, a.a.O., S. 73).

Auf das ganze Universum bezogen ergeben außerdem der erste Hauptsatz der Thermodynamik (mehr Energie, als in einem System vorhanden ist, kann im System selber nicht spontan entstehen, und die vorhandene Energie bleibt erhalten, auch wenn sie in eine andere Form umgewandelt wird) in Kombination mit dem zweiten Hauptsatz betreffend Entropiezunahme, dass das Universum nicht unendlich lange existieren kann, somit einen Anfang hatte, wobei Energie von außerhalb eingefügt worden sein musste.

➤ Destruktive Strukturen versuchen die Evolutionisten in ihr Selektionsmodell aufzunehmen, streiten sie also im Grunde nicht ab.

5. Beweiswürdigung
Biologen, Chemiker und Physiker können als empirische Naturwissenschaftler keine Tatsachenbeweise (noch nicht einmal

Indizien) für vergangene Sachverhalte liefern, da Beobachtung und Experiment (welche für Außenstehende selber Beweisthema sind) stets nur aktuelle Verhältnisse betreffen. Diese Wissenschaftler können aber immerhin kausale Evolutionsforschung betreiben, indem sie Erfahrungssätze (naturwissenschaftliche Gesetzmäßigkeiten bzw. Kausalitäten) nachweisen, die unter der Annahme gleichgebliebener Bedingungen auf vergangene Sachverhalte angewendet bzw. in die Vergangenheit extrapoliert werden können.

Die *kausalen* Evolutionswissenschaften konnten bis heute allerdings weder Erfahrungssätze für die präbiotische noch für die biologische Evolution im Sinne einer Gesetzmäßigkeit der Entstehung des Lebens oder der Makroevolution nachweisen. Selektion und Rekombination können schon begrifflich keine solchen Gesetze sein, denn das eine setzt keine Ursache und das andere gilt nur innerhalb derselben Art und aufgrund bereits vorhandener Information. Makroevolutionäre Mutation i.S. der Entstehung lebensfähiger neuartiger Organe, Strukturen oder Bauplantypen oder qualitativ neuen Genmaterials (mit mehr Information) konnte bisher im Labor noch nicht einmal im Einzelfall, geschweige denn als Erfahrungssatz nachgewiesen werden. Die Forschung hat im Gegenteil den Erfahrungssatz der Genpoolverarmung ergeben. Im übrigen verunmöglicht der behauptete Zufallsfaktor jeden Nachweis eines Erfahrungssatzes von vornherein.

Einzig die empirisch nachgewiesenen Erfahrungssätze der Physik betreffend lange Zeiträume können als Indizien für die absolut notwendigen, aber niemals ausreichenden Rahmenbedingungen der Evolution dienen. So wird hauptsächlich aus dem Erfahrungssatz der (allem Anschein nach) konstanten Lichtgeschwindigkeit in Bezug zum Abstand leuchtender Himmelskörper von der Erde auf ein hohes Alter des Universums geschlossen. Derselbe Schluss in Bezug auf die Erde wird aus der ebenfalls nachgewiesenen Gesetzmäßigkeit der Halbwertszeit des Zerfalls radioaktiver Isotope (radiometrische Uhr) gezogen. Diesen Erfahrungssatz extrapolieren Evolutionisten in die Vergangenheit und bestimmen damit das Alter des untersuchten Gesteins und leiten davon Datierungen von Fundgegenständen (Fossilien) in diesem Gestein ab.

Am Erfahrungssatz der radiometrischen Uhr hängt im Grunde die ganze Evolutionswissenschaft, obwohl er selber Evolution in keiner Weise beweist. Gilt er nicht oder ist die Extrapolation in die Vergangenheit nicht zulässig, fällt die ganze Lehre in sich zusammen, da sie auf lange Zeiträume und verschiedene Alter von Gesteinen unbedingt angewiesen ist. Die Schöpfungswissenschaft hat gegen diesen Erfahrungssatz Gegenbeweise und zahlreiche Beweise des Gegenteils, d.h. für eine junge Erde, in der Hand.

Paläontologie und Geologie als *historische* Evolutionswissenschaften haben mit den Steinen und Versteinerungen sowie dem Erfahrungssatz der radiometrischen Uhr das für die ganze Evolutionslehre entscheidende Beweismaterial in Händen. Biologen und Chemiker mit ihren nach wie vor gesuchten Erfahrungssätzen betreffend Entstehung und Höherentwicklung von Lebewesen hängen im Grunde vollständig von diesen historischen Beweisen ab. Steine und Fossilien sind Beweisstücke, welche – ähnlich den Urkunden der jüngeren Vergangenheit – tatsächlich für Experten eine Art Zeugnis von vergangenen Tatsachen geben können, wobei sie stets der Interpretation bedürfen und, da sie selber kein Leben mehr enthalten, stets nur Indizien in Bezug auf das Leben liefern, nie jedoch tatbestandsrelevante Tatsachen (also über das Leben selber) beweisen können. Ohne Datierung der Steine sind die Aussagen der Fossilien wertlos, sobald es um Behauptungen über Entwicklungen geht, da jeder Stein für sich lediglich eine Momentaufnahme bildet und erst die Datierung und zeitliche In-Bezug-

Setzung verschiedener Gesteinsproben zusammen mit der Interpretation der Fossilien Aufschluss über vergangene Veränderungen geben kann, worauf die Evolutionslehre unbedingt angewiesen ist.

Fossilien als Hauptbeweisstücke für Evolution sind somit nicht mehr als Momentaufnahmen, welche erst durch die Datierung der Gesteine, in welchen sie gefunden werden, in Abhängigkeit zum Erfahrungssatz der radiometrischen Uhr zeitlich zueinander und zu heute in Bezug gesetzt werden und als Indizien indirekt eine Entwicklung von Leben aufzeigen könnten. Hauptindiz für die behauptete Makroevolution sind sog. Zwischen- oder Übergangsformen. Als einzelne Fossilien können sie eine Veränderung allerdings nicht belegen. Schöpfungswissenschaftler bestreiten zudem die Qualifizierung der wenigen gefundenen »Zwischenformen« als solche, und einige Paläontologen und Biologen müssen dem zustimmen, da bisher tatsächlich keine Strukturen im Übergangsstadium vorgefunden wurden.

Schöpfungswissenschaftler führen als Beweise gegen die Evolutionslehre neben zahlreichen Beweisen für eine junge Erde v.a. die beobachtbaren nicht reduzierbaren Systeme in der Natur (Komplexität), den empirisch nachgewiesenen Zweiten Hauptsatz der Thermodynamik (Entropie) neben der Beobachtung destruktiver Strukturen in der Biologie sowie den nach wie vor nicht widerlegten Erfahrungssatz von Louis Pasteur an, wonach Leben nur aus Leben entsteht.

Aus der Sicht eines Juristen ist die Beweislage für die Evolutionslehre mit Steinen, Versteinerungen und dem nicht über alle Zweifel erhabenen Erfahrungssatz der radiometrischen Uhr äußerst dürftig. Die Gegenbeweise und Beweise des Gegenteils lassen zumindest erhebliche Zweifel an den Behauptungen der Evolutionisten aufkommen. Da nach der eigenen Aussage der Evolutionslehre während Jahrmillionen keine vernunftbegabten Zeugen dabei waren, welche ihre Beobachtungen hätten aufzeichnen oder sonst weitergeben können, kann es weder Urkunden über die Entstehung der Welt oder des Lebens noch darüber geben, wie sich am schuppigen Bein eines Lebewesens in der nächsten Generation Ansätze von Federn gebildet hätten (auch Darwin war nicht dabei).

Die Schöpfung, als Tatsache der Bildung der Welt durch Gott und der Lebensspende von Gott, ist dagegen viel besser beweisbar, da von Anfang an ein intelligenter Schöpfer dabei war, welcher seine Handlungen und Beobachtungen als Augenzeugenbericht bzw. Parteiaussage niederschreiben ließ und den Bericht noch heute bezeugt. Die Bibel ist – zunächst ohne Wertung – eine Beweisurkunde über vergangene Tatsachen, die, nach ihrer eigenen Aussage, Gott in Zusammenarbeit mit vernunftbegabten und – wie der Sündenfall zeigt – kritischen Wesen anfertigte. Diese konnten den mündlich oder schriftlich tradierten Bericht bereits ab dem sechsten Tag der Schöpfung selber prüfen (und hätten den Sündenfall sicher gerne daraus entfernt, wenn Gott nicht darüber gewacht hätte). Der Heilige Geist bezeugt noch heute unmittelbar denen, die auf ihn hören, die Richtigkeit des Schöpfungsberichts der Bibel, und er war dabei! Ebenso ist die Schöpfung in der Natur erkennbar (Römer 1,20). Mit der Beweisurkunde der Bibel ist die Schöpfung viel besser belegt als die Evolution.

6. Außer Konkurrenz: Gottesbeweis

Das Hauptverfahren (Behauptungsstadium) hat gezeigt, dass die Evolutionisten mit dem Zufall keine substanziierte Behauptung zum Ursprung von Materie und Leben aufstellen. Dagegen ist der Gott der Kreationisten mit den Offenbarungen der Bibel sehr gehaltvoll kundgetan. Evolutionisten sind mit der Zufallsbehauptung nicht für das Beweisverfahren zugelassen. Kreationisten dagegen mit Gott als auslösender und erhaltender Kraft schon. Der Gottesbeweis ist außer Konkurrenz zu erbringen.

Gott lässt sich über ein Experiment oder die Beobachtung nicht beweisen. Er verbietet gar selber, dass man vom ihm nur schon ein Bild macht (2. Mose 20,4). Weiter bezeugt die Bibel, dass noch kein Mensch Gott je gesehen hat (Johannes 1,18). Gott soll man nicht sehen, sondern glauben!

Dass ein im naturwissenschaftlichen Sinn exakter empirischer Beweis Gottes nicht möglich ist, bedeutet nun aber noch lange nicht, dass überhaupt kein Beweis möglich ist. Es gibt kein Diktat und keine Ausschließlichkeit der Empirie. Das Leben ist weit mehr als Schauen. Folgende Beweise für die Existenz Gottes bestehen:

1. Die Schöpfung ist ein Indiz für den Schöpfer. **Römer 1,19:** *»Denn sein unsichtbares Wesen, sowohl seine ewige Kraft als auch seine Göttlichkeit, wird seit Erschaffung der Welt in dem Gemachten wahrgenommen und geschaut, ...«*
2. Die Bibel zeugt als Urkunde von Gott und von der Beziehung zahlreicher Menschen zu Gott.
3. Der Heilige Geist bezeugt Gott jedem, der auf ihn hören will.
4. Die Christengemeinde gibt auf der ganzen Erde Zeugnis von ihrer Beziehung zu Gott.

IV. Urteil

Wie einleitend bemerkt gibt es in der Auseinandersetzung zwischen Evolutionisten und Kreationisten keine Rechtssätze, unter welche man den bewiesenen Sachverhalt subsumieren und so zu einem Urteil kommen könnte. Die Beweiswürdigung ist damit im Grunde bereits das Urteil. Deshalb wird hier anstelle einer Rechtsanwendung eine zusammenfassende Beurteilung des Prozesses widergegeben:

Mit dem durchgespielten Verfahren sollte festgestellt werden, wer von den Parteien gehaltvollere und plausiblere, allenfalls gar bewiesene Aussagen zum Ursprung und zur Entwicklung der Materie und des Lebens aufstellt.

Vorweg bleibt festzuhalten, dass die ganze Evolutionslehre vom *Zufallsfaktor* geprägt ist. Immer wenn Evolutionisten den **Zufallsfaktor** ins Spiel bringen, bedeutet das nichts anderes, als dass sie im Grunde *keine* **Erklärung** geben bzw. *keine* **substanziierte Behauptung** aufstellen können. **Auf der Ebene des Zufalls lässt sich weder eine aussagekräftige oder verbindliche Theorie aufstellen noch irgendetwas beweisen.** Es ist rational nicht nachvollziehbar, dass sich so viele Wissenschaftler mit einer *leeren* Theorie befassen.

Doch nun zu den Streitpunkten im Einzelnen:

Die Evolutionslehre gibt keine Antwort auf die Frage, woher wir ursprünglich kommen. Über den **Ursprung** bzw. die Art und Weise der Entstehung der Materie stellt sie überhaupt *keine* Behauptung auf. Die rein hypothetischen Behauptungen zur Entstehung des Lebens aus lebloser Materie sind bis heute unbewiesen geblieben. Die Entstehung des Geistes auf rein materialistischer Ebene erklären zu wollen, muss zudem von vornherein scheitern. Der Geist beurteilt die Materie, nicht umgekehrt.

Dagegen sind die dazu aus der Bibel gewonnen Behauptungen der Kreationisten über den Schöpfer und die Art und Weise der Kreation (Hervorrufen, Verbindung von Geist und Materie, sinnlich wahrnehmbar gemachter Gedanke Gottes) sehr gehaltvoll und stimmen mit dem heute beobachtbaren Vorgang menschlicher Schöpfung überein.

Was die **Entwicklung** der Materie und des Lebens betrifft, so muss über *Mikroevolution* (abgesehen von Details sowie der leeren Zufallsbehauptung der Evolutionisten) nicht gestritten werden, da sie von beiden Parteien anerkannt wird. Einzig die

Frage der *Tendenz* ist umstritten. Diese geht allerdings in der Frage der Makroevolution auf, sobald es um vermeintliche Höher-»Entwicklung« geht.

Zur *Makroevolution* bzw. zur gemeinsamen Abstammung stellen die Evolutionisten mit dem Zufallsfaktor nicht nur leere Behauptungen auf, sie verunmöglichen mit der Argumentationsgrundlage der Unvorhersehbarkeit bzw. Gesetzlosigkeit auch jede *empirische* Beweisführung. Es ist widersinnig, Erfahrungssätze für die *zufällige* Makroevolution nachweisen zu wollen. Es ist ineffizient, ja geradezu absurd, sich mit *gehaltlosen* Theorien wissenschaftlich befassen zu wollen.

Mit den behaupteten langen Zeiträumen und weiteren unsubstanziierten Aussagen erschweren, ja verunmöglichen die Evolutionisten zudem die *historische* Beweisführung für ihre Theorie. Tatsächlich ist Makroevolution auch historisch nicht bewiesen und bleibt als Theorie höchst unplausibel. Wie aus unbelebter Materie belebte wurde, können Evolutionisten nicht nachvollziehen. Schon der erste Einzeller musste sodann von Anfang an vollständig funktionsfähig existiert haben, ansonsten es nie einen zweiten gegeben hätte. Bereits Einzeller sind zudem so komplexe Organismen, dass – einmal abgesehen von der Definition des Lebens – für die Zusammenfügung der notwendigen genetischen Information auch Milliarden von Jahren nicht genügt hätten. Auch spätere – bislang nicht substanziiert – behauptete makroevolutive Schritte (Entstehung neuer Strukturen/Organe der Lebewesen) sind nicht belegt und können ohne präzise Aussagen nicht belegt werden. Die Kategorisierung der Fossilien weist große Lücken auf. Echte Übergangsformen wurden bis heute nicht entdeckt.

Die **Theorie der Makroevolution** *ist, soweit überhaupt konkrete Aussagen bestehen,* **empirisch nicht beweisbar und historisch nicht bewiesen.**

Zusammenfassend: Weder die ursprungslose, rein spekulative gemeinsame Abstammung aller Lebewesen noch die zufällige angeblich grenzenlose Höher-»Entwicklung« im Sinne der Entstehung neuer Arten sind bewiesen. Die dazu entwickelte Theorie ist widersprüchlich und unlogisch und viel weniger plausibel als die in der Bibel offenbarte Schöpfung, welche logisch gut nachvollziehbar ist und mit der heute beobachteten Mikroevolution in den Grenzen der biologischen Arten übereinstimmt.

DRITTER TEIL
Analyse »wissenschaftlicher« Texte

A. Vorbemerkungen

Wie in der Einleitung erwähnt, ist es der Jurist grundsätzlich gewohnt, mit Worten und Argumenten umzugehen. Das fängt bei der Auslegung von Gesetzen und Verträgen an, geht weiter über die Analyse von Parteibehauptungen bis hin zur Aufdeckung der Lügenkonstrukte von Straftätern und endet oft mit der Anfechtung der nicht stichhaltigen Urteilsbegründungen der Gerichte.

Man muss aber nicht Jurist sein, auch nicht unbedingt studiert haben, um kritisch mit Texten aller Art umzugehen. Oft muss man sich einfach vornehmen, einen Text etwas genauer zu lesen. Dann fällt einem auf einmal auf, wie unlogisch argumentiert wird. Dieser dritte Teil des Buches soll Mut machen, das, was uns von der Wissenschaft aufgetischt wird, nicht einfach als wahr hinzunehmen, sondern stets kritisch zu hinterfragen. Außerdem gibt er nochmals Einblicke in die Argumentations(un)logik von Evolutionisten.

Der erste Textabschnitt ist dem Buch »Das ist Evolution« von Ernst Mayr entnommen. Ernst Mayr verstarb im Februar 2005 im Alter von 100 Jahren. Dem Nachruf in der Neuen Züricher Zeitung (NZZ) vom 9. Februar 2005 ist zu entnehmen, dass der führende Evolutionsbiologe seiner Zeit und Mitbegründer der sog. Synthetischen Evolutionstheorie oft

»als Darwin des 20. Jahrhunderts und als einer der großen Meister der Biologie bezeichnet«

wurde. Er erhielt 17 Ehrendoktortitel, unter anderem in der Philosophie. Er habe als

»erster originärer Philosoph der Biowissenschaften Basisarbeit geleistet und entscheidend dazu beigetragen, dass die Life Sciences zur Leitwissenschaft des 21. Jahrhunderts wurden.«

Davon sollte man sich nicht beeindrucken lassen. Sein hier besprochenes Buch ist eine Zumutung für jeden logisch denkenden Menschen. Rhetorisch teilweise nicht einmal geschickt vertuscht werden zahllose Schlüsse, Hypothesen und Unter-Theorien aus der Grundtheorie der gemeinsamen Abstammung (Makroevolution) abgeleitet und als »Belege« oder gar Beweise für die Evolutionstheorie vorgestellt. Es scheint dem Autoren dabei selber nicht klar gewesen zu sein, dass er, jedenfalls beim Kernpunkt des Darwinismus, der Makroevolution, rein dogmatisch und deduktiv und erst noch gegen alle Beobachtung argumentiert. Es ist ernüchternd zu sehen, wie ein solch erfahrener und angesehener Wissenschaftler offenbar nicht zwischen Theorie und Fakten unterscheiden kann und oft nicht einmal die grundelementarste Argumentationslogik beherrscht. – Aber womöglich liegt das ja einfach am Thema.

Die beiden anderen Texte stammen aus der NZZ. Der erste gibt die Resultate einer Konferenz an der ETH Zürich vom August 2003 wieder. Er ist ein Beispiel dafür, wie ein Wissenschaftler mit vielen Worten *nichts* aussagen kann. – Möglicherweise weil nichts dahinter steht.

Der zweite Text ist eine Wiedergabe von Berichten aus den Wissenschaftsjournalen Nature und Science in der NZZ. Er ist ebenfalls aus dem Jahr 2003 und stellt, soweit bekannt, in etwa die vorläufig vorletzten bedeutenden »Erkenntnisse« der Wissenschaft über die Herkunft des Menschen dar. An diesem Beispiel wird gezeigt, wie Wissenschaftler – ob bewusst oder unbewusst – die Leser über die Rhetorik manipulieren. – Vielleicht handelt es sich aber auch einfach um eine Selbsttäuschung.

B. Analyse eines Textes zur Evolutionstheorie

I. »Das ist Evolution«

Von Ernst Mayr (3. A., C. Bertelsmann Verlag, München 2003).

1. Buchbesprechung

Vorweg wird das Buch kurz im Überblick besprochen, bevor dann unter Ziffer 2 umfangreichere Textpassagen zum zentralen Thema der Makroevolution analysiert werden (die Unterstreichungen in den Zitaten sind beigefügt worden):

Das **Geleitwort** gibt der bekannte Sachbuchautor Jared Diamond, Physiologe und Vogelkenner, heute Professor für Geographie und Umweltgesundheit an der *University of California* in Los Angeles. Daraus folgende Zitate:

»Die Evolutionstheorie ist das tiefgreifendste, machtvollste Gedankengebäude, das in den letzten 200 Jahren erdacht wurde. ...

... Am schönsten wäre es, wenn Darwin selbst, der größte Biologe seiner Generation und gleichzeitig ein Verfasser klarer, eindringlicher Texte, für uns ein neues Buch über den heutigen Stand der Evolutionsforschung schreiben könnte! Natürlich ist das nicht möglich, denn Darwin starb 1882. Dieses Buch ist die zweitbeste Lösung: Es wurde von einem der größten Biologen unserer Zeit verfasst, der ... wie Darwin ein Verfasser klarer, eindringlicher Texte ist.

... Kein Aspekt in der Welt des Lebendigen ist so faszinierend und voller Rätsel wie die Evolution. ... Wie erklären wir das allmähliche Fortschreiten von den einfachsten Bakterien vor dreieinhalb Milliarden Jahren bis zu den Dinosauriern, Walen, Orchideen und Mammutbäu-

141

men? Die Naturtheologen stellen solche Fragen schon seit Jahrhunderten, konnten aber keine andere Antwort finden als die von der Hand eines weisen, allmächtigen Schöpfers. Erst Darwin vertrat die Ansicht, die faszinierende Welt des Lebendigen habe sich allmählich und ganz natürlich aus den einfachsten bakterienähnlichen Lebewesen herausentwickelt, und diese Beobachtungen untermauerte er mit einer gut durchdachten Evolutionstheorie. Und am wichtigsten ist: Er formulierte auch eine Theorie über ihre Ursache – die Theorie der natürlichen Selektion. ...

Für welchen Leserkreis eignet sich Ernst Mayrs Buch besonders? Die Antwort: für jeden, der sich für Evolution interessiert, ... *Das ist Evolution* ist ein ideales Begleitbuch in einem Seminar über Evolution für Nichtbiologen. Paläontologen und Anthropologen werden es begrüßen, weil es das Schwergewicht auf Konzepte und Erklärungen legt. Ernsts klare Formulierungen machen das Thema der Evolution für jeden gebildeten Laien zugänglich. ...

... Das darwinistische Denken und insbesondere das Prinzip der »Variation und Selektion« ist heute auch in den Geistes- und Sozialwissenschaften allgemein verbreitet. Für seine Anwendung ist das vorliegende Werk ein nützlicher Leitfaden.

Meine eigene Meinung über Ernst Mayrs Buch kann ich so zusammenfassen: Jeder, der sich auch nur im Geringsten für Evolution interessiert, sollte dieses Buch besitzen und lesen. Er wird reich belohnt werden. Ein besseres Werk über Evolution gibt es nicht. Ein Buch wie dieses wird es nie wieder geben.«

Hoffentlich.

Das »erdachte Gedankengebäude« der Evolutionstheorie erweist sich zumindest im Bereich der Makroevolution als reines

Luftschloss, um nicht zu sagen Hirngespinst. Und das Gespenst oder der Geist, der dahinter steht, ist offenbar so machtvoll, intelligente Leute dazu zu bringen, sich ein Leben lang mit Zufällen abzugeben. Welche Verschwendung!

Entlarvend für den ganzen Evolutionismus ist die Beschreibung des Baus des Luftschlosses: Diamond führt aus, dass Darwin als Erster die *Ansicht* der gemeinsamen Abstammung und Höherentwicklung vertrat. Aus dieser theoretischen Ansicht macht Diamond rhetorisch geschickt *Beobachtungen* (der ganzen Makroevolution!). Und diese Beobachtungen, in Wirklichkeit nach wie vor die *Ansicht*, soll Darwin schließlich mit einer durchdachten *Theorie untermauert* haben.

Bereits damit wird deutlich: Evolutionisten können und wollen Theorie und Beobachtung, Glauben und Sehen einfach nicht auseinander halten und vermischen und vertauschen die verschiedenen Erkenntnisvorgänge hemmungslos, um dann stets mit kräftigen Ausdrücken wie »untermauern« weiszumachen, die Evolutionstheorie sei bewiesen (vgl. dazu nachstehend II.). Dieses auch im Buch von Mayr immer wieder erkennbare Vorgehen zur Vertuschung des Dogmatismus wirkt fast schon zwanghaft und lässt den Verdacht auf eine tiefe, nicht eingestandene Unsicherheit aufkommen.

Übrigens war nicht Darwin der erste Vertreter solcher »Ansichten«. Die grundlegenden Ideen des Darwinismus waren bereits in der griechischen *Philosophie* aufgetaucht (vgl. Johannes Grün, Die Schöpfung, ein göttlicher Plan, Verax-Verlag, CH-Müstair, S. 47 ff.). Und Darwin selber hatte seine Theorien von Sir Charles Lyells (Aktualismus) und von Thomas Robert Malthus (Selektionskonzept) übernommen (E. Ostermann, Wissenschaftler entdecken Gott, Hänssler Verlag, D-Holzgerlingen, S. 45).

Im **Vorwort** von Ernst Mayr selber finden wir u.a. folgende Aussagen:

»... Das gesamte Denken der heutigen Menschen wird vom Evolutionsgedanken zutiefst beeinflusst – man ist sogar versucht zu sagen: bestimmt.«

Fast das gesamte Denken, wie das vorliegende Buch hoffentlich beweist. Und richtig: Es ist *Fremdbestimmung* – und nicht eigenes Denken der heutigen Menschen. Und weiter:

»... Und schließlich richtet sich meine Darstellung an jene Kreationisten, die über den derzeitigen Stand der Evolutionslehre Bescheid wissen möchten, und sei es auch nur, um besser dagegen argumentieren zu können. Den Ehrgeiz, solche Leser zu bekehren, habe ich nicht, aber ich möchte die stichhaltigen Belege erläutern, deretwegen die Evolutionsbiologie den biblischen Schöpfungsbericht nicht anerkennen kann.«

Die Evolutionslehre ist tatsächlich ein einziger religiös motivierter, krampfhafter Versuch der Widerlegung des biblischen Schöpfungsberichts.

Doch nun zum Inhalt. Mayrs Buch besteht aus vier Teilen: Teil I (Kap. 1-3): Was ist Evolution; Teil II (Kap. 4-7): Wie sind entwicklungsgeschichtlicher Wandel und Anpassung zu erklären?; Teil III (Kap. 8-10): Ursprung und Evolution der biologischen Vielfalt: Kladogenese und Teil IV (Kap. 11-12): Die Evolution des Menschen. Es folgen zwei Anhänge und das Glossar.

Im Glossar (S. 347) wird Evolution wie folgt definiert:

»**Evolution** – Der Vorgang, durch den sich die Welt des Lebendigen nach der Entstehung des Lebens nach und nach entwickelt hat und weiterhin entwickelt.«

Mit Verlaub: Den Begriff Evolution mit demselben Begriff »Entwicklung« zu definieren, kann man vielleicht in der Grundschule noch knapp durchgehen lassen. In einer Definition weitere offene Begriffe wie »Vorgang« zu verwenden, macht die Sache nicht besser. Da fragt man sich doch sogleich: Wie kann man sich mit Leuten auf sachlich-argumentationslogischer Ebene auseinander setzen, die noch nicht einmal den zentralen Begriff ihrer eigenen Theorie zu definieren vermögen?

Und was bitte ist »die Welt des Lebendigen«? Und was sollen Selbstverständlichkeiten, wie die, dass sich die Welt des Lebendigen erst *nach* der Entstehung des Lebens entwickelte? Wohl kaum konnte sich eine Welt des Lebendigen vor der Entstehung des Lebens entwickeln! Und seit wann beginnt nach der Evolutionstheorie die Entwicklung erst nach der Entstehung des Lebens? Und wie entstand dann das Leben?

Und was ist überhaupt das Leben? Danach sucht man im Glossar vergeblich. Stattdessen stößt man auf Seite 349 auf:

»**Lebendes Fossil** – Biologische Art, die bis <u>heute</u> erhalten geblieben ist, obwohl <u>alle ihre Zeitgenossen</u> schon vor mindestens 50 bis 100 Millionen Jahren <u>ausgestorben</u> sind«.

Das lebende Fossil dürfte heute ziemlich einsam sein ...

Interessant ist im übrigen, dass eine der zentralen »Erkenntnisse« Darwins, nämlich die Population als angebliche »Einheit der Evolution« (so z.B. S. 25), im Glossar nicht definiert wird.

Doch nun zu den einzelnen Kapiteln:

In **Kapitel 1** (In was für einer Welt leben wir?) schreibt Mayr allgemein über den Aufstieg der Evolutionstheorie mit der Erkenntnis, dass wir in einer Welt der Veränderungen leben. – Gut beobachtet.

In diesem Kapitel finden sich Sätze wie (S. 25):

»Evolution schafft Ordnung.«

Da reibt man sich verwundert die Augen: »Entwicklung« *schafft* also etwas! Und erst noch *Ordnung*! Abgesehen vom inhaltlichen Unsinn der Aussage ist insbesondere die *Personifizierung* des theoretisch-abstrakten Begriffs der Evolution interessant. Solche Sätze hört man von Evolutionisten immer wieder, z.B. »die Natur bringt hervor«, oder noch besser: »... hat geschaffen«. Die Evolution oder die Natur wird dabei einfach zum Platzhalter für Gott, ein *Götze*! Diese Rhetorik – ob bewusst oder unbewusst – macht deutlich, dass die Menschheit mit der Evolutionslehre wieder ins Stadium einer *Naturreligion* gefallen ist. Zu deren Prophet Darwin und zum Darwinismus liest man (S. 25 f):

> »... Der eigentliche Übergang von dem Glauben an eine statische Welt zur Evolutionslehre wurde am 24. Novem-ber 1859 ausgelöst, als Charles Darwins Werk *On the Origin of Species* (*Die Entstehung der Arten*) erschien. ...
> Dieses Ereignis war vielleicht der größte geistige Umbruch in der Menschheitsgeschichte.«

Die Darstellung erinnert fast ein wenig an den Empfang des Korans. Die Ausgabe des Buches wird zum *Ereignis* hoch-stilisiert. Etwas Übernatürliches widerfuhr den Menschen. Und zwar genau am 24. November 1859. Und Darwin war der Vermittler. Es gab in der Menschheitsgeschichte nur ein Vor- und ein Nachher. Es gab die Welt vor Darwin und seinem Buch. Und es gab sie danach. Auf geistiger Ebene war nichts mehr wie früher. Mit Darwin war ein *neues Heilszeitalter* eingetreten, das der *Erlösung vom Schöpfergott*. – Etwas eigenartig mutet es allerdings an, wenn ein ausgesprochener Materialist wie Mayr bei der Geburt seiner Ideologie ausgerechnet einen *geistigen* Um-bruch der Menschheitsgeschichte ins Spiel bringt ...

In **Kapitel 2** werden die »Belege« der Evolution aufgezählt: *Fossilfunde* (S. 31 ff.) werden zwar als Hauptbelege für Evolution angegeben. Die Befunde der Paläontologie widerspiegelten aber gemäß Mayr nicht den erwarteten stetigen Wandel der Vorläuferformen zu Nachkommen.

»Stattdessen tun sich in fast allen Abstammungsreihen Lücken auf. ... Das führt zu einer schwerwiegenden Frage: Weshalb spiegelt sich in den Fossilfunden nicht der allmähliche Wandel wider, den man auf Grund der Evolution erwarten würde?«

Abgesehen davon, dass nicht die Evolution, sondern die *Theorie* dies erwarten lässt, überzeugt die Antwort überhaupt nicht: Mayr verweist darauf, dass schon Darwin auf einer unvorstellbar *großen Lückenhaftigkeit* der Fossilfunde beharrt habe! – Hier wird also der Beweis mittels vermuteter Lücken geführt. Lücken und Vermutungen taugen nun aber nicht als Beweis! Mayr macht mit dem Eingestehen der Lückenhaftigkeit der erwarteten Indizienkette allmählich veränderter Lebewesen den besten, im Grunde den *einzigen* »Beleg« für die (Makro-)Evolutionstheorie gleich selbst zunichte.

Ähnlichkeit des Körperbaus (Morphologie, S. 42 ff.) wird als Beleg für Verwandtschaft bzw. gemeinsame Abstammung der Lebewesen aufgeführt, ohne Hinweis darauf, dass es sich bereits um die *Interpretation* der Formen heutiger Lebewesen sowie hauptsächlich der vorgenannten Belege, also der Fossilien, handelt, die ja nach eigener Darstellung sehr unvollständig sind.

Unterstellt man tatsächlich einmal eine Abstammung von ähnlich aussehenden Lebewesen, steht damit noch überhaupt nicht fest, wer von wem stammt. Aufgrund von äußerer Ähnlichkeit kann der Mensch vom Affen, geradeso gut der Affe aber auch vom Menschen abstammen. Die Tendenz der Entwicklung steht damit nicht fest.

Bei auch nur einigermaßen objektiver Betrachtung erkennt man im übrigen, dass dieser »Beleg« gerade einmal so weit wie die Ähnlichkeit des Körperbaus reicht – aber nicht weiter! Unvoreingenommene vergleichende Morphologie lässt nur den Schluss *gegen* die durchgehende Verwandtschaft der Lebewesen und gegen die Theorie der Makroevolution zu! Wer argumentiert, weil sich etwas ähnlich sehe, müsse es verwandt sein, muss umgekehrt auch dazu stehen, dass unähnliche Lebewesen *nicht* verwandt sind.

Dieser logische Schluss wird von Mayr nicht gezogen. Ganz im Gegenteil versucht er die Beobachtung mit einer zirkelschlüssigen Theorie zu überspielen. So schreibt er zur Überwindung der Typenlehre, wonach alle Lebewesen von mehreren unveränderlichen und unabhängigen Archetypen abstammen, S. 45:

»... Richard Owen, ein auf Typologie spezialisierter Morphologe, bezeichnete solche Strukturen als »homolog« und definierte sie als »das gleiche Organ bei verschiedenen Tieren in allen Abwandlungen von Form und Funktion«. Das ließ natürlich viel Spielraum für die Entscheidung, ob es sich bei zwei Strukturen um »das gleiche Organ« handelte. Dieses Problem löste Darwin: Er bezeichnete Merkmale zweier Lebewesen als homolog, wenn sie durch Evolution aus einem entsprechenden Merkmal des letzten gemeinsamen Vorfahren der beiden Arten hervorgegangen waren.«

Ob Mayr dabei wirklich nicht merkt, dass das Problem der Homologie so überhaupt nicht gelöst ist, mit der bloßen Bezeichnung von Merkmalen als homolog und einem angehängten

Zirkelschluss? Mit Homologie will man die Evolutionstheorie beweisen (besser: erklären). Mit der Evolutionstheorie wird Homologie definiert. Noch unerklärlicher wird das Vorgehen, wenn man zwei Seiten weiter hinten liest:

>>Beweisen kann man die Homologie nicht; sie bleibt immer eine Vermutung.<<

Was soll man dazu noch sagen? Hier wird der Beweis mittels Vermutung und Zirkelschlüssen geführt. Und darauf basiert eine ganze Wissenschaft, die sich erst noch als empirische betrachtet.

Weiter mit den >>Belegen<<:

Embryologie, *Rekapitulation* und *rudimentäre Strukturen* (S. 47 ff.) sind alles andere als Fakten oder Beweise. Es geht auch dabei um – sehr spekulative – *Interpretationen* von Daten: Aufgrund der angeblich ähnlichen Physiognomie von Embryos wird auf Verwandtschaft der Lebewesen geschlossen. Die Embryonalentwicklung sei eine Rekapitulation der Makroevolution. Der Blinddarm des Menschen, die funktionslosen Augen von Höhlentieren etc. seien Belege für Entwicklung.

Unter fortschrittlichen Biologen sind sie als >>Belege<< für Evolution längst überholt. Selbst Mayr muss einige Fragezeichen stehen lassen. Logisch halten die >>Belege<<, oder besser: die Interpretationen einer Überprüfung nicht stand: Die Embryonen der verschiedenen Lebewesen sind sich nicht ähnlich, nur weil sie klein und deshalb von bloßem Auge schwer vergleichbar sind. Aufgrund der modernen Technik sowie der Molekularbiologie steht fest, dass sich Embryonen verschiedener Lebewesen deutlich unterscheiden und jedes Lebewesen bereits in diesem Stadium vollständig individualisiert ist. Der Vergleich der Entwicklung des Embryos mit Makroevolution, also der Höherentwicklung durch Informationszunahme, ist nicht haltbar. Die befruchtete Eizelle enthält die *ganze* Information des entstandenen Menschen oder Lebewesens. Der Mensch oder das bestimmte Lebewesen entwickelt sich dann *als* Mensch oder als Maus oder als Elefant und *nicht zum* Menschen oder zur Maus oder zum Elefanten (vgl. Reinhard Junker, Leben durch Sterben?, Hänssler-Verlag Neuhausen/Stuttgart, S. 74 ff., mit Hinweisen). Ebenso ist im übrigen die ganze Information des Schmetterlings bereits in der Raupe enthalten, inklusive der »Software« für den äußerst komplexen Verpuppungsvorgang.

Unglaublich ist, dass Mayr im Jahr 2003 noch immer die längst schon als gefälscht entlarvte Embryonen-Tabelle von Haeckel aus dem Jahr 1870 auftischt (S. 48). Dabei weist er wenigstens darauf hin:

> »Haeckel hatte geschwindelt, indem er Hundeembryos anstelle der menschlichen verwendet hatte.«

Mit dieser – für sich schon skandalösen – halben Wahrheit verdeckt Mayr allerdings den weiteren Betrug der Manipulation der Zeichnungen durch Haeckel (starke Vereinfachungen und Schematisierungen; vgl. dazu R. Junker/S. Scherer, Evolution, ein kritisches Lehrbuch, 4. A., Weyel Lehrmittelverlag Giessen, Kap. V.10, S. 180).

Fälschungen kommen in der Wissenschaft immer wieder vor (vgl. Erster Teil). Das ist nicht einmal so entscheidend. Viel bedeutender sind die Motive hinter den Fälschungen. Was will der Wissenschaftler damit erreichen? Weshalb tut er so etwas? Ab und zu dürfte Geld, öfter wohl Prestige eine Rolle spielen. Haeckel dagegen scheint, wie viele Evolutionisten, von einem *religiösen Sendungsbewusstsein* ergriffen gewesen zu sein, die »Segnungen« des Darwinismus im deutschen Sprachraum zu verbreiten. Und heutige Evolutionisten treten diesen längst aufgedeckten Betrügereien nicht entschieden entgegen, sondern verwenden die Fälschungen weiter! Weshalb?

Bleiben noch die rudimentären Strukturen: Sie lassen Schlüsse auf eine *Degeneration* zu, nicht aber auf eine Höherentwicklung. Mayr selbst spricht von »zurückgebildet«, von Verlust der Funktionen und von Abbau der Strukturen (S. 51). Inwiefern er damit Makroevolution, also die Höherentwicklung beweisen will, ist schleierhaft.

Trotzdem schließt er:

»Diese drei Phänomene – Ähnlichkeit der Embryonen, Rekapitulation und rudimentäre Strukturen – werfen für jede kreationistische Erklärung unüberwindliche Schwierigkeiten auf, stehen aber vollständig im Einklang mit der Erklärung der Evolution, ...«

Ähnlichkeiten von Lebewesen inklusive Embryonen lassen auf einen einzigen Schöpfer schließen, welcher in seiner Weisheit eine äußerst komplexe, funktionierende, in sich abgestimmte, symbiotische Natur erschaffen und der Entwicklung Grenzen gesetzt hat, um die Kompatibilität innerhalb der Natur und damit die notwendigen Interaktionen zu bewahren. Rudimentäre Strukturen sind ein Beleg für Degeneration. Er stimmt mit der behaupteten Seitwärts- und Tieferentwicklung der Kreationisten überein, nicht aber mit der behaupteten Höherentwicklung der Evolutionisten. So viel zu den »unüberwindlichen Schwierigkeiten« für die kreationistischen Erklärungen.

Der weitere Beleg der **Biogeografie** (S. 51 ff.) ist ebenfalls reine Interpretation von vermuteten historischen Abläufen. Sie lassen Schlüsse auf *Mikroevolution*, also Spezialisierung bis zur Unterartbildung zu, nicht aber auf eine Höherentwicklung. Einige Erklärungen passen genau so gut in ein kreationistisches Modell, wie etwa die Auseinanderentwicklung von Unterarten aufgrund des Auseinanderbrechens der Kontinente. Die Ausbreitung gleicher Tierarten und ihrer Unterarten hat zunächst an sich nichts mit Evolution zu tun. Dass sich abgespaltete Bestände einer Art aufgrund der eingeschränkten Rahmenbedingen und unterschiedlicher Umweltbedingungen auseinander entwickeln, ist dagegen unbestrittenermaßen ein Beleg für Mikroevolution. Aus einem Kamel ist deshalb aber noch nie ein Pferd geworden. Die Begründung mit Zirkelschlüssen zeigt das krampfhafte Bemühen, Selbstverständlichkeiten für sich und gegen die Kreationisten ins Feld zu führen. So wird die Evolutionstheorie immer wieder vorausgesetzt, um die »Belege« der Evolution als solche zu deuten. So etwa (S. 52):

»... Wenn man eine ununterbrochene Evolution unterstellt, muss zwischen den heute getrennten Gebieten ein Zusammenhang bestehen; ... Damit liefert die Evolutionstheorie die Erklärung für viele zuvor verwirrende Beobachtungen.«

Gemeint ist damit die Erklärung der Ähnlichkeit, der Auseinanderentwicklung und der Lückenhaftigkeit der Verteilung von Tierarten auf den Kontinenten mit der Wanderung über heute nicht mehr vorhandene Kontinentalbrücken und selbst übers Wasser (mittels Treibholz etc) sowie dem Aussterben zum Beispiel der Kamele in Nordamerika. Inwiefern diese Erklärung spezifisch evolutionstheoretisch sein soll, ist nicht klar, auch wenn Mayr zuletzt meint (S. 56):

»Für Kreationisten ist eine solche unregelmäßige Verbreitung nicht rational zu erklären, mit einer historischen evolutionsorientierten Begründung dagegen steht sie völlig im Einklang.«

Herr Mayr will offenbar einfach nicht wahrhaben, dass auch Kreationisten an eine Evolution glauben, bloß nicht an eine schrankenlose aus gemeinsamer Abstammung, mit neuen Strukturen und zunehmender Komplexität. Für die Besiedelung der Erde mit unregelmäßiger Verbreitung und Unterartbildung haben Kreationisten die gleichen Erklärungen wie Evolutionisten. Sie stehen in Einklang mit dem biblischen Bericht über die Arche Noah und den gewaltigen Naturkatastrophen bei und nach der Sintflut.

Der letzte von Mayr aufgeführte »Beweis«, der *molekularbiologische Beleg* (ab S. 56), ist ebenso untauglich als Beweis oder Indiz für Makroevolution, da es erneut um reine *Interpretation* von Daten und vielfach um Spekulation geht. Zirkelschlüssig wird aus Ähnlichkeit auf Verwandtschaft und Abstammung geschlossen oder umgekehrt:

> »Je enger zwei Lebewesen verwandt sind, desto ähnlicher sind sich, insgesamt betrachtet, auch ihre Moleküle.«

Ebenso dogmatisch:

> »Gene – oder genauer gesagt: die Struktur der Moleküle, aus denen sie bestehen – unterliegen genau wie makroskopische Strukturen dem entwicklungsgeschichtlichen Wandel.«

Dabei lässt man außer acht, dass eine hochkomplexe Welt, in der alles miteinander verwoben und voneinander abhängig ist und vieles sich gegenseitig »frisst«, notwendigerweise aus ähnlichen Stoffen bestehen muss (es gibt nur eine begrenzte Anzahl chemischer Elemente!), die sich gegenseitig vertragen und kompatibel sein müssen und sich deshalb nicht grenzenlos verändern dürfen. Damit z.B. wir Menschen Nahrung aufnehmen und verwerten können, muss diese auch heute noch »verwandt« mit uns sein, ohne dass wir deshalb von der Banane oder von der Kuh abstammen oder denselben Vorfahren haben müssen.

Wie schon die Morphologie gibt die Ähnlichkeit der Moleküle keinen Hinweis auf Abstammung und schon gar nicht auf die Richtung dieser Abstammung. Statt dass sich der Einzeller zum Menschen entwickelte, hätte der Mensch geradeso gut als erster da gewesen sein können; und die Papageien, Bananen und Einzeller wären dann alle degenerierte Menschen.

Die Interdependenz zahlloser Lebewesen unter sich und selbst mit der unbelebten Materie auf eine Millionen oder gar Milliarden Jahre zurückliegende gemeinsame Abstammung in einer sich schrankenlos verändernden Welt zurückzuführen, ist weit spekulativer und widerspricht den heute beobachtbaren, noch weitgehend abgestimmten, aber immer mehr verfallenden Strukturen weit weniger, als sie einer geplanten, in Grenzen variablen und in sich kompatiblen, aber leider gefallenen Schöpfung zuzuordnen.

Im übrigen steht fest, dass alle experimentell nachgewiesenen Mutationsereignisse auf molekularer Ebene sich im Rahmen mikroevolutiver Prozesse bewegen (Junker/Scherer, a.a.O., Kap. IV.7, S. 103), somit die sog. molekularen Stammbäume über die Schranken der Art hinaus wiederum reine Spekulation sind.

Fünf der sechs von Mayr aufgeführten angeblichen »Belege« der Evolution sind somit bestenfalls Interpretationen von Daten, oft reine Hypothesen und nicht selten zirkelschlüssige Unter-Theorien der Evolutionslehre.

An Fakten oder Indizien existieren lediglich die Körperformen der Fossilien sowie die bisher entzifferten Gensequenzen vereinzelter Lebewesen. Die Fossilien sagen als Momentaufnahmen des Todes für sich nichts über das Leben aus. Da sie sehr lückenhaft sind, ist es unmöglich, daraus eine Entwicklung von Lebewesen über Jahrmillionen zu belegen. Die Gene hat die Wissenschaft zwar teilweise entziffert, jedoch längst noch nicht verstanden. Diese Daten (Fossilien und Gene) bilden nüchtern betrachtet *noch nicht einmal den Ansatz* einer Indizienkette zum

Beweis der Theorie der gemeinsamen Abstammung aller Lebewesen. Da hilft auch nicht, wenn Mayr zum Schluss des Kapitels in gewohnt evolutionistischer Manier ausführt:

»Wie in diesem Kapitel dargelegt wurde, liefern alle Teilgebiete der Biologie unwiderlegbare Belege für die Evolution.«

»Unwiderlegbare Belege« ist ein Pleonasmus. Widerlegbare Belege gibt es gar nicht. Wohl unbewusst bringt Mayr mit dieser irrationalen Wendung die bereits dargelegte, oft fast zwanghaft oder zumindest verkrampft anmutende Vermischung von Theorie und Empirie der Evolutionisten zwecks Widerlegung der Kreationisten zum Ausdruck. Irgendwie merkt Mayr wohl selbst, dass er fast ausschließlich nicht Belege oder Daten, sondern Interpretationen von Daten (Fossilien und Gene) vorgestellt hat, will das aber nicht eingestehen, sondern im Gegenteil mit einem rhetorischen Überfluss überdecken.

Wie jede Beurteilung sind auch die von ihm vorgestellten Schlüsse logisch überprüfbar und widerlegbar und können so lange nicht als Beweis gelten, als sie sich nicht zu einem Erfahrungssatz verdichten. Keine der vorgenannten Interpretationen ist experimentell als Gesetz nachgewiesen. Bei einigen handelt es sich sogar um den Daten (verschiedene Formen) offensichtlich widersprechende und damit höchst unplausible Hypothesen.

Kapitel 3 handelt vom »Aufstieg des Lebendigen«. Mayr stellt die Frage (S. 63):

»Wie kann unbelebte Materie plötzlich lebendig werden?«

Dann weist er auf Spekulationen Darwins hin, kann aber keine Antwort geben, sondern wendet sich der Entwicklung der Lebensvielfalt zu (S. 66 ff.), um auch dort auf die Uneinigkeit der

Evolutionsforscher zu verweisen und auf Seite 74 zur Stammes-
geschichte der Tiere festzuhalten:

>Fast alle diese Stämme tauchen am Ende des Präkamb-
riums und zu Beginn des Kambriums, das heißt vor etwa
565 bis 530 Millionen Jahren, bereits <u>in voll ausgeprägter
Form</u> auf. Man hat <u>keine Fossilien gefunden, die zwischen
ihnen stehen, und auch heute gibt es keine solchen Zwischenformen.</u> Die Stämme <u>scheinen</u> also durch <u>unüber-
brückbare Lücken</u> getrennt zu sein.«

Kreationisten bedanken sich für diese klaren Aussagen. Der
evolutionistische Dogmatismus scheint allerdings beim Wort
»scheinen« durch. Mayr muss sich wenigstens rhetorisch ein
Hintertürchen für die nicht beobachtbare Makroevolution offen
halten.

Kapitel 4 hat die Überschrift: Wie und warum findet Evolution statt? Darin setzt sich Mayr kurz mit den bibelgläubigen
Verzögerern auseinander, welche den Durchbruch der Theorie
Darwins behinderten, wie auch weitere Philosophen, welche der
sog. Typenlehre (unveränderliche Klassen aller Naturphänomene)
anhingen. Eine klare Antwort auf die Frage im Titel sucht man
vergebens.

Kapitel 5 bis 9 behandelt die *Mikroevolution* (mit den Titeln:
Evolution durch Variation, Natürliche Selektion, Angepasstheit und
natürliche Selektion: Anagenese, Die Einheit der biologischen
Vielfalt: Arten sowie Artbildung). Die zum Teil dogmatischen, zum
Teil konfusen bis abstrusen, zum Teil widersprüchlichen und
zirkelschlüssigen Ausführungen interessieren hier wenig, da
Kreationisten Mikroevolution als Variation in den Artgrenzen (so
auch Mayr, im Glossar, S. 350) ebenfalls anerkennen.

Immerhin sei als Beispiel für Mayrs Argumentationskunst
etwa die Doppel-Ursache der *Variation* erwähnt (S. 119): Zum

einen die sexuelle Fortpflanzung (wo zwei unterschiedliche Genotypen verschmelzen, Rekombination) und zum andern die »*Variation* des Phänotyps« (also der individuellen Reaktion auf die Umwelt). Variation verursacht also Variation ...

Ebenso aufschlussreich ist folgende Feststellung (S. 128):

»In jeder <u>räumlich begrenzten</u> Population, die <u>nicht sehr stark isoliert</u> ist, wird der Genbestand <u>erheblich</u> durch <u>Zu- und Abwanderungen von Genen</u> beeinflusst, das heißt durch den Austausch mit anderen Populationen <u>derselben</u> Spezies.«

Versteht irgendjemand diese Aussage?

Population ist gemäß der Theorie die Evolutionseinheit innerhalb einer Spezies (S. 104):

»Eine lokale Population (ein *Dem*) besteht aus den Individuen einer biologischen Art in einem bestimmten geographischen Gebiet (...), die sich potenziell untereinander kreuzen können.«

Man fragt sich aufgrund vorstehender Aussage: Ist die Population nun eine Einheit und *räumlich begrenzt* oder ist sie doch nicht sehr stark isoliert, also *räumlich nicht begrenzt und damit keine Einheit*? Und lösen nicht gerade die zu- und abwandernden Gene die Populationen als Einheiten auf, erst recht, wenn sie deren Genbestand sogar *erheblich* beeinflussen? Die so dargestellte Evolutionseinheit erscheint auf einmal ziemlich ausgefranst.

Verwirrend sind auch die nachfolgenden Aussagen zur *Finalität* der Evolution. Zunächst S. 137:

»Jedes Individuum besitzt eine einzigartige Kombination der elterlichen Gen-Ausstattungen, und der von diesem

Genotyp (...) erzeugte Phänotyp ist normalerweise das eigentliche Ziel der natürlichen Selektion ...«

Und S. 151:

> Ein Selektionsprozess hat ein konkretes Ziel: Er stellt fest, welches der »beste« oder »geeignetste« (fitteste) Phänotyp ist.«

Erstaunlich, dass Mayr einem theoretisch-abstrakten Begriff ein konkretes, praktisches *Ziel* zuordnet und diesem kaum fassbaren Prozess gar *Feststellungen* zutraut, die kein Forscher der Welt erbringen könnte. Und dies, nachdem er sich andernorts vehement gegen jeden Finalismus der Evolution ausspricht, so z.B. auf S. 109 und bereits wieder auf S. 154:

> »Auch eine andere verbreitete irrige Ansicht muss ausge-räumt werden: Selektion ist nicht teleologisch. Wie könnte ein Beseitigungsprozess zielgerichtet ablaufen? ... Man kennt auch keinen genetischen Mechanismus, der zu zielgerichteten Evolutionsprozessen führen könnte. Die Orthogenese und andere angeblich teleologischen Mecha-nismen wurden gründlich widerlegt (siehe Kapitel 4).
>
> Man kann es auch anders ausdrücken: Evolution ist nicht deterministisch.«

Die Theorie löst sich in nichts auf. – Ende Finalismus. Ende Determinismus. Ende Mechanismus. Ende Evolutionismus.

Interessant sind auch die Aussagen zur sog. *Angepasstheit* (S. 187):

> »... Eine Eigenschaft eines Lebewesens ist angepasst, wenn sie unter den vielgestaltigen Populationen der Vorfahren

begünstigt war und deshalb nicht beseitigt wurde. Die Beseitigung der weniger gut angepassten Lebewesen führt dazu, dass die besser angepassten Individuen überleben.«

Also waren die Angepassten bereits begünstigt. Oder waren es vielleicht doch die Begünstigten, die bereits angepasst waren? Und wie lautete die Frage zum Finalismus doch gleich wieder: Wie könnte ein Beseitigungsprozess zielgerichtet ablaufen? Müsste man da nicht ebenso fragen: Wie kann ein Beseitigungsprozess zu irgendetwas Positivem führen, wie etwa zum Überleben der nicht Beseitigten?

Wie dem auch sei, fest steht, dass die Überlebenden bereits besser angepasst sind und die *Selektion* der anderen dafür offensichtlich *nicht kausal* ist.

Weiter S. 188 f.:

»Man muss immer daran denken, dass Anpassung kein teleologischer Vorgang ist, sondern das im Nachhinein festgestellte Ergebnis der Elimination (oder sexuellen Selektion). ...

Richtig angewandt, bezeichnet »Anpassung« eine Eigenschaft eines Lebewesens, sei es ein Körperteil, ein physiologisches Merkmal, eine Verhaltensweise oder irgendetwas anderes, das ein Organismus besitzt und das von der Selektion gegenüber anderen Merkmalen begünstigt wurde. Falsch wurde der Begriff aber auch für den Vorgang verwendet, der zum aktiven Erwerb des begünstigten Merkmals führte. ...

Für den Darwinisten ist Anpassung etwas, das man ausschließlich im Rückblick betrachten kann, ... In jeder Generation sind alle Individuen, die den Prozess der Beseitigung überleben, de facto »angepasst«, ... Die Beseitigung hat aber nicht den »Zweck« oder das »teleologische Ziel«, Anpassung zu erzeugen; die Anpassung ist viel mehr das Nebenprodukt der Beseitigung.

... Viele Anpassungen erlangen durch den Funktionswechsel eine ganz neue Bedeutung, ... Der Vorgang der Anpassung ist ausschließlich passiv.«

Anpassung ist also eine *Eigenschaft, die als Nebenprodukt des passiven Vorgangs der Beseitigung begünstigt richtig angewandt ausschließlich rückblickend betrachtet durch einen Funktionswechsel eine ganz neue Bedeutung erhält* ... – Das Fehlen einer klaren Linie in der Theorie der Mikroevolution hat bei Evolutionisten Methode. Der Grund dafür wird in der abschließenden Beurteilung erörtert (nachstehend Ziff. II.).

In **Kapitel 10** befasst sich Mayr mit der *Makroevolution*, der Entwicklung über die Artgrenzen hinaus oder (Glossar, S. 350):

»... oberhalb der Ebene der biologischen Art; Entstehung höherer Taxa und entwicklungsgeschichtlicher Neuerungen, beispielsweise neuer Körperbaupläne.«

Man beachte die Pläne, die bekanntlich zufällig entstanden sind. Das Kernstück der Evolutionstheorie ist der Tiefpunkt der Argumentationslogik im Buch. Darin findet man – außer Hypothesen – nur gerade zwei Beispiele von »belegter« Evolution: Die Antibiotika-Resistenz von Bakterien sowie die Veränderungen der Drosophila-Fliege im Experiment, beides Beispiele für *Mikro*evolution, das zweite erst noch aufgrund intelligent gesteuerter Eingriffe.

Aus diesem für den Evolutionismus mit der Kernthese der gemeinsamen Abstammung entscheidenden Kapitel werden nachstehend längere Textabschnitte zitiert und analysiert (Ziff. 2.).

Kapitel 11 behandelt die angebliche Evolution des Menschen (vgl. dazu auch nachstehend C.II.). Dass das »hochentwickelte

Tier« Mensch in einem Buch über die Evolutionstheorie ein eigenes Kapitel erhält, ist bemerkenswert. Daraus folgende Zitate, die für sich und gegen die Evolutionslehre sprechen (S. 287 ff.):

> **»Welche Belege sprechen für die Abstammung des Menschen vom Primaten?**
>
> Kein gebildeter Mensch zweifelt heute noch daran, dass wir von Primaten und insbesondere von Menschenaffen abstammen. Die Belege für diese Erkenntnisse sind schlicht überwältigend; ...
>
> **Anatomische Belege.** ... Die wenigen ausschließlich menschlichen Merkmale betreffen die Proportionen von Armen und Beinen, die Beweglichkeit des Daumens, die Körperbehaarung, die Hautpigmentierung und die Größe des Zentralnervensystems, insbesondere des Vorderhirns.
>
> **Fossilfunde.** ... Bis heute hat man keine Fossilien aus der Zeit vor sechs bis acht Millionen Jahren gefunden, in der das eigentliche Aufspaltungsereignis stattgefunden hat, ...
>
> **Molekulare Evolution.** ... Man kann tatsächlich feststellen, dass die Moleküle des Menschen denen der Schimpansen ähnlicher sind als vergleichbaren Molekülen aller anderen Lebewesen, ...
>
> ... Die überwältigenden Beweise in Frage zu stellen wäre völlig sinnlos.
>
> ...«

Also nur die Ungebildeten zweifeln noch. Überwältigende Belege. Und überwältigende Beweise. Und sinnlos, völlig sinnlos diese in Frage zu stellen.

Ja, wirklich, S. 291 f.:

»Wie rekonstruiert man den Weg vom Affen zum Menschen? ...

Leider erwies es sich aber als äußerst schwierig, die Schritte der Menschwerdung zu rekonstruieren. Zunächst einmal stammten die ersten Fossilien, die man fand, aus der jüngsten Zeit. Der Weg der Rekonstruktion verlief also nicht vom Affen zum Menschen, sondern vom Menschen rückwärts zum Affen. Noch verwirrender war, dass es sich als völlig unmöglich erwies, die erwünschte, bruchlose Kontinuität nachzuweisen. ...

Welche Belege liefern die Fossilien heute?

Leider kennt man aus der Zeit vor sieben bis 13 Millionen Jahren bis heute keine Fossilien von Hominiden – und auch keine von Schimpansen. Das Aufspaltungsereignis zwischen den Abstammungslinien von Hominiden und Schimpansen ist also nicht belegt. Ferner sind auch noch die meisten Hominidenfossilien recht unvollständig. ... Die Rekonstruktion der fehlenden Teile ist zwangsläufig subjektiv. Seit den Anfängen der Humanpaläontologie überwog die Neigung, jedes Fossil mit dem *Homo sapiens* zu vergleichen. ...

Ein allgemeines Buch über die Evolution wie das vorliegende kann nicht das Pro und Kontra aller Deutungen umstrittener Hominidenfunde erörtern (und mehr oder weniger umstritten sind praktisch alle!). ... Ich habe mir unter den vielen Interpretationen diejenige ausgewählt, die mir mit der größten Wahrscheinlichkeit richtig zu sein scheint. Dabei muss klar sein, dass die Zuordnung aller Fossilien in meiner Beschreibung vorläufigen Charakter hat. Jeder neue Fund kann die Lage tief greifend verändern. ... Wichtig ist in dieser verwirrenden Situation, dass man nichts für gesichert hält. ...«

Wie war das doch gleich noch mit den gebildeten Menschen und den Zweifeln? ...

Die Mär von der nahen Verwandtschaft des Schimpansen und des Menschen hat im übrigen einen tüchtigen Dämpfer erhalten. In einem Artikel in der NZZ vom 2.6.2004 (unter Verweis auf Nature 429, 354/355, 382-399 (2004)), mit dem Titel »**Der Unterschied zwischen Schimpanse und Mensch**«, steht:

> »Der »kleine Unterschied« zwischen dem Erbgut (Genom) des Schimpansen und jenem des Menschen ist offenbar weitaus größer als bisher angenommen. ... Bis dato ging die Fachwelt aufgrund von Schätzungen sowie unvollständigen Vergleichen davon aus, dass sich Mensch und Schimpanse in maximal 2 Prozent ihres Erbgutes unterscheiden. ... Die neue Arbeit kann nun uns Menschen – oder zumindest diejenigen, die uns gerne als Krone der Schöpfung sehen – beruhigen, denn offenbar wurde bisher auf der falschen Ebene verglichen. Zwar kommt auch die neue Studie zum dem Schluss, dass sich nur 1,44 Prozent unserer Erbgutsequenz von jener des Schimpansen unterscheiden. Doch zusätzlich zu diesen Sequenzunterschieden haben die Wissenschaftler ... rund 68000 Genomabschnitte ausgemacht, die entweder nur im menschlichen oder nur im Schimpansen-Chromosom vorhanden sind. ... Wenn man nun in Betracht ziehe, dass nur zwei Chromosomen miteinander verglichen worden seien, und die gefundenen Unterschiede auf das gesamte Genom hochrechne, so sei anzunehmen, dass sich Mensch und Schimpanse in Tausenden von Genen unterschieden, ... Dies sei eine völlig unerwartete Größenordnung. Der angeblich winzig kleine genetische Unterschied zwischen Mensch und Schimpanse ist demnach in Tat und Wahrheit also doch ein mittelgroßer.«

Kapitel 12 ist mit »Aktuelle Themen der Evolutionsforschung« überschrieben. Die folgenden Passagen (S. 324 f.) sprechen erneut weitgehend für sich – und gegen die Evolutionslehre:

> »... Die Fossilfunde, die Aufschluss über frühere Evolutionsereignisse geben, sind nach wie vor bedauerlich unvollständig – dies wird an den Hominidenfossilien besonders deutlich. Fast jeden Monat wird irgendwo auf der Welt eine neues Fossil gefunden, das die Antwort auf eine alte Frage gibt oder eine neue aufwirft. Und das Auf und Ab früherer Lebensgemeinschaften führt zu unzähligen Fragen nach den Ursachen des Massenaussterbens sowie nach dem Schicksal der verschiedenen Abstammungslinien und höheren Taxa. Selbst auf diesem vorwiegend deskriptiven Niveau herrscht immer noch große Unkenntnis. Aber auch in vielen Aspekten der Evolutionstheorie bestehen noch Unsicherheiten.
>
> ...

Bedauerlich ist die Unvollständigkeit der Fossilfunde nur für jemanden, der seine Lebensphilosophie aus Steinen zusammenbastelt. Sonst ist das ja nicht so tragisch. Wie auch immer: Fest steht, dass selbst auf dem deskriptiven (beschreibenden) Niveau der Evolutionswissenschaft große Unsicherheit herrscht. Die Wissenschaftler haben m.a.W. nur schon mit der Darstellung ihrer Phantasien über die Vergangenheit Mühe, weil die Fakten einfach kein einheitliches Bild im Rahmen ihres Dogmas der gemeinsamen Abstammung aller Lebewesen zulassen. Man fragt sich, was denn eine ganze Wissenschaft bei so großer Unkenntnis noch zu beschreiben hat. Wäre es nicht redlicher, die Zusammenhänge dieser Unkenntnisse mit den Unsicherheiten der Evolutionstheorie zu erklären?

All diese ungelösten Rätsel scheinen letztlich auf den Aufbau des Genotyps zurückzugehen. ... Zwischen den Genen eines Genotyps bestehen also höchst komplizierte Wechselbeziehungen. Wegen dieser vielen Wechselwirkungen zwischen allen Genen unterliegt ein solches System engen Beschränkungen. ...

Manchen Vermutungen zufolge waren die Genotypen in der Frühzeit der Metazoen weniger stark eingeschränkt, sodass sich im späten Präkambrium oder im frühen Kambrium ... nicht weniger als 70 oder 80 neue Körperbaupläne entwickeln konnten. Von ihnen sind heute rund 35 übrig, und keiner davon hat sich in den 500 Millionen Jahren seit dem Kambrium in seinen Grundzügen gewandelt. Wie ist eine solche offenkundige, drastische Veränderung der Evolutionsgeschwindigkeit zu erklären? Innerhalb der überlebenden Grundstrukturen gab es jedoch eine bemerkenswerte Vermehrung der Formenvielfalt, beispielsweise bei Insekten und Wirbeltieren.«

Fragen über Fragen und ungelöste Rätsel, die mit Vermutungen beantwortet werden. Wo die Erkenntnisse der Evolutionisten auf Fakten gestützt jeweils etwas sicherer werden, gehen sie – wenn auch mit dogmatisch makro-evolutiv gefärbter Rhetorik – stets in Richtung Mikroevolution, der Veränderung in den Grenzen der Arten.

Weiter S. 325:

»Der Nutzen des Evolutionsdenkens

...

Letztlich erforschen Wissenschaftler die Evolution, weil sie unsere Kenntnisse über dieses Phänomen erweitern wollen, das die Welt des Lebendigen in allen Aspekten beeinflusst.

... Außerdem hat das Evolutionsdenken großartige Einblicke in die Geschichte der Menschheit geliefert. Nichts hat zu unserem Verständnis für typisch menschliche Merkmale wie Geist, Bewusstsein, Altruismus, Charaktereigenschaften und Emotionen mehr beigetragen als entwicklungsgeschichtlich orientierte, vergleichende Untersuchungen am Verhalten von Tieren. ...«

Gott bewahre! Den tierischen Höhepunkt dieser wissenschaftlichen und weltanschaulichen Entwicklung erlebte man von 1933 bis 1945. Vom Darwinismus über den Sozialdarwinismus zum Nationalsozialismus gibt es eine direkte geistige Verbindungslinie. Nach Senn/Geschwend (Rechtsgeschichte II, Juristische Zeitgeschichte, 2. A., Zürich 2004, S. 74) konnten sich die

»... abstrusen Rassenlehren nur auf dem Fundament des zeitgenössischen Naturalismus und Sozialdarwinismus ...«

etablieren. Aus Darwins »Die Abstammung des Menschen und die geschlechtliche Zuchtwahl, 1871", wird zitiert (S. 81):

»... Wir wollen nun diese allgemein angenommenen Grundsätze auf die Rassen des Menschen anwenden und ihn in demselben Sinne betrachten, in welchem ein Naturforscher irgend ein anderes Thier ansehen würde.«

Weiter führen Senn/Geschwend aus (S. 86):

»Ebenso schnell wie *Darwins'* biologische Abstammungs- und Auslesetheorie in Europa aufgenommen und soziologisch umgedeutet wurde – woraus die Weltanschauung des Sozialdarwinismus mit Vertretern in Deutschland wie *Ernst Haeckel* ... entstand – verlief die Rezeption der

166

Rassenlehren bis zu ihrer politisch exzentrischen Umsetzung im Rassismus der 1930er Jahre zügig.«

Zur zuletzt zitierten Aussage von Mayr ist noch folgendes anzufügen: Evolutionisten versuchen die Dimension des Geistes oder des Bewusstseins von einem mechanistischen, geistlosen Weltbild her zu deuten, ein Versuch, der von vornherein zum Scheitern verurteilt ist. Wie soll Geist mit geistlosen Mechanismen gedeutet werden?

Seltsam mutet zudem an, dass die Evolutionisten nach wie vor ihrem mechanistischen Weltbild anhängen, obwohl die propagierten Veränderungen spätestens nach der behaupteten Entwicklung von Geist und Bewusstsein zu einem Umdenken hätten führen müssen.

Das mechanistisch-kausalistische Weltbild der Evolution ist seit der Existenz des menschlichen Geistes *überholt* und sollte längst überwunden sein. Spätestens als es zum ersten Mal *gedacht* wurde, erhob sich der menschliche Geist darüber und *setzte es so außer Kraft.*

Erwiesen hat sich die Loslösung unter anderem mit dem Auftreten von Altruismus, also dem bewussten, willentlichen *Entscheid gegen den* »*normalen Lauf der Dinge*« in der Natur, oder anders ausgedrückt: mit der »Entmechanisierung« der Veränderungen. Das überholte Weltbild des Evolutionismus gehört entsorgt, bevor es noch weiteres Unheil anrichtet!

So viel allgemein zum Buch.

2. Textanalyse zur Makroevolution
Aus Ernst Mayr, Das ist Evolution, 3. A., C. Bertelsmann Verlag, München 2003, S. 231 ff. (Unterstreichungen beigefügt):

»Kapitel 10
Makroevolution

Betrachtet man Evolutionsphänomene im Überblick, so stellt man fest, dass sie sich ohne Schwierigkeiten in zwei Klassen einteilen lassen. Zu der ersten gehören alle Ereignisse und Vorgänge, die sich auf dem Niveau der biologischen Art oder darunter abspielen, wie Variabilität von Populationen, anpassungsbedingte Veränderungen in Populationen, geografische Variation und Artbildung. ... Es ist eine Kategorie, die man zusammenfassend auch als *Mikroevolution* bezeichnen kann; sie wurde in den Kapiteln 5 bis 9 genauer untersucht.

➤ Tatsächlich gibt es im ganzen Buch von Mayr einzig zur Mikroevolution konkretere Aussagen. Selbst diese sind oft unbelegt, konfus bis abstrus, widersprüchlich und zirkelschlüssig. Auch in Kapitel 10 vermischt Mayr die Theorie zur Makroevolution mit Beispielen von Mikroevolution, wie etwa die Resistenzbildung der Bakterien gegen Penicillin (S. 233).

Und wenn er unter Mikroevolution Vorgänge auf dem Niveau der biologischen Art oder darunter versteht, dann dürfte mit der erwähnten geografischen Artbildung innerhalb dieser Kategorie wohl die Unterartbildung gemeint sein, nicht aber das Entstehen neuer Arten. Wie schon mehrfach festgestellt bereitet es einem eingefleischten Evolutionisten offenbar Mühe, klar zwischen verschiedenen Theorien wie auch zwischen Theorie und Beweis zu unterscheiden.

Die zweite Klasse umfasst Vorgänge, die oberhalb der Artgrenze stattfinden, insbesondere die Entstehung neuer höherer Taxa, die Besiedelung neuer Anpassungszonen und im Zusammenhang damit häufig auch der Erwerb evolutionärer Neuerungen wie der Flügel bei Vögeln, die Anpassung an das Landleben bei Vierbeinern oder die Warmblütigkeit bei Vögeln und Säugetieren. Diese zweite

Gruppe von Evolutionsphänomenen nennt man *Makroevolution*.

➤ Merken muss man sich dabei, dass die höheren Taxa *entstehen*. Was genau *höher* an den entstandenen Taxa ist, bleibt offen.

Unklar ist, was mit der »Besiedelung neuer Anpassungszonen« gemeint ist. Was um alles in der Welt sind »Anpassungszonen«? Und was ist neu an den »Anpassungszonen«? Und worin genau besteht der Unterschied zwischen der geografischen Variation gemäß Theorie der Mikroevolution und der »Besiedelung neuer Anpassungszonen«. Und was hat letzteres mit Vorgängen oberhalb der Artgrenze zu tun?

Interessant ist jedenfalls, dass im Zusammenhang mit der Besiedelung dieser »neuen« »Anpassungszonen« häufig (wie häufig? Beispiele?) auch der *Erwerb* von etwas, was man vorher nicht hatte, nämlich *evolutionärer Neuerungen* (ein Widerspruch in sich) wie Flügel stattfindet. Also waren die Vögel zuerst in der Luft und passten sich dann dem Element an, indem sie Flügel bildeten? – Da musste vor dem Absturz eine ziemlich schnelle Anpassung erfolgen, wobei der Anpassungsdruck möglicherweise gleich noch das Blut derart erhitzte, dass kurz vor dem Aufprall die Warmblütigkeit entstand. Das erinnert an den Fisch, welcher sich im Wasser dachte, obwohl er nicht denken konnte, ich gehe mal an Land, obwohl er nicht gehen konnte. Weil er keine Beine hatte, um dahin zu kommen, konnte er, als er da war, nicht mehr zurück gehen, um den anderen zu sagen, obwohl er keine Luft zum Reden hatte, dass er tot war, weil er keine Lungen hatte ...

Die Makroevolution ist ein eigenständiges Teilgebiet der Evolutionsforschung. Neue Erkenntnisse in dieser Disziplin lieferten früher vor allem Paläontologen und Systematiker. In den letzten Jahren lieferte jedoch die Molekularbiologie den wichtigsten Beitrag zu unserem Wissen über die Veränderungen der Makroevolution, ...

➤ Das Wissen über die *Veränderung der Entwicklung der Neuerungen* ...; ja, ja. – Weiß man nun etwas über die Makroevolution selber oder doch nur über die Veränderung der Makroevolution? Wortspielereien? Oder doch vielmehr Unsicherheit über ein Gebiet, auf welchem der Autor ein Leben lang geforscht hat? Merken sollte man sich, dass Makroevolution ein *eigenständiges* Forschungsgebiet ist. – Oder doch nicht?

➤ Die Molekularbiologie hat im übrigen ergeben, dass zwar alle Lebewesen aus sehr ähnlichen Bausteinen (Genen) aufgebaut sind, aber bis heute niemand weiß, weshalb aus diesen ähnlichen Bausteinen so verschiedene Bauten wie Bananen, Ameisen und Menschen entstehen. Man hat m.a.W. erst die verschiedensten Backsteine und Ziegel für das Haus gefunden, oder genauer: das fertige Haus in die einzelnen Elemente zerlegt. Dagegen kennt niemand die Pläne oder den Architekten oder den Bauleiter. Man weiß nicht, wer oder was für den Bau der unterschiedlichen Strukturen aus zum Teil gleichem Material verantwortlich ist. Wer könnte denn dahinter stehen? – Hebräer 3,4:

»*Denn jedes Haus wird von jemand erbaut; der aber alles erbaut hat, ist Gott.*«

Aufrichtige Wissenschaftler gestehen ein, dass die Interaktion zwischen den Genen bzw. das Verhältnis der Gene und der dazugehörenden Funktionen so komplex sein dürfte, dass man es

»wohl nicht einmal beim Tier vollständig verstehen könne, geschweige denn das Gelernte auf den Menschen übertragen«

(NZZ vom 18.1.2005, Seite 14). Unter dem Titel »Die Grenzen des Wissens« wird da auch die Entwicklungsbiologin und Nobelpreisträgerin Christiane Nüsslein-Volhard zitiert:

»Was wir aus den Gensequenzen lernen, ist viel viel weniger, als wir uns einmal vorgestellt hatten.«

Zurück zum Philosophen Mayr:

Von Darwins Zeit bis heute wird hitzig darüber diskutiert, ob die <u>Makroevolution</u> einfach eine ununterbrochene <u>Fortsetzung der Mikroevolution</u> ist, wie Darwin und seine Nachfolger <u>behauptet</u> hatten, oder ob sie, wie seine Gegner <u>annahmen</u>, völlig von der Mikroevolution getrennt ist und <u>mit ganz anderen Theorien erklärt</u> werden muss. Nach diesen <u>Vorstellungen</u> gibt es einen <u>eindeutigen Bruch</u> zwischen den Ebenen der biologischen Art und der höheren systematischen Einheiten.

➤ Die Verfechter der »Bruchtheorie«, welche den Ansichten der Kreationisten näher kommt, interpretieren im Grunde nur die von Mayr aufgezählten angeblichen »Belege« der Evolution konsequent. Insbesondere ziehen sie aus der vergleichenden Morphologie die logischen Schlüsse und halten dort inne, wo die Ungleichheit der Lebewesen auf fehlende Verwandtschaft schließen lässt. Das ist ein den Fakten entsprechendes Vorgehen.

Die Schwelle der offensichtlichen Ungleichheiten dann gegen alle Beobachtung doch noch zu überschreiten, also Ameise, Forelle, Papagei und Elefant für verwandt zu halten, hat mit Belegen, empirischer Forschung und induktiver Argumentation rein gar nichts mehr zu tun, spricht offenkundig gegen die Beobachtung und jede Logik. Es handelt sich dabei um den *gewaltigen, irrationalen*

Glaubenssprung der Darwinisten – und erst noch genau entgegengesetzt zur beobachtbaren Mikroevolution.

Interessant ist weiter, dass die Makroevolution, das Kernstück der Evolutionstheorie, mit »anderen Theorien erklärt« werden muss. Da fragt man sich doch: Womit sollen dann die anderen Theorien erklärt werden? Und womit diese Erklärungen? Und womit sollen all die Erklärungen bewiesen werden?

Dass die Kontroverse bis heute nicht vollständig beigelegt ist, liegt vor allem daran, dass zwischen Theorie und Beobachtung ein erstaunlicher Widerspruch zu bestehen scheint. Nach der darwinistischen Theorie ist Evolution ein Phänomen der Populationen, das heißt, sie sollte allmählich und kontinuierlich ablaufen. Dies müsste demnach nicht nur für die Mikroevolution gelten, sondern auch für die Makroevolution und die Übergänge zwischen beiden. Leider sieht es aber so aus, als sprächen die Beobachtungen eine andere Sprache. Wo immer man auch die tatsächliche Lebenswelt betrachtet, ob auf der Ebene der höheren systematischen Einheiten oder auf dem Niveau einzelner Arten, man findet eine überwältigende Fülle von Unterbrechungen. So gibt es in den heute lebenden Taxa keine Zwischenform zwischen Walen und Landsäugetieren, und ebenso wenig zwischen Reptilien auf der einen Seite und den Vögeln oder Säugetieren auf der anderen. Alle 30 Tierstämme sind durch große Lücken voneinander getrennt. Auch zwischen den Blütenpflanzen (...) und ihren nächsten Verwandten scheint eine breite Kluft zu bestehen. Noch auffälliger sind solche Unterbrechungen in den Fossilfunden. Neue Arten tauchen in der Regel ganz plötzlich unter den Fossilien auf, ohne dass sie mit ihren Vorfahren durch eine Abfolge von Zwischenstufen verbunden wären. Tatsächlich kennt man nur in wenigen Fällen eine ununterbrochene Reihe von Arten, die sich allmählich weiterentwickelt haben.

➤ Hut ab vor so viel Klartext. Viel besser könnten auch Kreationisten die Theorie der Makroevolution nicht widerlegen.

Doch aufgepasst! Schaut man ein bisschen genauer hin, erkennt man, dass der Text voller rhetorischer Fall- und Hintertüren ist:

Die Kontroverse zwischen den Darwinisten und den namenlosen Gegnern ist bloß *nicht vollständig* beigelegt. – Aber doch fast ganz ...

Der Widerspruch zwischen Theorie und Beobachtung ist zum einen *erstaunlich*, zum anderen *scheint* er nur zu bestehen ... – Damit ist er rhetorisch fast schon überwunden.

Dann folgt der Glaubenssatz nach Darwin: der kontinuierliche Übergang zwischen Mikro- und Makroevolution *existiert*! – Der Meister hat es verkündet, also muss es stimmen.

Nicht nüchterner wird die sogleich widersprechende Beobachtung eingeführt: »*Leider* sieht es so aus, ...«. – Welches Leid wird hier wem zugefügt, wenn Theorie und Fakten nicht passen? Droht dem Religionsstifter der Lack abzublättern?

Aufgefangen wird die »traurige« Feststellung deshalb sogleich wieder rhetorisch geschickt mit einem Konjunktiv: Zum Glück sieht es nur so aus, als *sprächen* die Beobachtungen eine andere Sprache. – Unsere Augen täuschen uns! Es gibt noch Hoffnung!

Nach diesen rhetorischen Salti vor- und rückwärts bestätigt Mayr zunächst schnörkellos den leidvollen Fakt, dass überall eine überwältigende Fülle von Unterbrechungen und nirgends Zwischenformen zu entdecken sind, ja dass die Lage bei den Fossilfunden sogar noch eindeutiger ist.

Doch dann setzt er, rhetorisch geschickt, fast unmerklich aus dem Hinterhalt, eine Schlussbemerkung an das Absatzende, wonach man »nur« (aber eben immerhin! das ist die Rettung!) in wenigen Fällen eine ununterbrochene Reihe von Arten kennt, die sich allmählich weiterentwickelt haben. – Die Rettung? Beispiele? Mayr widerspricht sich selber. Noch kurz davor bestätigt er die überwältigende Fülle von Unterbrechungen, und zwar selbst auf dem Niveau einzelner Arten! An anderen Stellen im Buch (z.B. Kap. 3) gesteht er ausdrücklich ein, dass zu gewissen Zeitpunkten durchgängig die Zwischenformen fehlen. Es kommt der Verdacht auf, dass Mayr hier, mitten in der Diskussion um die Makroevolution, nicht genannte mikroevolutionäre »Belege« einschmuggelt, in der Hoffnung, dass niemand weiter zwischen Mikro- und Makroevolution unterscheidet und man seine früheren Aussagen aufgrund der rhetorischen Verwirrtaktik bereits wieder vergessen hat. Oder was sonst könnte wohl eine »ununterbrochene Reihe von Arten« bedeuten?

Es kann nun aber nicht sein, was nicht sein darf! Deshalb wird nach dieser rhetorischen Durchlöcherung der klaren Faktenlage die Lösung des Lückenproblems verzweifelt weiter gesucht, koste es, was es wolle, auch jegliche intellektuelle Glaubwürdigkeit. Für Darwin opfert man alles:

Wie lässt sich dieser scheinbare Widerspruch auflösen? Auf den ersten Blick sieht es so aus, als gäbe es keine Methode, mit der man Phänomene der Makroevolution durch Theorien der Mikroevolution erklären könnte. Aber müsste nicht dennoch die Möglichkeit bestehen, die Vorgänge der Mikroevolution auf die Makroevolution zu erweitern? Und lässt sich nicht außerdem nachweisen, dass die Theorien und Gesetze der Makroevolution vollständig im Einklang mit den Befunden über die Mikroevolution stehen?

➤ Zunächst erfolgt die rhetorische Aufweichung des Widerspruchs zwischen der Theorie und der ach so grausamen Beobachtung von

Lücken, indem er kurzerhand nochmals zum *scheinbaren* erklärt wird. Eine optische Täuschung also! Die Theorie muss stimmen. Also kann nur die Beobachtung falsch sein!

Dann folgt ein erneuter Anlauf von ganz tief unten aus der Erklärungskiste: Es gibt keine Methode, den Widerspruch zu erklären! Aber halt: Nur *auf den ersten Blick*. Der trügt ja bekanntlich. Außerdem handelt es sich nicht einfach um einen offenen Widerspruch. Neu wird das an sich offenkundige Fakten-Problem zum *Phänomen*. Nebel steigt auf. Und durch den rhetorischen Dunst wird die Lösung andeutungsweise sichtbar. Erst auf den zweiten Blick erkennt man, dass sie mit der Fragestellung gleich mitgeliefert wird:

Müsste nicht dennoch? – Dennoch! Dennoch!! ... Und außerdem? – Außerdem! Außerdem!! ... *gegen alle Beobachtung, wider besseres Wissen!* Die sichtbaren und die logischen Widerstände müssen einfach überwunden werden! Und wie? – Man könnte doch die Phänomene der Makroevolution, die nicht beobachtbaren, mit Theorien *erklären*, wenn auch zu einem anderen Thema, der Mikroevolution.

Und dann lüftet sich der Schleier des Fragezeichens noch etwas mehr: Falscher Ansatz: Die Phänomene der Makroevolution – wir erinnern uns: sie lässt sich partout nicht beobachten – müssen ganz einfach wegerklärt werden. Man stellt sie in die Ecke und *erweitert* theoretisch einfach die Vorgänge der Mikroevolution. Wie weit? – Bis die verdrängte Makroevolution inbegriffen ist. Weshalb unterscheidet man dann noch die Begriffe? – Nicht fragen! Machen! Und die widersprechenden Beobachtungen? – Augen zu und durch!

Geht das zu schnell? Wohl ja. Deshalb bringt Mayr noch etwas mehr an Fragen, damit der rhetorische Nebel noch etwas länger hängen bleibt und der Spuk nicht zu rasch auffliegt: Lässt sich denn nicht *nachweisen* (welch großes Wort mitten in Theorien und Erklärungen!), dass die *Theorien* (eben!) und *Gesetze* (ein noch größeres Wort!) der Makroevolution vollständig (so halb hat man's ja rhetorisch schon geschafft) im Einklang (klingt das schön!) mit den Befunden (oder waren es Belege?) über die Mikroevolution stehen (wir erinnern uns: Fossilien, vergleichende Morphologie – also wieder Fossilien, etc. ...)?

Einmal abgesehen von der rhetorischen Verwirrtaktik ist doch sehr spannend, dass mitten in dieser heiklen Lösungsfindung Makroevolution auf einmal zur *Gesetzmäßigkeit* wird. Aber das ist Mayr wohl unabsichtlich, eben rein *zufällig* rausgerutscht ...

Doch jetzt kommt sie! *Die Lösung* (wir erinnern uns nochmals: des Widerspruchs von Theorie und Beobachtung):

Dass eine solche <u>Erklärung</u> <u>möglich</u> ist, <u>zeigten</u> mehrere <u>Autoren</u>, ..., im Rahmen der <u>Synthese</u> der Evolutions<u>theorie</u>. Es <u>gelang</u> ihnen, im Zusammenhang mit der Makroevolution eine <u>darwinistische Verallgemeinerung</u> zu <u>entwickeln</u>, ohne dass sie die damit zusammenhängenden Veränderungen der Genhäufigkeiten analysieren mussten. Ihr <u>Verfahren</u> stand im Einklang mit der <u>modernen</u> <u>Definition</u>, wonach Evolution eine <u>Veränderung von</u> <u>Angepasstheit und Vielfalt</u> ist, nicht aber eine Veränderung von Genhäufigkeiten, wie die Reduktionisten angenommen hatten.

➤ Die Lösung heißt: *Darwinistische Verallgemeinerung!* – Sie wurde nicht erfunden. Sie wurde auch nicht beobachtet. Sie musste *entwickelt* werden! Klare Sache, wenn's doch um Evolution geht. Aber so einfach war das offenbar nicht. Dass es *gelang*, bedeutet doch nichts anderes, als dass es auch hätte misslingen können! Glück gehabt!

Aber nun von vorne: Eine solche Erklärung war also *möglich*. Worum ging es doch gleich wieder? Ach ja, es musste die *Mikroevolution groß- und die Makroevolution wegerklärt* werden.

Und das gelang offenbar. Im Rahmen der Synthese der Evolutionstheorie. Wo auch sonst.

Und wie: Indem man die *Definition von Evolution anpasste* (nicht die im Glossar, noch eine andere ...). Ein Erfolg versprechendes Rezept: Passen Theorie und Beobachtung nicht zusammen, schraube man ein wenig an einzelnen Hypothesen und Definitionen herum, bis es irgendwie passt und man vor lauter Manipulieren vergessen hat, dass man eigentlich etwas beweisen wollte.

Neu ist also Evolution eine »Veränderung von Angepasstheit und Vielfalt«. Das sagt ja viel aus. Entwicklung mit Veränderung definieren zu wollen, ist fast so plump wie Evolution mit Entwicklung zu definieren. Angepasstheit und Vielfalt sind auch nicht gerade die konkretesten und präzisesten Ausdrücke. Leicht schwammig, anpasslerisch eben, und vielfältig. Das kann ja vieles sein. Neu ist Evolution dafür nicht mehr die Veränderung von Genhäufigkeiten (eine ziemlich abstrakte, mathematische Sache ...), wie das die Reduktionisten (klingt doch ziemlich beschränkt, nicht?) noch dachten. Was auch immer das konkret sein soll, eine *Veränderung von Häufigkeiten* ... Weg damit! Anpassung und Vielfalt klingt viel besser, evolutionärer. Damit wird die Mikroevolution zur Makroevolution *erklärt* und das Hindernis der Veränderung der Genhäufigkeit ist nicht mehr. Und schon hat man einen Beweis!

Und damit diese Art von »Beweisführung« nicht zu offensichtlich als rein theoretisches Spekulieren daherkommt, nennt man sie ein »Verfahren«. Das klingt doch fast schon wie das Experiment, eine mechanisch-technische Sache, die richtig angewandt die evolutionistischen Erklärungen gleichsam zur naturgesetzlichen Kausalität werden lassen.

Zusammengefasst kann man sagen: Um nachzuweisen, dass es einen ununterbrochenen, kontinuierlichen Übergang zwischen Makro- und Mikroevolution gibt, mussten die Darwinisten zeigen, dass scheinbar ganz unterschiedliche »Typen« von Lebewesen nichts anderes sind als die Endpunkte in einer ununterbrochenen Reihe von Populationen, die der Evolution ausgesetzt sind.«

➤ Zusammengefasst? – Achtung, jetzt geht's nochmals zum Nachweis: Um *nachzuweisen*, dass die *Theorie stimmt* und die *Beobachtung nicht*, dass also die großen Lücken und die Fülle der Unterbrechungen insbesondere bei Fossilfunden nicht bedeuteten, dass keine Makroevolution stattfand, mussten die Darwinisten zeigen, dass die Unterschiede zwischen den Lebewesen optische Täuschungen sind. Dies taten sie, indem sie zeigten, nicht im Experiment, sondern mit Argument, dass diese unterschiedlichen Lebewesen bloß die Endpunkte in einer Reihe von ununterbrochener Evolution sind.

Hat's einer verstanden? Hier nochmals für solche, die noch immer nach den Beweisen suchen: Theorie: kontinuierliche Entwicklung von der Mikroevolution zur Makroevolution. Beobachtung: Nein. Neue Theorie: kontinuierliche Entwicklung von der Mikroevolution zur Makroevolution bis zu den Endpunkten. Beobachtung: ?? Beweis: ???

Mayr hat wohl übersehen, dass er auch mit Biegen und Brechen, mit Groß- und Wegerklären, mit moderner »Definition« und mit gelungener entwickelter »darwinistischer Verallgemeinerung« keinen einzigen neuen Beweis für die Makroevolution geliefert und keine einzige Kluft zwischen den Lebewesen oder den Fossilien belegbar überwunden hat. Die ganze Übung ist für die Katz. Ein wunderbares Beispiel eines akademischen Luftschlosses!

Und weiter geht's:

»Evolution als allmählicher Vorgang
Wichtig ist die Erkenntnis, *dass alle Vorgänge der Ma-*

kroevolution in Populationen und in den Genotypen ihrer Individuen stattfinden und dass sie demnach gleichzeitig auch Mikroevolutionsprozesse sind. Solche Abstufungen beobachtet man immer, wenn man den entwicklungs-geschichtlichen Wandel in lebenden Populationen unter-sucht. Ein gutes Beispiel ist die Antibiotikaresistenz von Bakterien. ... Durch allmähliche Evolution war also aus einer <u>vollständig</u> empfindlichen Bakterienspezies eine <u>vollständig</u> resistente geworden. ...

➤ Wichtig ist also nun, dass eigentlich nicht die Mikroevolution eine Makroevolution im Kleinen ist, sondern dass alle Makroevo-lutionsprozesse gleichzeitig auch Mikroevolutionsprozesse sind. Vorher war's noch andersrum. Aber was soll's. Entscheidend ist, dass man nicht so genau weiß, wo sich nun welche Evolution abspielt. Das lässt Spielraum für alles und behindert die Widerle-gung – ein typisches Vorgehen der Evolutionisten.

Dazu passt, dass Mayr mitten in der Makroevolutionsdebatte mit einem Beispiel aus der Mikroevolution kommt. Dieses soll nun als Beleg für Makroevolution dienen, nachdem die Unter-schiede zwischen Makro- und Mikroevolution (was war's schon wieder; ach ja: Artüberschreitung, Bildung neuer Arten samt Flügeln, warmem Blut und allem drum und dran) zuvor rhetorisch mehr oder eher weniger gekonnt aufgelöst wurden.

Falsch an der Aussage ist, dass die Bakterien vor der Evoluti-on vollständig empfindlich auf Antibiotika waren und danach vollständig resistent. Das Erste kann nicht stimmen, da offenbar einige überlebt haben und daraus eine resistente »Art« gebildet wurde. Das ist Spezialisierung (Mikroevolution). Das Zweite weiß kein Mensch. Sollten noch nicht resistente Bakterien vorhanden sein, dürften genau diese in Tests durchfallen, da erfolgreich bekämpft (vgl. Werner Gitt, Am Anfang war die Information, Hänssler Verlag, D-Holzgerlingen, S. 222 ff.).

Wohin man auch blickt, überall kann man eine solche allmähliche Evolution beobachten. Die Geschichte unserer Haustiere und Nutzpflanzen ist eine Geschichte der allmählichen Evolution, die allerdings in diesem Fall durch künstliche Selektion vorangetrieben wurde. Außerdem hat man in jüngster Zeit fossilreiche geologische Schichten gefunden, in denen man eine ununterbrochene Abfolge von Fossilien beobachten kann und die demnach den allmählichen Wandel deutlich machen.

➤ Mit »eine *solche* allmähliche Evolution« ist nach wie vor die Mikroevolution der Bakterien gemeint. *Haustiere* und *Nutzpflanzen* unterliegen ihr auch. Aber: Noch nie konnte aus einem Hund eine Katze gezüchtet werden oder umgekehrt.

Dass da über Jahrhunderte intelligente Menschen am Werk waren, wollen wir einfach einmal großzügig übersehen. *Künstliche* Selektion nennt sich das und hat mit der *zufälligen* Evolution nichts zu tun. Aber was soll's; ein paar Ungenauigkeiten mehr oder weniger ändern das Bild auch nicht mehr. Die armen hochgezüchteten Tiere sind im übrigen nicht selten völlig degeneriert (Kühe, die mit ihren schweren Eutern kaum mehr laufen können, hyperempfindliche Rennpferde, kranke Hunde). Es handelt sich eindeutig um Spezialisierung mit Informationsverlust, somit um Mikroevolution.

Die angebliche ununterbrochene Abfolge von Fossilien, welche einen allmählichen Wandel deutlich machen soll, gibt es – laut anderen Stellen im Buch – allenfalls im Bereich der Mikroevolution, nicht aber darüber hinaus. Beispiele nennt Mayr nicht umsonst keine. Da die theoretische Makroevolution ein sehr langer Prozess ist, steht außer Frage, dass sie jemals *beobachtet* werden kann. Solche Wörter in diesem Kapitel zu verwenden, ist irreführend.

180

Noch überzeugender ist die Untersuchung der geografischen Artbildung (...): Hier kann man verfolgen, wie sehr gut gegeneinander abgegrenzte Arten sich durch einen Prozess, der in Populationen abgelaufen ist, immer weiter auseinander entwickelt haben. Selbst die allmähliche Evolution von Gattungen ist durch eine Fülle von Belegen nachgewiesen. Das alles steht vollständig im Einklang mit der darwinistischen Theorie. Damit stellt sich aber zwangsläufig die Frage: Warum spiegelt sich der allmähliche Wandel nicht in vollem Umfang in den Fossilien wider?

➤ Erneut lauter Mikroevolution mitten im Kapitel Makroevolution. Die geografische Artbildung gehört nach Mayr selber unter die Theorie der Mikroevolution (vgl. vorstehend). Die (Unter-)-Arten sind offenbar schon gegeneinander abgegrenzt, wenn sie sich noch weiter auseinander entwickeln. Auseinander entwickeln hat nichts mit höher entwickeln zu tun. Sondern es geht offensichtlich um Spezialisierung, worunter in aller Regel die ursprünglich größere Variabilität leidet.

Die beobachtete Mikroevolution liefert tatsächlich eine Fülle von Belegen. Mayr muss allerdings selber zugeben, dass sie sich *nicht in vollem Umfang* in den Fossilien widerspiegelt. Makroevolution spiegelt sich sogar *überhaupt nicht* in den Fossilien wider, was er an dieser Stelle unterschlägt.

Damit kommt er seltsamerweise auf das zuvor mühsam »gelöste« Problem des Widerspruchs zwischen Theorie und Beobachtung zurück. So ganz geheuer scheint Mayr die rein theoretische »Beweisführung« der darwinistischen Verallgemeinerung dann doch nicht zu sein. Die verflixten Lücken sind noch immer da. Deshalb geht's nun nochmals zum »Nachweis« der Makroevolution gegen die beobachteten Lücken:

Eine Antwort gab schon Darwin, und wie sich später herausstellte, war es die richtige. Er erklärte, die scheinbaren Lücken bei den Fossilfunden seien ein Kunstprodukt, das durch die Unwägbarkeiten bei der Erhaltung und Entdeckung von Fossilien entsteht. Darwin behauptete, die verfügbaren Fossilfunde seien nur eine unglaublich unvollständige Stichprobe der Lebensformen, die früher tatsächlich existierten, und diese Unvollständigkeit sei der Grund, warum eine in Wirklichkeit kontinuierliche Entwicklung so lückenhaft erscheine. Alle neueren Forschungsergebnisse haben Darwins Schlussfolgerung bestätigt. ...«

➤ Der Prophet hatte im voraus geschlussfolgert. Und so kam es: Darwin *erklärte* die *scheinbaren* (und die unscheinbaren?) Lücken bei den Fossilfunden kurzerhand zu einem *Kunstprodukt*. (Nun ist klar, woher seine Nachfolger die Methode des Weg- und Großerklärens haben!)

Und wie wurde diese Kunst nach Darwin produziert? – Die Lücken entstanden zum einen durch *Unwägbarkeiten* bei der Erhaltung und Entdeckung der Fossilien. Bei Darwin zeigt sich damit schon das bekannte Ursache-Wirkungs-Phänomen der Evolutionisten: Wie kann durch Unwägbarkeiten irgend etwas entstehen, und seien es auch nur Lücken? Zum andern gibt die *unglaubliche Unvollständigkeit der Stichproben* ein falsches Bild von der Wirklichkeit. Man kann es wirklich fast nicht glauben, wie unvollständig die *Stich*proben sind! Und man wäre wirklich gespannt auf das Bild *vollständiger Stich*proben ...

Doppelter Sinnesbetrug also! Die scheinbaren Lücken sind auch noch ein Kunstprodukt aus Unwägbarkeiten und unvollständigen Stichproben. Wie nur überlistet man diese optische Täuschung, um bis zur Wirklichkeit durchzudringen? – Mit Stoff, im bildungssprachlichen Sinne selbstverständlich! Man muss nur genug Darwinismus inhaliert haben, um sehend zu werden! Da tun sich auf einmal ganze Brücken über die künstlichen Lücken auf. Der Nebel entschwindet. Die Kunst vergeht. Und die darwinistische Wirklichkeit erscheint als kontinuierliche Entwicklung.

Nochmals im Klartext: Die Theorie ist echt. Die Lücken sind Kunstprodukte. Die Proben sind Stichproben. Deren Unvollständigkeit ist fast nicht zu glauben. Unglaube ist Wissen. Die Theorie ist bewiesen.

Oder anders: Die Lückenhaftigkeit der Fakten ist Theorie. Die theoretische Entwicklung ist Wirklichkeit. Es lebe Darwin!

Weiter S. 238:

»Wie wichtig ist Evolution durch Artbildung?
Die Theorie der Evolution durch Artbildung wurde nicht auf Grund theoretischer Überlegungen entwickelt, sondern ausschließlich anhand tatsächlicher Beobachtungen ...«

➤ ... Sagt' ich's doch.

Weiter wird in diesem Kapitel (S. 239) die Geschwindigkeit des evolutionären Wandels erörtert, wobei auf die sog. Stasis, d.h. völliger Stillstand der Entwicklung seit Hunderten von Millionen Jahren, ein nach Mayr höchst rätselhaftes Phänomen, verwiesen wird:

»... Aber selbst in den Abstammungslinien des Tierreichs, die sich mit der größten Geschwindigkeit weiterentwickeln, bleibt der Wandel je Million Jahre erstaunlich gering.«

➤ Dann wird erklärt, dass die Evolutionsgeschwindigkeit über die Geologie und die Fossilienfunde gemessen wird (radiometrische Uhr, S. 242, man fragt sich, was war zuerst?). Unter den

Titeln »Artenwandel und Artensterben« (S. 244), »Konkurrenz« und »Massenaussterben« (S. 246 f.) ist erwähnenswert, dass offenbar am Ende der Permzeit 95 Prozent aller Arten ausgelöscht wurden, später (im Trias, Devon und Ordovizium) nochmals zwischen 76 und 85 Prozent.

Unter dem Titel »Größere Übergänge« (S. 249 ff.) wird u.a. die Theorie über die Veränderung von Einzelstrukturen bei Lebewesen, wie etwa dem Auge, wiedergegeben. Daraus folgende Auszüge:

»Der Ursprung entwicklungsgeschichtlicher Neuerungen

Manche Darwin-Kritiker räumten freimütig ein, eine vorhandene Struktur könne <u>durch</u> Gebrauch und <u>Nichtgebrauch</u> oder <u>durch natürliche Selektion</u> <u>verbessert</u> werden, ...

➤ Dass der Mensch durch gezielten Einsatz seine Muskulatur verbessern kann, steht fest. Dass Tiere ein Organ gezielt gebrauchen, steht nicht fest. Dass der Nichtgebrauch zur Verbesserung eines Organs führt, ist abwegig. Dass die natürliche Selektion etwas Positives bewirkt, ist ebenso unlogisch.

..., aber wie, so fragten <u>sie</u>, können solche Vorgänge zu einer <u>völlig neuen Struktur</u> führen? Eine typische Frage lautet zum Beispiel: »Wie kann man die Entstehung der Flügel bei den Vögeln mit der natürlichen Selektion <u>erklären</u>?« ... Natürliche Selektion könne erst dann <u>wirksam</u> werden, wenn <u>bereits</u> eine funktionierende Struktur <u>vorhanden</u> ist.

➤ Sie. Die anderen Evolutionisten, die etwas unverständigeren. Sie stellen immerhin gute Fragen. Selber kennt man natürlich die

Antworten, sonst würde man sich gar nicht darauf einlassen. Seltsamerweise ziehen die unverständigeren Evolutionisten den logischen Schluss, dass zunächst eine Veränderung vollzogen sein muss, bevor eine Auslese erfolgen kann. Das ist ja schon recht weit gedacht. Die Gedanken zu Ende zu führen, wäre aber zu viel verlangt. Auch sie meinen, eine Auslese bewirke etwas, vermischen also Rahmenbedingung mit Ursache. Und was sagt Mayr dazu:

> Diese Behauptung ist in Wirklichkeit ...

➤ Noch ein wenig mehr Darwinismus inhalieren, und sie erscheint tatsächlich ...

> aber nur die halbe Wahrheit, denn eine bereits <u>vorhandene Struktur</u> kann durch eine Verhaltensänderung eine <u>zusätzliche Funktion</u> übernehmen, und diese wandelt dann die <u>ursprüngliche Struktur</u> so ab, dass daraus in der Evolution <u>etwas Neues</u> wird.

➤ In der Entwicklung wird etwas Neues! Die Evolutionisten müssten einmal den Begriff »neu« überdenken.

Und wo bleibt da die natürliche Selektion? Darum ging es doch den unverständigeren Evolutionisten. Und wie kann eine zusätzliche Funktion von der alten Struktur übernommen werden, bevor sie sich so verändert hat, dass sie fähig ist, die neue Funktion auszuüben? Und was ist neu, wenn die Funktion bereits mit der vorhandenen Struktur ausgeübt werden konnte? – Das alles geht nicht auf. Mayr kommt darauf zurück. Doch zunächst noch der Abschluss dieses Absatzes:

> Entwicklungsgeschichtliche <u>Neuerungen</u> können auf <u>zwei Wegen</u> erworben werden: durch die <u>Verstärkung einer</u>

<u>Funktion</u> oder durch die Übernahme einer <u>völlig neuen</u> <u>Aufgabe</u>.«

➤ Der aufmerksame Leser fragt sich dabei: Was ist denn nun neu am Lebewesen bei der Verstärkung einer bestehenden Struktur oder der Übernahme einer neuen Aufgabe mit den alten Strukturen?

Zum ersten Fall gibt Mayr (S. 250) selber zu, dass es sich

»nur um die Fortentwicklung eines <u>ohnehin vorhandenen</u> Potenzials«

handelt. – Nichts von echten Neuerungen also.

Seine dann im Buch folgenden Ausführungen zur angeblich vierzigfachen Entwicklung des Auges sind reine Spekulationen, die zu zitieren sich nicht lohnen. Sie basieren auf der Beobachtung von verschiedenen, heute noch existenten Sehorganen, ohne irgendwelche Belege für eine gegenseitige Abhängigkeit oder für eine Entwicklung des einen aus dem anderen.

Beim Auge gilt wie bei anderen Organen: Ist es nicht voll ausgebildet (mitsamt Nervensystem und Gehirn), so ist es nutzlos. Jede (in aller Regel schädliche) Mutation trübt die Sicht. Das Potenzial zum Sehen muss also von allem Anfang an voll vorhanden gewesen sein, und zwar bei allen Augen. Und die sind so hoch komplex, dass sie sich nie aus zufälligen Mutationen entwickeln konnten, auch in 100 Milliarden Jahren nicht.

Darwin selber musste eingestehen (Die Entstehung der Arten, übersetzt von Carl W. Neumann, Nikol Verlag Hamburg, S. 245):

»Die Annahme, dass das Auge mit all seinen unnachahmlichen Einrichtungen: die Linse den verschiedenen Entfernungen anzupassen, wechselnde Lichtmengen zuzulassen und sphärische wie chromatische Abweichungen zu verbessern, durch natürliche Zuchtwahl entstanden sei, erscheint, wie ich offen bekenne, im höchsten Grade als absurd.«

Richtig. – Zum zweiten Fall der entwicklungsgeschichtlichen Neuerungen bemerkt Mayr (S. 253):

>»... Neue Organe können auch dadurch erworben werden, dass eine vorhandene Struktur ihre Funktion wechselt.«

➤ Neue Organe können erworben werden wie im Supermarkt. Und wie? Indem eine *vorhandene* Struktur ihre Funktion wechselt. – Mayr macht wieder einmal einen abstrakten Begriff zum Ersatz-Gott. Die Struktur wird personifiziert.

Und was soll nun neu sein an der bereits vorhandenen Struktur bei einem Funktionswechsel? Entweder ist die Struktur bzw. das Organ (Synonyme in der Evolutionssprache) bereits so vorhanden, dass der Funktionswechsel klappt oder die Struktur ist für eine andere Funktion untauglich, dann gibt's auch keinen Funktionswechsel.

Man stelle sich ein Lebewesen ohne Flügel vor, welches sich neue »Organe« erwerben will, indem es die Funktion seiner Vorderläufe wechselt, und zwar durch die völlig »neue Aufgabe« des Fliegens (wer auch immer ihm dies eingeredet haben mag). Das arme Wesen stürzt sich zig-tausend Mal vom Felsen. Ebenso viele Tode verhindern (Selektion hin oder her) den Funktionswechsel und somit den Erwerb des neuen »Organs« ... Dass das nicht aufgeht, sieht wohl auch Mayr ein und postuliert deshalb:

» ... Eine solche Veränderung erfordert, dass die Struktur sowohl die alte als auch die neue Aufgabe gleichzeitig ausführen kann.«

➤ Beispiele? Belege? – Nicht die Veränderung erfordert dies, sondern die Theorie. Und wenn früher je mit ein- und demselben Organ zwei so bedeutende Funktionen wie zum Beispiel Gehen und Fliegen hätten ausgeübt werden können, dann wäre der Verlust der einen Funktion durch Spezialisierung ja zweifellos Tiefer- und nicht Höherentwicklung!

»So wurden beispielsweise die Gleitflügel der primitiven Vögel irgendwann auch zum Flatterflug verwendet. ... Bei den Fischen verwandelte sich die Lunge in eine Schwimmblase ...«

➤ Schöne Theorie! Schön, dass nur die Lebewesen primitiv waren, nicht aber ihre Flügel, die sie bereits zum Gleiten und sogar Flattern benutzten, bevor sie sich in neuer Aufgabenerfüllung zur Änderung der Funktion ihrer Struktur zwecks Erwerbs neuer »Organe« entschlossen vom Felsen stürzten.

Nur: Was war vor der Gleitfähigkeit? Wie fand der Übergang von Vorderläufen zum Flügel statt? Und wenn ein Tier etwas fertig bringt, was der Mensch nicht einmal mit modernster Technik schafft, wieso nennt man es dann primitiv? – Beim Fisch fragt man sich ebenfalls, weshalb er denn eine Lunge hatte, wenn doch i.d.R. von Evolutionisten mit den »Belegen« der Embryologie umgekehrt argumentiert wird, dass zuerst die Kiemenatmung war, und sich die Lunge, wie überhaupt die Landlebewesen, erst danach entwickelten?

Was Mayr hier bringt, sind reine Spekulationen ohne jede faktische Grundlage. Seine Theorie der angeblichen (Höher-) Entwicklung beginnt bei wundersamen, höchst komplexen, multifunktionellen Lebewesen und beinhaltet bei näherem Hinsehen nur Verluste von vorhandenen Funktionen, also Tieferentwicklung. Unbeantwortet bleibt die Frage, wie sich diese Multifunktionen entwickelt haben sollen.

Solche Theorien kann man nicht ernst nehmen, wie auch folgende Aussage (S. 254):

>... Der Zweig der Reptilien, der die Federn erfand und später die Fähigkeit zum Fliegen erwarb, eroberte sich eine riesige neue Anpassungszone.«

➤ Ein Zweig von Reptilien erfand also etwas, wofür man heute den Nobelpreis erhalten müsste. Und die Tierchen erwarben dazu gleich auch noch den Flugschein. Man stelle sich das Krokodil am Computer vor, wie es das Design für die Federn entwarf, dann den Auftrag an die hochspezialisierte Federnfabrik der noch nicht existenten Papageien gab, sich darauf das Federnkleid zwischen die Schuppen klemmte (das ist etwas ungenau: es musste ja ein chemisch-biologischer Prozess sein, aus welchem Schuppen zu Federn wurden) und sich dann vom Felsen stürzte ... Das Ende der Geschichte ist bekannt. Der Flugschein wurde ihm wieder abgenommen.

➤ Außerdem widerspricht Mayr hier den eigenen Aussagen auf den Seiten 231 und 241 f. des Buches, wonach Makroevolution erst durch den Übergang von Lebewesen in eine neue Anpassungszone und den dortigen Selektionsdruck *bewirkt* werde. Nur 12 Seiten weiter hinten kehrt er also das vermeintliche Ursache-Wirkungsprinzip diametral um. Nun soll auf einmal die Makroevolution Voraussetzung für die Eroberung neuer Anpassungszonen gewesen sein ... (wiederholt auf S. 255).

Entlarvend sind auch solche Wendungen (S. 254):

>... Besonders erfolgreich ist der Körperbauplan, den wir »Insekten« nennen. Er hat Millionen Arten hervorgebracht.«

➤ Ein Plan? Von wem? Und der Plan ist erfolgreich? Und er hat

Arten hervorgebracht? – Das ist wieder nichts anderes als die Personifizierung eines abstrakten Begriffs. Das ist Naturreligion pur.

Im übrigen muss an dieser Stelle deutlich gemacht werden, dass bisher kein einziger Plan eines Lebewesens bekannt ist. Man kennt die Lebewesen und die Bausteine (Gene). Man schließt aufgrund der genialen Bauweise der Lebewesen auf einen Plan, ohne diesen zu kennen. Und man verschließt sich trotz offensichtlicher Planung vor der Existenz eines Architekten.

Ein weiterer Textabschnitt, der für sich spricht (S. 255 f.):

»Unterschiedlichkeit
Die Vielfalt des Lebendigen hat eine Fülle verschiedener Formen.

➤ Welch gehaltvolle Aussage!

Sie kann sich rein quantitativ ausdrücken ... Aber Vielfalt findet man auch im Ausmaß der Unterschiede. Hier hat die Evolution zu einer echten <u>Überraschung</u> geführt. Betrachtet man den Aufstieg der Metazoa (das heißt Tiere), so würde man damit rechnen, dass sie kurz nach ihrem ersten Auftauchen in den Fossilfunden aus einer Reihe recht ähnlicher Ordnungen bestanden, die sich im Laufe der Zeit immer weiter auseinander entwickelten. <u>Die Wirklichkeit sieht aber ganz anders aus!</u> In den ersten, etwa 550 Millionen Jahre alten Fossilien von Metazoen (...) findet man vier bis sieben bizarre Körperbauten, ...

➤ Genau vier bis sieben ...

... die bald darauf ausstarben. Alle anderen Stämme aus dem Kambrium überlebten, und zwar <u>überraschenderweise</u> ...

➤ Schon die zweite Überraschung in diesem Abschnitt ...

... ohne größere spätere Umgestaltung ihres Grundbauplanes. Betrachtet man einzelne Stämme, findet man das Gleiche. Die heutigen Klassen der Gliederfüßler sind mit dem gleichen Körperbauplan bereits im Kambrium vorhanden. ... Außerdem ist in den 500 Millionen Jahren seit dem Kambrium kein grundlegender Köperbauplan mehr neu entstanden.

➤ Kreationisten bedanken sich aufs Neue für diese Widerlegung der Makroevolutionstheorie. Alle Befunde sprechen dagegen.
Was Mayr hier verschweigt (an anderem Orte aber zugibt), ist, dass die allermeisten Tiere erst in der sog. kambrischen Explosion auftraten, somit für eine Entwicklung davor keine »Belege« existieren. Makroevolution ist nicht bewiesen.

Die Lösung dieses Rätsels muss aus der Entwicklungsbiologie kommen. ...

➤ Muss, muss, muss! ... *gegen alle Beobachtung, wider besseres Wissen!* Wenn die Fakten die Theorie nicht belegen, wird die Theorie gebogen, bis man nicht mehr nach Fakten fragt.

... Bei den heutigen Tierstämmen wird die Entwicklung durch die Hox-Gene und andere Regulationsgene in enge Bahnen gelenkt. Es gibt Anhaltspunkte dafür, dass dieses Steuerungssystem seit dem Kambrium erheblich strenger geworden ist. ...

➤ Zunächst werden Gene personifiziert und als Lenker der Entwicklung gar vergöttlicht. Dann soll es ein »Steuerungssystem« geben, und das in der vom Zufall bestimmten Evolution

... Und das System ist außerdem strenger geworden. Und dafür gibt es sogar Anhaltspunkte. Welche? Und wie steht es um Belege? Oder Beweise?

... Damals konnten scheinbar geringfügige <u>Mutationen</u> zu <u>völlig neuartigen</u> Strukturen führen. ...

➤ Tatsache? Und wie war das doch noch einmal mit den neuen Strukturen »durch Verstärkung der Funktion« und »Funktionswechsel« aufgrund einer »neuen Aufgabe« in einer neuen »Anpassungszone«. Nun ist doch wieder nur die gute alte Mutation für die Veränderungen zuständig?

... Diese »<u>Konstruktion</u>sfreiheit« ...

➤ Das Krokodil am PC lässt grüßen ...

... ging mit der zunehmenden Vervollkommnung des <u>Regulation</u>sapparates ...

➤ Man wähnt sich in einem Kreationsbuch ...

... verloren, und heute, mehrere hundert Millionen Jahre später, können zwar noch Buntbarsche mit unterschiedlichen Fressgewohnheiten entstehen, <u>aber alle sind dennoch Buntbarsche</u>.«

➤ M.a.W.: Heute lässt sich nur noch Mikroevolution beobachten. Makroevolution hat schon seit 500 Millionen Jahren nicht mehr stattgefunden. Deshalb musste sie davor stattgefunden haben. Belege gibt es zwar keine. Aber weil es so lange her ist, wird's schon stimmen. – Wie kann man als vernünftiger Mensch nur an einer solchen Theorie festhalten?

Ab S. 257 f:

»Koevolution

... Eine solche Serie von Wechselbeziehungen wurde auch als »evolutionärer Rüstungswettlauf« bezeichnet, ... Meeresschnecken zum Beispiel <u>schützen sich</u> gegen Schnecken fressende Krebse <u>durch die Evolution</u> eines kräftigen Gehäuses, dessen <u>Struktur</u> außerdem mit allen möglichen Mitteln so <u>gestaltet</u> wird, dass der Krebs es möglichst nicht zermalmen kann. Bei den Krebsen wiederum entwickelten sich kräftigere Scheren, was die Schnecken zur <u>Produktion</u> noch widerstandsfähigerer Gehäuse <u>veranlasst</u>, und so weiter.

➤ Das ist die Beschreibung von Mikroevolution in darwinistischer Sprache. Auf einmal ist nicht die Evolution Gott, sondern die Schnecken selber sind es. Die Schnecken schützen sich durch die Evolution eines kräftigen Gehäuses. Und das gegen Krebse. Sagt also die Schnecke zum Krebs: Waffenstillstand, ich muss zuerst ein Gehäuse entwickeln. Dann entwickelt sie ein paar Millionen Jahre lang. Sofern der Krebs dann noch lebt, gibt sie sich frei zum Fressversuch ... Wenn's noch immer nicht hält, hat sie ihre Pläne den Nachkommen vererbt, damit diese sie weiterentwickeln. Und diese gestalten dann das Gehäuse mit allen möglichen Mitteln gegen die Scheren des Krebses, die sie selbstverständlich in langen Studien und mit unzähligen Experimenten an Muscheln auf ihre Druckfestigkeit geprüft haben. Die Krebse halten mit und rüsten auf. Ausprobieren geht nicht, denn damit würden sie die Grundlage zur weiteren Aufrüstung beseitigen – und außerdem herrscht Waffenstillstand. Kalter Krieg der Evolution nennt sich das. Und wenn sie nicht gestorben sind, ...

Für einen Krankheitserreger ist es natürlich nicht die beste Evolutionsstrategie, seinen Wirt auszurotten.«

➤ Die *Strategie* im *Zufallsprozess* der Entwicklung *gehirnloser Lebe(?)wesen* ist nicht die beste ... Ein Kommentar erübrigt sich. S. 260:

»Evolutionsfortschritt
Evolution ist gleichbedeutend mit gerichtetem Wandel.«

➤ Was wohl könnte gerichteter Wandel bedeuten? – Jedenfalls nicht zielgerichtet, wie sich sogleich wieder zeigt:
S. 261 ff.

»Führt Selektion zu Fortschritt und letztlich zu Vollkommenheit?
... Wenn wir der Ansicht sind, dass ein modernes Auto fortschrittlicher ist als das Ford-Modell T, können wir mit der gleichen Begründung auch behaupten, die menschliche Spezies sei fortschrittlicher als die niederen Eu- und Prokaryonten. Es hängt allein davon ab, wie wir das Wort »Fortschritt« definieren. Darwinistischer Fortschritt ist aber niemals zielgerichtet.

➤ Interessant, wie Herr Mayr *zufällige, nicht zielgerichtete* Evolution mit der *geplanten, zielgerichteten* Autoentwicklung vergleicht! – Und: Wenn auch der Finalismus abgelehnt wird, so ist darwinistischer Fortschritt (und nur solcher!) nach Mayr doch zumindest ein historischer Fakt. Vielleicht sogar ein wenig mehr: eben zumindest *gerichtet*, wenn auch nicht *ziel*gerichtet.

... Andere Stufen des Fortschritts wurden schon häufig benannt: Vielzelligkeit, die Entwicklung spezialisierter

Körperteile und Organe, ... Die »Erfinder« jeder derartigen Neuerung waren äußerst erfolgreich, und das trug zu ihrer ökologischen Dominanz bei. Hier liegt der Kern jedes Selektionsereignisses: Es begünstigt Individuen, denen es gelungen ist, eine fortschrittliche Antwort auf die derzeitigen Probleme zu finden. Die Summe aller derartigen Schritte bezeichnen wir als Evolutionsfortschritt.

➤ Gab's da nicht sogar gewisse Individuen, welchen es mit der Wegerklärung der Makro- und der Großerklärung der Mikroevolution gelungen ist, eine fortschrittliche Antwort auf ein derzeitiges Problem fehlender Belege und klaffender Lücken zu finden? *Erfinder einer Neuerung* sind das nach Mayr!

Ohne Erfinder geht es also auch bei den Darwinisten nicht! Einmal sind es die Tierchen selber, das andere Mal ist es die Natur, dann sind es wieder theoretische Begriffe wie die Evolution oder das Selektionsereignis, das *begünstigt* ... Alle Formulierungen, die hirnlosen Lebewesen oder abstrakten Begriffen ein Gelingen, ein Erfinden oder eine Antwort auf eine Problemstellung oder ähnliches zuordnen, zeugen von religiösem Gedankengut. Diese Personifizierungen sind Platzhalter für einen verbannten Gott.

Ich möchte meine Analogie noch weiter treiben: Durch die Entwicklung des Autos wurden alle anderen Fortbewegungen keineswegs verdrängt. ... Genau so verhält es sich mit der Evolution des Lebendigen. ...«

➤ Nur weiter so! Zuletzt ist Kreation bewiesen! – Und was würden wohl all die Ingenieure sagen, wenn man ihnen vorhielte, ihre Autos sähen wie zufällig gezeichnet und konstruiert aus?

Weiter S. 264:

»Biosphäre und Evolutionsfortschritt

... Man nimmt an, dass die so genannte »kambrische
Explosion« der Körperbaupläne bei Tieren durch die zur
gleichen Zeit ablaufende Anreicherung der Atmosphäre
mit Sauerstoff unterstützt wurde.

➤ Man stelle sich vor: Eine *Explosion von Körperbauplänen.* –
All diese Papierschnitzel! Und dann der Sauerstoff! Haben wir es
nicht schon immer gewusst: Ohne Sauerstoff kein Feuer und
Denken. Und keine Explosion von Bauplänen ...

Vernadsky (1926) wies als Erster auf die auch heute noch
laufende Koevolution Sauerstoff produzierender und
Sauerstoff verbrauchender Organismen hin und machte
darauf aufmerksam, dass Veränderungen in der Lebenswelt nicht nur durch katastrophale Umwelteinflüsse wie
das Massenaussterben verursacht werden, sondern durch
allmählichen Wandel. Lebewesen können nur auf Umweltveränderungen reagieren, wenn sie sehr schnell die
geeigneten, von der natürlichen Selektion benötigten
Varianten hervorbringen. Gelingt ihnen das nicht, sterben
sie aus.«

➤ Das Massenaussterben als Umwelteinfluss? ... und erst noch
als katastrophaler? – Und wie wäre es mit Katastrophen als
Ursache für das Massenaussterben? Vielleicht eine Sintflut? Aber
nein! Das wäre ja Kreationismus!
   Und Veränderungen durch Wandel? War das nicht vielleicht
doch Wandel durch Veränderungen? Und geschah der Wandel
nun *allmählich* oder *sehr schnell*?
   Und welche Varianten *benötigt* denn eigentlich die natürliche

Selektion? Hat sie ihr schriftliches Gesuch bei der Evolutionstheorie schon eingereicht? Und ist das nicht ein wenig gefährlich,
genau die Varianten hervorzubringen (wer auch immer das tut),
welche ausgerechnet die Selektion benötigen? Man würde doch
meinen, die Selektion holt sich nur die, die sie dann auch gleich
ausmerzt. Glossar, S. 351:

> »**Natürliche Selektion** – Vorgang, durch den weniger
> geeignete Individuen in jeder Generation aus der Populati-
> on beseitigt werden.«

Oder handelt es sich bei der Selektion gemäß der Priesterschaft
der Evolution eventuell um einen Platzhalter für einen zornigen
Gott, der bestimmte Opfer fordert, um milde gestimmt zu werden
und die übrigen leben zu lassen?
Weiter im Text, S. 278 ff.

»Gibt es Evolutionsgesetze?
... Alle so genannten Evolutionsgesetze ... sind <u>vorläufige
Verallgemeinerungen</u> und stehen demnach <u>nicht auf der
gleichen Stufe wie die Gesetze der Physik</u>. ...«

➤ Die evolutionistischen Gesetze des Zufalls sind ein Widerspruch in sich.
➤ Wie das mit der darwinistischen Verallgemeinerung der
Mikro- zur Makroevolutionstheorie vor sich ging, wurde bereits
dargelegt: Zuerst war da die beobachtbare Mikroevolution auf
dem Niveau der biologischen Art und darunter und die völlig in
der Luft hängende Theorie der Makroevolution, d.h. die gemeinsame Abstammung und die Höherentwicklung über dem Niveau
der biologischen Art. Dazwischen klafften die grausamen und
unglaublichen Lücken der Fossilbeobachtung, die fehlenden
Zwischenformen und die stark divergierende Morphologie. Die

Überwindung gelang durch die hypothetische Großerklärung der Mikroevolution gegen jede Beobachtung und die Wegerklärung der Makroevolution mit der sog. Darwinistischen Verallgemeinerung.

► In Wirklichkeit bestand das Dogma der gemeinsamen Abstammung und Höherentwicklung von Anfang an als religiös-ideologische Gegenlehre zum biblischem Schöpfungsbericht, zunächst deistisch, später rein materialistisch geprägt.

Darwin selber drückte sich in »Die Entstehung der Arten« zwar noch recht vorsichtig aus und brachte gar ab und zu einen Schöpfer ins Spiel, allerdings in deistischer Denkart (also: göttlicher Anstoß, autonome Entwicklung). Sein Ausgangspunkt war die Widerlegung des starren Typenfixismus, also der Idee, wonach die heute lebenden Tiere ursprünglich genau so geschaffen wurden und sich nicht veränderten. Er wies zu Recht auf die Variabilität (Variationsfähigkeit) der Tierarten hin. Sein Dogmatismus ist zunächst nur indirekt daran zu erkennen, dass er in seinem Werk nicht zwischen Variabilität und Artbildung bzw. zwischen Varietät, Unterart und Art unterscheidet, sondern den Artbegriff als willkürlich zurückweist und die Artgrenzen theoretisch auflöst sowie daran, dass er Spezialisierung als Vervollkommnung missdeutet.

Erst in der Zusammenfassung am Schluss seines Werkes wird Darwin deutlicher. So bekennt er dort ausdrücklich (Die Entstehung der Arten, übersetzt von Carl W. Neumann, Nikol-Verlag, Hamburg, S. 671):

»Ich glaube, dass die Tiere von höchstens vier oder fünf Vorfahren abstammen, die Pflanzen von derselben oder einer noch kleineren Anzahl. Die Analogie würde mich noch einen Schritt weiter führen, nämlich zu der Annahme, dass alle Tiere und Pflanzen von einer einzigen Urform abstammen. Aber die Analogie ist als Führerin unzuverlässig.«

Man beachte den Glauben und die darauf aufbauenden Analogie-schlüsse. Deistisch geprägt folgt das im Ergebnis materialistische Bekenntnis (S. 677):

> »Meines Erachtens stimmt es nach allem, was wir wissen, besser mit den vom Schöpfer der Materie eingeprägten Gesetzen überein, dass das Entstehen und Vergehen der früheren und heutigen Erdenbewohner genauso wie Geburt und Tod der Individuen eine Folge sekundärer Ursachen ist.«

Zu beachten ist, dass hier bereits von Wissen die Rede ist und nicht mehr von Glaube, obwohl es nach wie vor um die gleiche Materie geht. Schon Darwin war also ein Meister der rhetorischen Manipulation. Noch dogmatischer und deutlicher gegen die biblischen Berichte äußert er sich gleich darauf (S. 677 f.):

> »Da alle lebenden Formen die unmittelbaren Nachkommen derjenigen sind, die lange vor der kambrischen Epoche lebten, so können wir sicher sein, dass die regelmäßige Aufeinanderfolge der Geschlechter nie unterbrochen war und dass keine Sintflut die Erde verwüstete. Wir dürfen deshalb auch vertrauensvoll eine Zukunft von riesiger Dauer erhoffen. Und da die natürliche Zuchtwahl nur durch und für den Vorteil der Geschöpfe wirkt, so werden alle körperlichen Fähigkeiten und geistigen Gaben immer mehr nach Vervollkommnung streben.
>
> ... Es ist wahrlich etwas Erhabenes um die Auffassung, dass der Schöpfer den Keim alles Lebens, das uns umgibt, nur wenigen oder gar nur einer einzigen Form eingehaucht hat und dass, während sich unsere Erde nach den Gesetzen der Schwerkraft im Kreise bewegt, aus einem so schlichten Anfang eine unendliche Zahl der schönsten und wunderbarsten Formen entstand und noch weiter entsteht.«

Offensichtlich ging Darwin also mit seinem Deismus noch nicht so weit wie heutige Evolutionisten mit ihrem strikten Materialismus. Damit wich er dem Problem moderner Wissenschaftler aus, für die Herkunft der Materie und die Entstehung des Lebens keine Erklärung zu haben.

Beachtenswert ist, dass schon Darwin es bestens verstand rhetorisch zu manipulieren. Nicht nur der Übergang von Glaube zu Wissen zu »sicher sein« in diesem kurzen Ausschnitt seines Werkes macht dies deutlich, sondern auch die implizite Vortäuschung der Gleichwertigkeit der Gesetze der Schwerkraft und der Gesetze der Evolution ganz am Schluss.

Aber auch wenn Darwin mit Ausdrücken wie »sicher sein« seine vorstehend offen als Glauben deklarierte Theorie in gewohnt evolutionistischer Manier rhetorisch unterlegt und seine materialistische Weltanschauung deistisch abschwächt, bleibt sein Dogmatismus und seine antibiblische Einstellung nicht verborgen.

Aus dem zitierten Abschnitt geht hervor, dass schon Darwin die künstliche Brücke über die großen Lücken der Fossilien, insbesondere über die sog. kambrische Explosion hinaus, bis zur empirisch erwiesenen Mikroevolution vom Dogma der gemeinsamen Abstammung bzw. der Makroevolution her rein deduktiv gebaut hatte. Dass die theoretische Verbindung von Makro- und Mikroevolution jeder Logik entbehrt, weil letztere als Spezialisierung nicht Höherentwicklung oder Vervollkommnung bedeutet, sondern in die entgegengesetzte Richtung im Sinne der Einschränkung des Veränderungspotentials verläuft, dem dogmatischen Brückenbau von der Makroevolution her also davoneilt, wollen die Evolutionisten bis heute nicht wahrhaben. Dass keine Beweise für Makroevolution existieren und ein induktives Herleiten der Abstammungslehre somit unmöglich ist, blenden sie aus, ebenso wie die von Darwin selber nicht konsequent beachtete Mahnung zur Vorsicht bei Analogieschlüssen.

Weiter mit Mayr:

»Zufall oder Notwendigkeit?
... Leider übersehen ... manche ..., dass die natürliche Selektion ein Zweistufenprozess ist. Im zweiten Schritt ist die Selektion für Anpassung tatsächlich entscheidend. Davor liegt aber der erste Schritt, die Entstehung der Variation, die der natürlichen Selektion das Material liefert, und hier herrschen stochastische Prozesse (das heißt Zufälle) vor.

➤ Selektion (Beseitigung) als Ursache oder Gesetz einer Veränderung des Bleibenden ist Unsinn. Und selbst wenn sie gegen alle Logik eine Notwendigkeit im Sinne einer causa wäre, dann gälte aufgrund der Kombination mit der zufälligen Mutation: $0 \times 1 = 0$; alles bleibt Zufall. (vgl. Zweiter Teil).

... Außerdem darf man nicht vergessen, dass der Zufall sogar im zweiten Schritt der Evolution, dem des Überlebens und der Fortpflanzung, eine beträchtliche Rolle spielt.«

➤ $0 \times (0 \times 1) = 0$ (vgl. Zweiter Teil).
So viel zum Kapitel Makroevolution. Es folgen hier noch ein paar Abschnitte aus dem Anhang, welche ein Licht auf die aus diesem Kapitel hervorgegangene Einstellung des Autors werfen.
Ab S. 335:

»Anhang B
KURZE ANTWORTEN AUF HÄUFIG GESTELLTE FRAGEN ZUR EVOLUTION
1. Ist Evolution eine Tatsache?
Evolution ist nicht nur eine Idee, eine Theorie oder eine

Vorstellung, sondern der Name für einen natürlichen Vorgang. ... Heute ist es eigentlich irreführend, die Evolution als Theorie zu bezeichnen, nachdem man in den letzten 140 Jahren so umfangreiche Beweise für ihr Vorhandensein entdeckt hat. <u>Evolution ist keine Theorie mehr, sondern schlechterdings eine Tatsache.</u>«

➤ Niemand bezweifelt, dass sich alles entwickelt. Das ist überhaupt nicht die Frage. Die Frage ist: *Woher* kommt, was sich entwickelt. *Wie* entwickelt sich alles? Gibt es *Grenzen* der Entwicklung? Und falls Neues entsteht, wodurch und wie entsteht es?

Kaum jemand bezweifelt, dass sich die Arten im Sinne der Mikroevolution entwickeln. Das ist aber eine Seitwärts- oder Tieferentwicklung innerhalb der vorhandenen Variabilität, wobei starke Anpassungen, also bleibende Spezialisierung zu einem Informationsverlust bis zur Bildung von nicht mehr kreuzbaren Unterarten führen kann.

Die entscheidende Frage betrifft das genaue Gegenteil: Kam alles aus einem Einzeller, ist Entwicklung über die Grenze der Arten und damit ohne Kreuzbarkeit durch Informationszunahme rein theoretisch möglich? Und fand sie in der Praxis statt? Oder ganz einfach: Die zentrale Frage lautet: Stimmt die Theorie der Makroevolution?

Eine Entwicklung von Neuem ist begriffslogisch nicht möglich. Entwickeln kann sich nur Vorhandenes. Die Theorie der Makroevolution trägt eine in sich widersprüchliche Bezeichnung. Schon auf der rein begrifflichen Ebene erkennt man den qualitativen Unterschied der Makro-»Evolution« zur Mikroevolution, die zu Recht als Entwicklung bezeichnet wird.

Und auch auf der theoretisch-logischen Ebene kann man den Unterschied relativ einfach herausarbeiten, indem man sich zum einen an die mit dem Kriterium der Kreuzbarkeit objektiv feststellbare Grenze der biologischen Art und zum anderen an das ebenfalls objektiv feststellbare Kriterium des Informationsgehalts des Genpools hält. Unterhalb der Artgrenze spielt die Mikroevolution mit gleichbleibendem oder verringertem Informationsgehalt. Sie kann von der Definition her nie aus dieser Grenze ausbrechen. Darüber soll der Theorie nach die Makroevolution spielen, wobei nicht klar ist, wie es zur Zufügung neuer Information für ganz neu- oder andersartige Strukturen bzw. Organe kommen kann, sodass tatsächlich aus demselben Vorfahren eine Ameise, ein Papagei und ein Elefant entstehen.

Mikroevolution ist heute beobachtbar und kann – mit Vorbehalten – auf die Vergangenheit übertragen werden. Für Makroevolution gibt es keine Beweise. Auch Mayr kann keine nennen. Zahlreiche sog. »Belege« der Darwinisten, wie etwa die vergleichende Morphologie oder die Lückenhaftigkeit der Fossilfunde, sprechen, bei vernünftiger Interpretation, gegen die Theorie der Makroevolution.

Genau dort, bei der künstlichen, rein spekulativen Verbindung der abwärts gerichteten Mikro- mit der aufwärts gerichteten Makroevolution machen die Evolutionisten ihren großen Glaubenssprung, gegen alle Indizien und weit über das Beobachtbare hinaus.

An der qualitativen Scheidewand zwischen der Mikro- und der Makroevolution wechseln die Evolutionisten – bewusst oder unbewusst – von der induktiven zur deduktiven Herleitung der Theorien, vom Wissen zum Glauben. Das wäre an sich – abgesehen von den gehaltlosen Zufallsaussagen und den sich widersprechenden Fakten – nicht so problematisch. Jeder darf glauben, was er will, auch wenn es der größte Unsinn ist.

Verheerend ist, dass durch die Vermischung der empirisch-induktiv hergeleiteten Theorie der Mikroevolution (Spezialisierung, Verarmung des Genpools, Informationsabnahme) mit der genau in die andere Richtung verlaufenden, rein dogmatisch-

deduktiv hergeleiteten Makroevolution (Neubildung, Informationszunahme) die *Deduktion als Induktion*, die *Philosophie als
empirische Naturwissenschaft* und der *Glaube als Wissen*
ausgegeben werden. Das ist eine fatale Selbst- und Dritt-Täuschung!

Leider sind auch die negativen Folgen dieser Vermischung
gravierend. Soweit die Forschung auf die vermeintlich empirisch
nachgewiesene Höherentwicklung setzt, läuft sie in die falsche
Richtung. Ebenso geht es allen Wissenschaften, welche unreflek-
tiert das Dogma der Leitwissenschaft Evolutionsbiologie übernehmen, wie etwa die Psychologie, die Soziologie und die
Geschichtswissenschaft, aber auch anderen beeinflussten Fächern,
wie etwa der Geologie, den Wirtschaftswissenschaften, der
Rechtsphilosophie und gar der Theologie.

»4. Sind die »Tatsachen« der Evolutionsbiologie nicht etwas ganz anderes als die Tatsachen der Astronomie, ...?

Ja, in gewisser Hinsicht schon. Die Bewegung der Planeten kann man unmittelbar beobachten. Evolution dagegen
ist ein historischer Prozess. Frühere Stadien kann man
nicht unmittelbar betrachten, sondern man muss aus dem
Zusammenhang auf sie schließen. Aber solche Schlüsse
kann man mit großer Sicherheit ziehen, denn erstens
werden vorausgesagte Antworten sehr häufig durch
tatsächliche Befunde bestätigt, zweitens lassen sich die
Antworten mit mehreren unabhängigen Indizienketten
bestätigen, und drittens ist in dem meisten Fällen keine
vernünftige Alternativerklärung zu finden.«

➤ Hier widerspricht Mayr den Ausführungen unter Ziffer 1 des
Anhangs, wonach Evolution (gemeint ist die darwinistische) eine
Tatsache sei. Rhetorisch versucht er den Widerspruch auf-

zufangen mit der Wendung: »In gewisser Hinsicht ...« seien die »Tatsachen« der Evolution etwas anderes als diejenigen der Astronomie. – Andere Tatsachen als Tatsachen? Tatsächlich sind die Tatsachen der Evolutionstheorie (im Sinne des Darwinismus oder der Makroevolution) überhaupt keine. Es handelt sich bei der Evolution überhaupt um etwas ganz anderes als um physikalische Gesetze. In Wirklichkeit hat im übrigen auch die Astronomie viel mehr mit Interpretation als mit Tatsachen zu tun, weil dort die Datengewinnung auf kleinste Ausschnitte von Wellen eingeschränkt ist, wodurch die Beobachtung als solche sehr unvollständig ist und fast nur indirekt erfolgt.

Mayr widerspricht außerdem seinen Ausführungen in Kapitel 10 des Buches, wenn er hier auf einmal wieder von ununterbrochenen Indizienketten ausgeht. Solche gibt es jedenfalls für die behauptete Makroevolution nicht und auch im Bereich der Mikroevolution kaum. Ebenso widerspricht er seinen Ausführungen zur Entwicklung des Menschen, wo bekanntlich nichts für gesichert zu halten ist.

Unverblümt kommt der Dogmatismus sodann mit den »Schlüssen« aufgrund der *vorausgesagten* Antworten und der Begründung mangels Denkalternative daher. Kann das objektive Wissenschaft sein, die noch nicht einmal eine Denkalternative akzeptiert, obwohl sie auf der Hand liegt?

Zahlreiche Schöpfungswissenschaftler setzen sich mit der Evolutionstheorie auseinander. Es gibt viele Mischformen des theistischen Evolutionismus oder progressiven Kreationismus (vgl. Anhang 4 und 5). Weshalb nur wollen die Evolutionisten Kreation nicht einmal in Erwägung ziehen, und sei es nur, um ihre eigene Theorie in der Abgrenzung zu präzisieren? Diese Haltung ist rational nicht nachvollziehbar. Und sie ist nicht wissenschaftlich.

»5. Wie kann man Theorien über die Ursachen früherer Evolutionsprozesse aufstellen, wenn man doch bei ihnen die übliche naturwissenschaftliche Methode, das Experiment, nicht anwenden kann?

... Um historische Vorgänge (darunter auch solche der Evolution) zu erklären, wendet man stattdessen die Methode des »historischen Berichts« (...) an: Man schlägt ein mutmaßliches historisches Szenario als mögliche Erklärung vor und prüft dann sehr gründlich nach, ob es wahrscheinlich stimmt.«

➤ Hier widerspricht Mayr – zu Recht – den vorher aufgestellten Behauptungen über angebliche Tatsachen, zieht jedem empirischen Nachweis der historischen Evolution den Boden unter den Füßen weg und beweist nochmals den Dogmatismus der Evolutionisten. Das Szenario ist theoretisch vorgegeben; die vermeintlichen Belege werden hinein interpretiert, und zwar gründlich, bis zur wahrscheinlichen Übereinstimmung ...

Dabei handelt es sich bei der Theorie der Makroevolution in Wirklichkeit noch nicht einmal um ein mutmaßliches, sondern um ein völlig irrationales Szenario gegen jede Beobachtung, das als Dogma gesetzt ist und dessen Prüfung nicht umsonst seit über 150 Jahren erfolglos verläuft.

Oder etwa nicht?

»6. Ist der Darwinismus ein unveränderliches Dogma?

Alle naturwissenschaftlichen Theorien, auch der Darwinismus, können widerlegt werden. Anders als die offenbarten Lehren der Religion sind sie nicht unveränderlich. Es gibt in der Literatur zahlreiche vorläufige Evolutionstheorien, die man später fallen ließ. ...«

➤ Erstens: Die Evolutionstheorie nach Darwin – oder was die

Evolutionisten daraus gemacht haben – ist keine naturwissenschaftliche Theorie. Sondern es handelt sich um eine Mischung aus Naturwissenschaft und Geschichte (hauptsächlich Mikroevolutionstheorie) sowie Philosophie und Theologie im Sinne des Naturalismus/Atheismus (hauptsächlich Makroevolutionstheorie).

Das zeigt sich daran, dass die Evolutionslehre außer der Kernaussage der gemeinsamen Abstammung von zahlreichen weiteren Glaubenssätzen ausgeht, wie etwa, dass das Prinzip Entwicklung (Evolution) vorausgesetzt wird, dass es universal gilt, dass es keine planende und lenkende Kraft (eben keinen Schöpfer) gibt (Negatives lässt sich nicht beweisen!), dass Materie schon immer war, dass Materie vor dem Geist war (so es Geist überhaupt gibt) etc. etc. (vgl. Werner Gitt, Schuf Gott durch Evolution, Verlag CLV D-Bielefeld, S. 14 ff., mit Verweisen auf Karl Popper, Logik der Forschung).

Zweitens: Der Darwinismus kann in diesen Grundaussagen und in den meisten Teilaussagen entgegen der Behauptung von Mayr auch nicht widerlegt werden, weil es eben Glaubenssätze sind. Zur Falsifizierbarkeit einer Theorie müssten außerdem Zukunftsprognosen gemacht werden können, die überprüfbar sind. Dies kann der Darwinismus mit den *Zufallsargumenten* prinzipiell nicht bieten. (Zur fehlenden empirischen Beweisbarkeit aufgrund dieser Argumente sei auf den zweiten Teil verwiesen; vgl. auch sogleich Frage 7!).

Drittens: Wenn Mayr widerlegte Evolutionstheorien erwähnt, meint er damit noch abstrusere Hypothesen oder bestenfalls Untertheorien dritter oder vierter Rangordnung, während die Grunddogmen nie angetastet werden. Denn damit würde ein ganzes Welt- und Glaubensbild zusammenfallen und der »größte geistige Umbruch der Menschheitsgeschichte« zum Schutthaufen werden. Es kann nicht sein, was nicht sein darf!

»7. Warum ist Evolution nicht vorhersagbar?

... Bei solchen umfassenden Ereignissen dürfte das Überleben in großem Umfang vom Zufall abhängen. Da alle diese Faktoren sich nicht vorhersagen lassen, kann man zwangsläufig auch nichts Genaues darüber sagen, mit welcher entwicklungsgeschichtlichen Veränderung eine Population reagieren wird. ...«

➤ Womit Mayr Popper und Gitt (vgl. vorstehend) recht gibt und seine Aussage zur Falsifizierbarkeit des Darwinismus gleich selber widerlegt.

Es ist im übrigen schon etwas seltsam, dass man mit ein- und derselben Evolutionstheorie einerseits keine Vorhersagen über die weitere Entwicklung machen kann, andererseits aber meint, die vergangene Entwicklung weit über jede »Beobachtbarkeit« hinaus rekonstruieren zu können.

»22. An welcher Stelle spielt der Zufall (stochastische Prozesse) für die Selektion eine Rolle?

Der erste Schritt der Selektion, die Entstehung genetischer Variationen, ist fast ausschließlich vom Zufall bestimmt, ... Auch im zweiten Schritt, der Beseitigung weniger geeigneter Individuen, spielt der Zufall eine bedeutende Rolle. ...«

➤ 0 x (0 x 1) = 0, alles leere Aussagen (vgl. Zweiter Teil).

»24. Wie ist das Bewusstsein der Menschen in der Evolution entstanden?

... Die Antwort ist eigentlich sehr einfach: aus dem Bewusstsein der Tiere! ... Ganz sicher jedoch tauchte das menschliche Bewusstsein nicht in seinem ganzen Umfang erst bei der Spezies Mensch auf, sondern es ist nur der am

weitesten entwickelte <u>Endpunkt</u> einer langen Evolutions-
geschichte.«

➤ Ganz sicher? Und wie wird der Umfang des Bewusstseins
gemessen? Und ist er heute ganz sicher ganz? Und ist die Antwort
ganz so einfach? Oder ist sie einfach ganz dogmatisch?
    Die Frage war übrigens: Wie? Nicht woraus!
    Gerne würde man von Herrn Mayr auch noch erfahren, was
das Bewusstsein ist oder ausmacht und wie er es bei Tieren
erkennt. Es ist sowieso interessant wie Darwinisten menschliche
Logik auf Tiere übertragen und sich offenbar problemlos in Tiere
hineindenken können. Die schwierige Frage, weshalb Evolution
so etwas Schönes wie die Pfauenfedern entstehen ließ, wird oft
mit der sexuellen Selektion erklärt. Je schöner das Rad desto
mehr Chancen für die Fortpflanzung, weil die Weibchen davon
angezogen würden.
    Wenn die Evolutionisten wüssten, dass sich die farbenblinden
Pfauendamen über das störende Anhängsel in Wirklichkeit nur
aufregen ... Wer Haustiere hat, weiß, dass diese oft völlig anders
empfinden als Menschen. Oder mögen Sie den Geruch von
Katzenfutter?
    Offensichtlich zur Rechtfertigung menschlicher Unmoral beim
Fremdgehen ist auch immer wieder die Behauptung zu hören,
Männchen kämpften im Tierreich um die Fortpflanzung, um
möglichst viele ihrer Gene weiterzugeben. Hier wird Tieren ein
Wille und gar generationenübergreifende Voraussicht sowie
zweckmäßiges Handeln zugeordnet, obwohl selbst die Menschen
beim Sex den Verstand immer wieder ausschalten und bis vor
zwei Generationen nicht einmal wussten, was Gene sind,
geschweige denn diese verbreiten wollen konnten.
    Alle den menschlichen Vorstellungen entspringenden
Hypothesen über die Gründe für das Verhalten der Tiere sind
völlig aus der Luft gegriffen, weshalb auch die evolutionistische

Theorie der sexuellen Selektion im Sinne bestimmter Auswahl-
kriterien höchst fragwürdig ist.

Im letzten Satz von Mayr taucht wieder der *Endpunkt* der
Entwicklung auf, der ja bekanntlich von der Mikroevolution
ausgehend, an der Krücke der darwinistischen Verallgemeinerung
tiefe Schluchten fossiler Lücken überwindend endlich mitten in
der rhetorisch aufgelösten Makroevolutionstheorie erreicht
wurde.

II. Fazit

Wie meinte doch Jared Diamond im Geleitwort noch:

>»Ein besseres Werk über Evolution gibt es nicht. Ein Buch
>wie dieses wird es nie wieder geben.«

Falls dem wirklich so ist, wäre jede Befassung mit weiteren
Evolutionsbüchern reine Zeitverschwendung.

Mit Abstand betrachtet weist Mayrs Buch *zwei Merkmale* auf,
die dem Evolutionismus generell anhaften:

1. Halb induzierte, halb deduzierte Theorie der Mikroevolution

Behandelt wird im Buch von Mayr vorwiegend das Thema
Mikroevolution, auch immer wieder dort, wo es um Makroevolution geht. Das Thema wird allerdings unübersichtlich, ohne klare
Linie und in sich widersprüchlich behandelt, sodass es als
wissenschaftliche Theorie nicht richtig fassbar oder (be-) greifbar
ist. Das ist eine Taktik zur Selbst- und Dritt-Täuschung.

Würde die weitgehend bewiesene Mikroevolution klar und
übersichtlich dargestellt, käme das *Grundprinzip der Spezialisierung*, also die Seitwärts- und Tieferentwicklung der Lebewesen

durch *Informationsverlust* zum Vorschein. Das darf nicht sein. Denn so würde sich zeigen, dass Mikroevolution der theoretisch darauf aufbauenden Makroevolution genau entgegenläuft, der theoretische Aufbau somit offensichtlich keine Grundlage hat.

Das Thema Mikroevolution muss also m.a.W. undurchschaubar bleiben, weil es als theoretische und vermeintliche faktische Grundlage des darwinistischen Dogmas der Makroevolution, d.h. der gemeinsamen Abstammung und Höherentwicklung dienen soll. Würde die beobachtbare Mikroevolution dagegen im Prinzip der Spezialisierung zusammengefasst klar dargestellt, würde der qualitative, inhaltliche Unterschied zum Dogma der Höherentwicklung und der gemeinsamen Abstammung unter der Theorie der Makroevolution sofort erkannt und diese als nicht belegt und offensichtlich falsch entlarvt.

Weil ihnen das evolutionistische Weltbild wichtiger ist als wissenschaftliche Redlichkeit, werden Evolutionisten immer bemüht sein, die Richtung der Mikroevolution im Dunst des makroevolutionistischen Dogmas nebulös darzustellen, um sich – entgegen der Beweislage – mit der angeblichen Höherentwicklung *innerhalb* der Art ein theoretisches Hintertürchen für die darwinistische Verallgemeinerung *über die Art hinaus* offen zu halten.

Die vermeintliche Induktion der Theorie der Höherentwicklung aus Belegen der Mikroevolution entpuppt sich so in Wirklichkeit als Deduktion: Die *Theorie der Mikroevolution* wird durch das makroevolutionistische Weltbild beeinflusst, nicht umgekehrt. Sie beruht tatsächlich *halb* auf Induktion (Spezialisierung) und *halb* auf *Deduktion* (Höherentwicklung).

2. Verknüpfung von Mikro- und Makroevolution

Makroevolution, mit dem Dogma der gemeinsamen Abstammung und der Höherentwicklung der Kern der evolutionistischen Lehre, wird im Buch relativ knapp behandelt. Zugute halten muss man

Mayr, dass er die fehlende faktische Grundlage für die Theorie zunächst ohne große Umschweife zugibt.

Doch leider versucht er dann die fehlenden Beweise auf unredliche Art und Weise »wegzuerklären«, indem er bei der »Beweisführung« von der faktischen zur theoretischen Grundlage wechselt und dabei die vorgängig nebulös dargestellte Mikroevolution entgegen der Beweislage über die darwinistische Verallgemeinerung schlicht zur theoretischen und vermeintlich faktischen Grundlage der Höherentwicklung im Sinne der Makroevolution »großerklärt«. Die Grenze zwischen den Theorien, das Kriterium der Kreuzbarkeit bzw. die biologische Artgrenze, sowie die Frage der Informationszunahme wird rhetorisch überdeckt. Die theoretische und faktische Lücke zwischen den Theorien wird von oben herab, d.h. vom Dogma der Makroevolution her geschlossen, nicht umgekehrt.

3. Taktik

Entgegen der Beweislage zur Spezialisierung prägen die Evolutionisten *zunächst* die Theorie der Mikroevolution aus ihrem Weltbild der Makroevolution deduktiv im Sinne der Theorie der gemeinsamen Abstammung und Höherentwicklung, um dann in einem *zweiten Schritt* durch die Verknüpfung der Theorie der Makroevolution mit derjenigen der Mikroevolution mittels »darwinistischer Verallgemeinerung« die Beweise letzterer für erstere vorzugeben. Sie machen so die (tatsächlich widersprechende) mikroevolutive Faktenlage in unredlicher Art und Weise für die Verbreitung ihres makroevolutiven Weltbildes nutzbar. Sie täuschen eine induzierte, empirisch nachgewiesene Theorie der gemeinsamen Abstammung und Höherentwicklung vor.

Dazu Phillip E. Johnson (Darwin im Kreuzverhör, CLV-Verlag, D-Bielefeld, S. 146):

212

»Wenn der Empirismus vorrangig wäre und auf dem Spiel stände, wäre der Darwinismus schon längst auf Mikroevolution beschränkt worden, wo er keine bedeutsamen theologischen oder philosophischen Implikationen hätte.«

4. Folgen

Die Vermischung zweier gegenläufiger Theorien samt den unterschiedlichen Herleitungsmethoden in einer sich als empirisch bezeichnenden Wissenschaft unter Berufung auf Beweise zur einen Theorie für beide verführt nicht nur die Gesellschaft, an ein vermeintlich bewiesenes Weltbild der Höher- statt der Tieferentwicklung zu glauben, sondern verleitet auch zahlreiche andere Wissenschaftsgebiete zur Forschung in die falsche Richtung, wie etwa historische Wissenschaften inklusive Geologie oder Astronomie, Soziologie, Psychologie, Pädagogik, Theologie, Wirtschaftswissenschaften, Rechtswissenschaften etc. Welchen Schaden diese Unredlichkeit der Evolutionisten der Wissenschaft und der Gesellschaft zufügt, lässt sich nicht ermessen.

Es bleibt zu hoffen, dass die Taktik der Evolutionisten unvoreingenommene und logisch denkende Menschen auf Dauer nicht darüber hinweg zu täuschen vermag, dass es beim (Makro)-Evolutionismus nicht um Wissenschaft, sondern um eine *unlogische, unplausible, gehaltlose und intellektuell unredlich vertretene Theorie, im Grunde um eine atheistische Religion* geht (so auch Phillip E. Johnson, a.a.O., S. 155 ff.).

C. Analyse weiterer »wissenschaftlicher« Texte

I. »DAS ENDE DER FINSTERNIS«

Von Christian Speicher (in NZZ Forschung und Technik, 27.8.2003, S. 57).

1. Kontakt zum Autoren

Bevor ich die nachstehenden Textpassagen übernahm, wandte ich mich an die Redaktion der Neuen Zürcher Zeitung (NZZ), um sie anzufragen, ob ich den Text abdrucken dürfe. Die Redaktion wäre grundsätzlich damit einverstanden gewesen, verwies mich aber an den Autoren. Dieser wollte zuerst wissen, worum es geht, da er auf keinen Fall in einem Buch erscheinen wolle, in welchem dem Kreationismus das Wort geredet werde. Auf meine Erläuterung zum Inhalt des Buches und die Ankündigung, dass ich als Christ seinen Artikel kritisch analysieren werde, verweigerte er den Abdruck.

2. Textausschnitte

Dass sich ein wissenschaftlicher Journalist einer kritischen Auseinandersetzung mit seinem veröffentlichten Text nicht stellt, ist zumindest etwas eigenartig. Da der Gesamtabdruck des Artikels vom Urheber nicht zugelassen wird, eine Textanalyse ohne Text aber nicht möglich ist, muss so weitgehend wie nötig von der Zitierfreiheit Gebrauch gemacht werden. Zur Übersicht werden nachfolgend die danach einzeln analysierten Passagen im Zusammenhang wiedergegeben.

Spe, NZZ 27.8.2003, S. 57:

»Das Ende der Finsternis
Wie die ersten Sterne Licht ins Universum brachten

Kurz nach dem Urknall gingen in unserem Universum die Lichter aus. Es begann eine Phase der Finsternis, die erst durch die Geburt der ersten Sterne beendet wurde. Seit kurzem gibt es ziemlich konkrete Vorstellungen, wie diese Ursterne beschaffen waren und wie sie innerhalb von weniger als 200 Millionen Jahren entstehen konnten.

Spe. Ein Kosmos ohne Licht mutet ebenso seltsam an wie ein Wald ohne Bäume. Ein Blick in den Nachthimmel offenbart Myriaden von Lichtquellen, die teilweise schon seit vielen Milliarden Jahren leuchten. ... Und doch muss es in der Entwicklung unseres Universums eine Phase gegeben haben, in der es im Weltall stockfinster war. ... Und auch die kosmische Hintergrundstrahlung ... verschwand von der Bildfläche. Mit der Expansion des Raumes dehnte sich ihre Wellenlänge vom sichtbaren in den infraroten Bereich (und von dort in den Mikrowellenbereich) und wurde damit unsichtbar.

Brutstätte der schweren Elemente

Nach jüngsten Erkenntnissen währte das Zeitalter der Finsternis 100 bis 200 Millionen Jahre. So lange dauerte es etwa, bis sich das aus dem Urknall hervorgegangene Gas unter dem Einfluss der Schwerkraft zu den ersten leuchtenden Sternen zusammengeballt hatte. Das Interesse an diesen Ursternen ist momentan sehr groß. Sie haben nämlich nicht nur Licht und Hitze ins Universum zurückgebracht; sie waren auch die Brutstätte für viele chemische Elemente, die dann von späteren Sternengenerationen inkorporiert wurden. Ohne die Vorarbeit dieser Ursterne gäbe es heute weder Sonne noch Erde. Welche Bedeutung die ersten Sterne und ihr Licht für die weitere Entwicklung des Universums hatten, wurde letzte Woche an einer Konferenz an der ETH Zürich diskutiert. An der Veranstaltung, ..., ging es unter anderem darum, wo und wann die ersten Sterne aufleuchteten, wie sie beschaffen waren, wie sie ihr Leben beendeten und wo man nach ihnen suchen soll.

Wegweisende Arbeiten auf diesem Gebiet hat in der Vergangenheit Martin Rees von der University of Cambridge geleistet. Wie er an der Konferenz ausführte, lassen sich heute dank neueren Beobachtungen einige Rahmenbedingungen für die Entstehung der ersten Sterne formulieren. So weiß man inzwischen, dass das aus dem Urknall hervorgegangene Gas aus Wasserstoff und Helium nicht die treibende Kraft bei der Strukturbildung (des Universums bzw. dieser Ursterne) war. Dafür besaß dieses Gas zu wenig Masse. Tonangebend war vielmehr die »dunkle Materie«, deren Natur bis heute ein Rätsel ist. Der Mikrowellen-Hintergrundstrahlung nach zu urteilen, sind dunkle und gasförmige Materie 370 000 Jahre nach dem Urknall noch sehr gleichmäßig verteilt gewesen. Schon damals gab es allerdings winzige Dichteschwankungen, aus denen sich die ersten Strukturen im Universum gebildet haben dürften.

Andererseits weiß man aus Beobachtungen, dass es spätestens eine Milliarde Jahre nach dem Urknall die ersten Galaxien ... gegeben hat. Da die Strukturbildung im Universum hierarchisch verläuft, kleine Strukturen also eher entstehen als große, muss es zu diesem Zeitpunkt bereits Sterne gegeben haben. ...

Sternenentstehung im Computer

Wie aus dem dünn gesäten Urgas Sterne entstehen können, die 10^{25} Mal so kompakt sind, ließ sich bis vor kurzem nur

216

in groben Zügen beschreiben. Entsprechend ungenau waren die Vorstellungen über die Masse, Lebensdauer und andere Eigenschaften der Ursterne. ... In den letzten Jahren ist es jedoch dank aufwendigen Computersimulationen gelungen, die Geburt der ersten Objekte im Universum besser zu verstehen. ...

... Auch die Simulation kann ... keine genaue Antwort auf die Frage geben, welche Masse die ersten Sterne hatten. Am wahrscheinlichsten sind Werte zwischen 30 und 200 Sonnenmassen.

Der letzte Aufschrei der ersten Sterne
...

Wie es mit den ersten Sternen zu Ende ging, nachdem sie ihren Brennstoff verfeuert hatten, hängt von ihrer Masse ab.
...«

3. Zusammenfassung des Textes

Im Artikel von Christian Speicher wird zunächst erklärt, weshalb es im Laufe der Entwicklung des Weltalls eine *finstere Phase* gegeben hat. Dann folgt die *Theorie über die Entstehung der ersten Sterne* nach dieser Phase, der sog. Ursterne. Dann folgt die Beschreibung einer Computersimulation, welche auf dieser Theorie aufbaut und deren Ergebnis. Und zuletzt wird eine Theorie über das Ende dieser Sterne wiedergegeben.

4. Analyse des Textes

Spe, NZZ 27.8.2003, S. 57 (Unterstreichungen beigefügt):

»Das Ende der Finsternis
Wie die ersten Sterne Licht ins Universum brachten
Kurz nach <u>dem Urknall</u> gingen in unserem Universum die

Lichter aus. Es begann eine Phase der Finsternis, die erst durch die Geburt der ersten Sterne beendet wurde. Seit kurzem gibt es ziemlich konkrete Vorstellungen, wie diese Ursterne beschaffen waren und wie sie innerhalb von weniger als 200 Millionen Jahren entstehen konnten.«

➤ Zu dieser Einleitung ist festzustellen: Der Urknall wird als eine Tatsache vorausgesetzt. – Der Urknall ist in Wirklichkeit aber eine weltanschauliche Arbeitshypothese, die weder bewiesen ist noch sich je beweisen lassen wird. Sie ist abgeleitet von der Arbeitshypothese der vermeintlichen Ausdehnung des Weltalls, welche wiederum abgeleitet ist von einer bestimmten Interpretation der Strahlung der Sterne, welche wieder abgeleitet ist vom Urknall bzw. der Ausdehnung des Universums, ein Zirkelschluss!

➤ Es ist weiter festzustellen, dass auch der Rest der Einleitung als Tatsachenbericht verfasst ist und nur gerade das zentrale Thema des Berichts zurückhaltender mit »ziemlich konkrete Vorstellungen« angekündigt wird. Das Wort »konkret« verleitet den Durchschnittsleser allerdings zur Annahme, es werde gefestigte Erkenntnis folgen. Weit gefehlt, wie sich sogleich zeigen wird!

»*Spe*. Ein Kosmos ohne Licht mutet ebenso seltsam an wie ein Wald ohne Bäume. Ein Blick in den Nachthimmel offenbart Myriaden von Lichtquellen, die teilweise schon seit vielen Milliarden Jahren leuchten. ...«

➤ Reine Spekulation. Es war niemand dabei. Es gibt auch andere Erklärungen für die (vermeintliche) Distanz leuchtender Himmelskörper, ohne Schlüsse auf ein so hohes Alter (vgl. etwa Don Batten (Hrsg.), Fragen an den Anfang, CLV-Verlag D-Bielefeld, S. 95 ff.; vgl. auch Norbert Pailer, Geheimnisvolles Weltall,

Studiengemeinschaft Wort und Wissen e.V., Hänssler-Verlag, Neuhausen-Stuttgart).

➤ Unzulässig ist auch der Vergleich zwischen den Sternen im Weltall und den Bäumen des Waldes. Die Sterne füllen das Weltall nicht so aus, wie die Bäume den Wald. In Wirklichkeit können wir auf der Erde nur einen ganz kleinen Bruchteil aller Strahlen des Weltalls empfangen, und von bloßem Auge nochmals bloß einen Bruchteil dessen, was mit technischen Vorrichtungen empfangen wird.

➤ Meine persönliche, provokante Theorie lautet wie folgt: Das Universum ist endlich. Es gibt nur eine einzige Galaxie, in welcher sich die Erde befindet und welche möglicherweise viel kleiner ist, als vermutet wird. Im Zentrum der Galaxie ist ein sog. schwarzes Loch (extreme Materiekonzentration mit Stillstand der Zeit und Verschlucken bzw. Ablenken des Lichts), um welches sich die Galaxie dreht. An der Peripherie der Galaxie existieren ebenfalls rundherum schwarze Löcher. Die Gravitationen der schwarzen Löcher im Zentrum und an der Peripherie halten die Galaxie im Gleichgewicht und Schwung (Rotation). Was wir auf der Erde wahrnehmen sind einmal direkt die Sterne sowie dieselben Sterne und sogar unsere ganze Galaxie indirekt zigfach aus anderen Richtungen durch die Ablenkung des Lichts am Rande der schwarzen Löcher, sowohl in der Mitte wie auch an der Peripherie der Galaxie, allenfalls über mehrfache Umwege. Deshalb erhalten wir den Eindruck von immer neuen und immer mehr Himmelskörpern und von der Ausdehnung des Weltalls. In Wirklichkeit handelt es sich um Mehrfachbilder sowohl einzelner Sterne wie auch unserer Galaxie, welche, quasi von Rand zu Rand oder von Mitte zu Rand und wieder zurück zur Erde gespiegelt aus immer wieder anderen Perspektiven und scheinbar weiter entfernt sichtbar werden (so wie man sich in einem Spiegelzimmer mehrfach und immer weiter entfernt aus verschiedenen Richtungen sieht).

Das schöne an dieser These ist: Sie erklärt beobachtete Phänomene wie etwa die regelmäßigen Abstände der Galaxien-Ansammlungen in je entgegengesetzter Richtung von der Erde aus (sog. »kosmische Sprossenleiter«) bzw. der gequantelten Galaxienabstände (mit regelmäßigen Intervallen der Rotver-schiebungen; vgl. Norbert Pailer, a.a.O., S. 36 und 43), die sog. »Finger Gottes« (eine geheimnisvolle Struktur von ins Zentrum, d.h. zu unserer Galaxie hin gerichteten Strahlen), die scheinbare stetige, sich verlangsamende Ausdehnung des Weltalls (ein Trugschluss wie im Spiegelzimmer), die trotzdem offenbar geradlinig durch Raum und Zeit eilende Hintergrundstrahlung und nicht zuletzt die Existenz der der Gravitation offenbar entgegenwirkenden »dunklen Energie« im Universum; und: Die Theorie kann mit dem biblischen Bericht in Übereinstimmung gebracht werden!

Reine Phantasie eines Laien? Interessant sind die Feststel-lungen in einem weiteren NZZ-Artikel von Spe (NZZ 15.10.2003 S. 60, mit Verweis auf die Quelle: Nature 425, 566-567):

»Leben wir in einem endlichen Universum? Infragestel-lung des Standardmodells der Kosmologie. ... Die Kosmo-logie stand lange im Ruf, eine spekulative Wissenschaft zu sein. Mangels empirischer Befunde durfte nach Belieben über den Ursprung des Universums und seine Eigen-schaften theoretisiert werden. ... Inzwischen hat sich ... ein Standardmodell herauskristallisiert, das im Einklang mit den Daten steht. ... Gestützt auf die gleichen Beobach-tungsdaten stellen ... Forscher das Konkordanzmodell in Frage und stellen ihm eine komplett andere Sicht der Dinge gegenüber. Die Unendlichkeit des Universums sei möglicherweise nur eine Illusion, die durch eine unge-wöhnliche Topologie eines endlichen Raumes hervor-gerufen werde. In den Augen der Forscher leben wir in einem Dodekaeder (...). Seine Seiten sind so miteinander verknüpft, dass Licht, welches durch eine Seite austritt, auf der gegenüberliegenden Seite wieder eintritt (...). Bei einem Teil des beobachtbaren Universums handelt es sich also um Mehrfachbilder von Galaxien und anderen Strukturen.«

Weshalb nur bei einem Teil?

Schon ein Artikel in der NZZ vom 23.10.2002 (S. 71) befasste sich im übrigen mit dem Titel »Schwarzes Loch im Zentrum der Milchstraße« mit den erdrückenden Indizien für diese Vermutung (mit Quellenangabe: Nature 419, 675-676, 694-696 (2002)). In der NZZ vom 12.2.2003 wird sodann auf Seite 57 das neue Weltbild der Kosmologie beschrieben, wonach es Hinweise gibt, dass das Universum von einer mysteriösen Energie durchzogen wird, die einen negativen Druck ausübt und damit der Gravitation entgegenwirkt; zufälligerweise seien die beiden Energieformen gerade in der jetzigen Epoche von der gleichen Größenordnung ...

Doch weiter im vorliegenden Text:

»... Und doch muss es in der Entwicklung unseres Universums eine Phase gegeben haben, in der es im Weltall stockfinster war. ... Und auch die kosmische Hintergrundstrahlung ... verschwand von der Bildfläche. Mit der Expansion des Raumes dehnte sich ihre Wellenlänge vom sichtbaren in den infraroten Bereich (und von dort in den Mikrowellenbereich) und wurde damit unsichtbar.«

➤ Welche Entwicklungen sind hier wohl gemeint? Mit dem Begriff der Entwicklung und dem »muss« drückt bereits ein Dogmatismus durch, der von der Weltanschauung der Evolutionstheorie geprägt ist. Man schließt nicht von Beobachtungen auf

Theorien. Sondern man geht von einer Theorie aus und interpretiert die Beobachtungen da hinein.

➤ Der Schluss auf das Verschwinden der Hintergrundstrahlung ist sodann ein versteckter Zirkelschluss. Die Expansion des Universums und das Verschwinden der Strahlung sind gesetzt, und beides wird in Abhängigkeit zueinander gebracht: Das »Verschwinden der Strahlung«, genauer: die Dehnung der Wellenlänge, soll die Expansion des Universums beweisen. Und aus der Expansion des Universums wird auf die Dehnung der Wellenlänge in der Vergangenheit geschlossen.

»Brutstätte der schweren Elemente

Nach jüngsten Erkenntnissen währte das Zeitalter der Finsternis 100 bis 200 Millionen Jahre. So lange dauerte es etwa, bis sich das aus dem Urknall hervorgegangene Gas unter dem Einfluss der Schwerkraft zu den ersten leuchtenden Sternen zusammengeballt hatte.«

➤ Man beachte: Die Expansion des Weltalls ist gesetzt, ebenso die Ausdehnung der Wellenlänge (vgl. vorstehender Absatz). In genau umgekehrter Richtung wirkt nun aber die Schwerkraft, die zu einer Komprimierung von Gas führt. Der Ursprung und die Schnittstellen der entgegenwirkenden Kräfte können nicht erklärt werden.

»Das Interesse an diesen Ursternen ist momentan sehr groß. Sie haben nämlich nicht nur Licht und Hitze ins Universum zurückgebracht; sie waren auch die Brutstätte für viele chemische Elemente, die dann von späteren Sternengenerationen inkorporiert wurden. Ohne die Vorarbeit dieser Ursterne gäbe es heute weder Sonne noch Erde.«

➤ Man beachte die Personifizierung der Ursterne: Sie haben Licht und Hitze gebracht. Sie waren die Brutstätte, also quasi die Mutter der chemischen Elemente und sie ermöglichten ihren Kindern, den späteren Sternengenerationen, die Aufnahme dieser Elemente. Sie, die Ursterne leisteten Arbeit, die Vorarbeit zur Entstehung der Sonne und Erde. Also nicht Mutter Erde, sondern Mutter Urstern. Wahrhaft eine verkappte Naturreligion vermischt mit etwas Astrologie. Im übrigen ist es reinste Spekulation, was diese Ursterne »geleistet« haben sollen.

»Welche Bedeutung die ersten Sterne und ihr Licht für die weitere Entwicklung des Universums hatten, wurde letzte Woche an einer Konferenz an der ETH Zürich diskutiert. An der Veranstaltung, ..., ging es unter anderem darum, wo und wann die ersten Sterne aufleuchteten, wie sie beschaffen waren, wie sie ihr Leben beendeten ...

➤ Selbstmord?

... und wo man nach ihnen suchen soll.
  Wegweisende Arbeiten auf diesem Gebiet hat in der Vergangenheit Martin Rees von der University of Cambridge geleistet. Wie er an der Konferenz ausführte, lassen sich heute dank neueren Beobachtungen einige Rahmenbedingungen für die Entstehung der ersten Sterne formulieren.«

➤ Hier muss kurz innegehalten werden: Im Text wird also zunächst festgestellt, dass es im Laufe von Milliarden Jahren der Entwicklung des Universums einmal ein finstere Phase gegeben haben musste, als die Wellenlänge der ersten Strahlung im Kosmos durch dessen Expansion derart in die Länge gezogen wurde, dass sie sich vom sichtbaren in den unsichtbaren Bereich ausdehnte (wer dabei zusah, ist unklar ...).

Danach folgt die Zusammenfassung der jüngsten Erkenntnisse über das Ende der Finsternis durch die Entstehung der Ursterne, ohne welche es heute weder Sonne noch Erde gäbe. Es wird dann die wegweisende Arbeit eines Wissenschaftlers zitiert, wonach sich heute dank neueren Beobachtungen einige Rahmenbedingungen für die Entstehung der ersten Sterne formulieren ließen.

Und nun folgt im Text die *zentrale Aussage des ganzen Berichts*, die *Zusammenfassung der wissenschaftlichen Arbeit, der Gipfel der neuen »konkreten« Erkenntnisse*, die *Grundlage für alle weitergehenden Theorien und Simulationen* zu den Ursternen. Sie lautet:

»So weiß man inzwischen, dass das aus dem Urknall hervorgegangene Gas aus Wasserstoff und Helium nicht die treibende Kraft bei der Strukturbildung (des Universums bzw. dieser Ursterne) war. Dafür besass dieses Gas zu wenig Masse. Tonangebend war vielmehr die »dunkle Materie«, deren Natur bis heute ein Rätsel ist.«

➤ Die zentrale neue Erkenntnis lautet *zusammengefasst*: **Man weiß heute, dass die treibende Kraft der Strukturbildung des Weltalls ein *Rätsel* war!**

Muss man nach dieser Feststellung überhaupt noch weiter lesen? Macht es Sinn, sich mit Theorien und komplizierten Computer-Simulationen zu befassen, die – im doppelten Sinn des Wortes – im luftleeren Raum stehen? Ist das Wissenschaft oder Lotto? Ich bin überzeugt, im Lotto ist die Chance 6 richtige zu treffen unendlich viel größer, als in einer sog. Wissenschaft die richtige Theorie über bestimmte Entwicklungen ohne Kenntnisse der Ausgangsbedingungen zu finden. Wie nennt man ein Haus ohne Fundament?

Als einigermaßen effizienter Mensch müsste man bei solcher Erkenntnis nur zu einem Schluss kommen: Übung halt! Es geht erst weiter, wenn die Ausgangsbedingungen gesichert sind. Alles konzentriert sich jetzt auf die dunkle Materie. Solange dieses Phänomen nicht bekannt ist, ist jede weiterführende Theorie und jede darauf aufbauende Simulation reine Vergeudung wissenschaftlicher Ressourcen.

Dessen ungeachtet diente diese Erkenntnis, oder besser: *dieses Rätsel*, den Wissenschaftlern als Ausgangspunkt einer am Computer simulierten Sternentstehung und für Theorien über das Ende der Ursterne, welche im Artikel beschrieben werden. Im Simulationsmodell wird dabei auf die unbekannte *dunkle Materie* zurückgegriffen, um den Vorgang zu erklären und zuletzt festzustellen:

> ... Auch die Simulation kann ... keine genaue Antwort auf die Frage geben, welche Masse die ersten Sterne hatten. Am wahrscheinlichsten sind Werte zwischen 30 und 200 Sonnenmassen.«

5. Fazit

Meine abschließende Feststellung zu diesem Artikel: Die dargestellte sogenannte wissenschaftliche Erkenntnis über die Strukturbildung des Universums durch die so genannten Ursterne beruht auf dem Dogma der Evolution aller Materie, einer unbewiesenen zirkelschlüssigen Arbeitshypothese, dem Urknall, sowie auf einer unbekannten, nicht überprüfbaren Grundlage, dem *Rätsel* der dunklen Materie, und schließlich auf einer Simulation mit unbekannten Komponenten als nicht überprüfbare Hilfshypothesen, nochmals der dunklen Materie, und weist ein nicht gesichertes und höchst unpräzises Ergebnis auf.

Und das wird dem Leser als sensationelle neue Erkenntnis, als ziemlich konkrete Vorstellung, als – im doppelten Sinn – das Ende der Finsternis, und als Wissenschaft verkauft! Und dafür wird auch noch viel Geld ausgegeben!

Als Christ stelle ich dieser Erkenntnis eine göttliche Offenbarung gegenüber, aus dem Johannesevangelium Kapitel 1, Verse 1 bis 5:

»Im Anfang war das Wort, und das Wort war bei Gott, und das Wort war Gott. Dieses war im Anfang bei Gott. Alles wurde durch dasselbe, und ohne dasselbe wurde auch nicht eines, das geworden ist. In ihm (Jesus Christus) war Leben, und das Leben war das Licht der Menschen. Und das Licht scheint in der Finsternis, und die Finsternis hat es nicht erfasst.«

Ob man sich auf das Umhertappen der Wissenschaft am Ende der Finsternis oder auf Gottes Licht verlassen will, sei jedem selber überlassen.

II. »Homo erectus – der erste Kosmopolit«

Von Sibylle Wehner-v. Segesser (in NZZ Forschung und Technik, 7. Mai 2003, S. 73).

1. Kontakt zur Autorin

Auch bevor ich die nun folgenden Textpassagen übernahm, fragte ich die Autorin höflich an, ob ich den ganzen Artikel abdrucken dürfe. Auch diese Autorin wollte zuerst einmal wissen, unter welchem Blickwinkel ich das Thema Evolution - Kreation behandle. Auf meine Kundgabe, dies als Christ zu tun, verweigerte sie den Abdruck und meinte gar, sie wolle nicht, dass ihr Artikel im Kontext mit einem kreationistischen Gedankengut zitiert werde. Sie halte die Debatten Evolutionismus vs. Kreationismus »allein schon deshalb für unsinnig und ausweglos, weil sich die Diskutanten auf verschiedenen logischen Ebenen bewegen (induktive vs deduktive Beweisführung)«. Sie sei so wenig wie Ernst Mayr daran interessiert, in eine »fruchtlose Debatte verwickelt zu werden«.

2. Textausschnitte

Zum besseren Verständnis der nachfolgenden Analyse des Textes werden auch hier zunächst die danach einzeln analysierten Passagen so umfassend wie möglich und nötig im Zusammenhang wiedergegeben.

Sibylle Wehner-v. Segesser, NZZ 27.5.2003, S. 73 (mit verschiedenen Verweisen auf Science und Nature):

> **»Homo erectus – der erste Kosmopolit**
> *Neue Funde und neue Hypothesen*
> *zur menschlichen Evolution*
> Neue Fossilfunde von Homo erectus, dem evolutionsbiologischen Vorläufer des modernen Menschen, zwingen zur Korrektur etablierter Lehrmeinungen: Mit einem überraschend kleinen Gehirn und primitiven Werkzeugen hat sich der Homo erectus etwa eine Million Jahre früher als bisher vermutet von Afrika nach Eurasien ausgebreitet.

Voller Irrungen und Wirrungen ist sie, die Entdeckungsgeschichte von *Homo erectus*. Die ersten fossilen Zeugnisse dieser altsteinzeitlichen Hominidengruppe wurden Ende des 19. und Anfang des 20. Jahrhunderts in Ostasien zutage gefördert – allen voran der »Javamensch«, den der belgische Arzt und Naturforscher Eugène Dubois im javanischen Trinil entdeckte. Besessen von der darwinistisch inspirierten Idee, ein »missing link« zwischen Affe und Mensch zu finden, war Dubois 1887 in die holländischen »East Indies« aufgebrochen. In der Tat fand

227

er dort nach langjähriger Suche ... auch den Schädel des Javamenschen. Sich am Ziel seiner Träume wähnend, taufte er den Fund *Pithecanthropus erectus* – ein aufrechter Affenmensch. Damit schien sich die damals herrschende Meinung bestätigt zu haben, der Ursprung der Menschheit liege in Asien.

Afrika als Wiege der Hominiden

Inzwischen haben Fossilfunde früher Hominiden aus Afrika das Bild total verändert. ... – sie alle lassen keinen Zweifel daran, dass sich zumindest die ersten Jahrmillionen der Hominidenevolution in Afrika abgespielt haben. Doch wie und wo die spätere Entwicklung einschließlich der Entstehung des moderne Homo sapiens verlief, ist Gegenstand leidenschaftlicher Diskussionen (...).

In diesen Debatten spielt *Homo erectus* als mutmaßlich erster Kosmopolit unter den Hominiden eine Schlüsselrolle. ... Vor etwa einer Million Jahren stießen demnach erste Populationen von *Homo erectus* über den Vorderen Orient nach Asien vor, wo sie sich bis nach Indonesien und China ausbreiteten. Erst später erfolgte die Besiedlung Europas; eine Verzögerung, die man auf geologische und klimatische Barrieren zurückzuführen suchte.

Auswanderung vor 2 Millionen Jahren

Doch seit Mitte der 1990er Jahre geriet dieses nunmehr klassische Szenario aufgrund neuer Funde und Analysen zunehmend ins Wanken. ... im Lauf der letzten drei Jahre zwangen Hominidenfunde ... in Georgien endgültig zur Revision der etablierten Vorstellungen. Mit einem zuverlässig datierten Alter von mindestens 1,7 Millionen Jahren lieferten sie den zweifelsfreien Beleg dafür, dass die Erectus-Gruppe außerhalb Afrikas schon wesentlich früher als bisher behauptet präsent sein muss, die erste Auswanderungswelle aus Afrika also bereits vor etwa zwei Millionen Jahren eingesetzt haben dürfte.

Die genannten Erectus-Fossilien aus Georgien – bisher wurden in der Fachliteratur drei gut erhaltene Schädel beschrieben – widerlegen zugleich noch eine zweite klassische Auswanderungshypothese: dass nämlich die ersten Hominiden, die in neue, kühlere Klimazonen vordrangen, mit einem relative großen Gehirn und fortschrittlichen Werkzeugen ... ausgerüstet gewesen sein mussten.

Wenn also diese ersten Auswanderer weder eine größere Hirnkapazität noch fortschrittlichere Technologien als ihre afrikanischen Vorläufer besaßen, was hat sie dann zur Kolonisierung neuer Gebiete veranlasst und befähigt? An Spekulationen fehlt es nicht. ...

Ein zweites erstaunt an den drei Schädeln ...: ihre außerordentlich morphologische Variationsbreite. Hätte man sie an verschiedenen Lokalitäten gefunden, wären sie wohl kaum der gleichen Art zugeordnet worden, ... Die teilweise erheblichen morphologischen Differenzen zwischen Fossilien verschiedener Lokalitäten und Zeitepochen hatten einige Experten in den letzten Jahren sogar veranlasst, die Erectus-Gruppe in zwei Arten aufzuspalten: ... – eine Aufteilung, die jedoch sehr umstritten blieb.

Kontinuierliches Formenspektrum

Der Gelehrtenstreit scheint sich nun zugunsten derjenigen zu wenden, die für eine einzige Art plädieren. Die stärksten Argumente lieferte letztes Jahr ein neuer Erectus-Schädel ..., dessen Alter auf 0,8 bis 1 Million Jahre geschätzt wird ... Dieser Fund verbindet gleichzeitig die geologisch älteren und jüngeren Exemplare aus Afrika zu einem morphologischen Kontinuum. ... Damit bilden die rund 1,5 Millionen Jahre umspannenden Erectus-Funde aus verschiedenen Kontinenten und geologischen Horizonten ein kontinuierliches Formenspektrum, für das die natürliche Variationsbreite innerhalb einer Art als Interpretationsgrundlage ausreichend sein dürfte. Erst das mittlerweile doch recht umfangreiche Fundarsenal ließ solche Gemeinsamkeiten überhaupt erkennen. Lückenhaftes Fossilmaterial – der Normalfall in der Paläoanthropologie – verleitet ... zum »Splitting«, zur Schaffung eines eigenen Taxons für fast jeden neuen Fund. ...

Wohl nicht die letzte Revision

Einmal mehr muss also das Bild der Evolution des Menschen aufgrund jüngster Funde in manchen Teilen neu gezeichnet werden; wohl nicht zum letzten Mal. So harrt die Frage, wann und wo der moderne Mensch – *Homo sapiens* – entstand und welche Rolle der *Homo erectus* bei diesem Entwicklungsschritt spielte, noch immer der Klärung.«

3. Zusammenfassung des Textes

Im Bericht von Frau Wehner-v. Segesser werden zunächst die Theorien der Herkunft der Menschen und ihre Revisionen aufgrund neuerer Entdeckungen beschrieben, um dann die zentrale These der neusten Erkenntnisse des Zeitpunkts der Auswanderung der Menschen von Afrika nach Asien aufgrund neuer Funde vorzustellen.

Der Text ist ein wunderbares Beispiel – wohl unbewusster – rhetorischer Manipulation.

4. Analyse des Texte

Sibylle Wehner-v. Segesser, NZZ 27.5.2003, S. 73 (Unterstreichungen beigefügt):

»Homo erectus – der erste Kosmopolit
Neue Funde und neue Hypothesen
zur menschlichen Evolution
Neue Fossilfunde von Homo erectus, dem evolutions-
biologischen Vorläufer des modernen Menschen, zwingen
zur Korrektur etablierter Lehrmeinungen: Mit einem
überraschend kleinen Gehirn und primitiven Werkzeugen
hat sich der Homo erectus etwa eine Million Jahre früher
als bisher vermutet von Afrika nach Eurasien ausgebrei-
tet.«

➤ Zu dieser Einleitung gibt es Ähnliches festzustellen wie zum
vorangehenden Beispiel von Christian Speicher: Es wird eine
Hypothese als Tatsache dargestellt, nämlich, dass der Homo
erectus ein Vorläufer des modernen Menschen sei. Darauf kommt
der Bericht zurück.

➤ Es wird sodann das zentrale Thema des Berichts zwar mit
einer *Korrektur* der etablierten Lehrmeinungen angekündigt und
damit *Flexibilität der Wissenschaft impliziert*, jedoch wird mit
dem Wort *»zwingen« zugleich suggeriert, dass die jetzige
Erkenntnis gesichert sei.*

Mit dem Wort *»vermutet«* zur früheren Theorie wird im
folgenden Satz zudem die *bisher etablierte Lehrmeinung als
zweitrangig und nicht wissenschaftlich abgeschwächt.* Damit wird
das Zwingende der neuen Erkenntnis über die Herkunft des
Menschen noch verstärkt und diese *Erkenntnis gleich wieder als
Wissen – im Gegensatz zur früheren Vermutung – gefestigt.*

Außerdem wird mit dem Wort *»überraschend«* der bisherige
Fehlschluss der Wissenschaft entschuldigt. Auf die Überraschung
der kleinen Gehirne des Homo erectus war man nicht gefasst. Die
Fossilien haben den Wissenschaftlern bisher nicht alles mitgeteilt
und sie voll »reinlaufen« lassen, diese fiesen kleinen Knochen!

➤ Das tendenziöse Spiel mit Worten ist sehr vielsagend und alles

231

andere als redlich. Es handelt sich um gekonnte (wohl aber nicht einmal bewusste) rhetorische Manipulation des Lesers. Man spürt jedenfalls die *Intention* der Verfasserin: *Es sollen trotz notwendiger Korrektur ja keine Zweifel an der Wissenschaft und deren Grundannahme (gemeinsame Abstammung, Makroevolution) aufkommen.*

➤ Noch eine inhaltliche Bemerkung zur Einleitung: Was um alles in der Welt haben ein kleines Gehirn und primitive Werkzeuge mit der Ausbreitung von Lebewesen zu tun? Wo liegt da die Kausalität? Bestünde eine solche, dann müssten alle Spatzen der Welt noch immer auf einem einzigen Quadratmeter leben (man verzeihe mir diese offensichtliche rhetorische Übertreibung). Wie dem auch sei.

Der eigentliche Bericht beginnt dann wie folgt:

> »Voller Irrungen und Wirrungen ist sie, die Entdeckungsgeschichte von Homo erectus.«

➤ Dazu ist folgendes festzustellen: Zwar hört sich das ach so aufrichtige Eingeständnis über Irrungen einer Wissenschaft selbstreflektierend und damit redlich an. Doch wenn man genau hinsieht, ist das wieder eine *rhetorische Finte*, denn der Irrtum wird nur auf die *Entdeckungsgeschichte* von Homo erectus bezogen, nicht aber auf die Erkenntnisse und Theorien über diesen selbst und seine angebliche Entwicklung, schon gar nicht die zur Zeit geltenden.

Die vermeintliche Selbstkritik der Wissenschaft ist im Grunde Kritik über einzelne, frühere Forscher und deren Geschichte, mit dem Ziel, die heutige Wissenschaft als solche eben gerade aus der Kritik herauszunehmen. Das ist Unredlichkeit der Unredlichkeit. Links antäuschen und rechts vorbei. Wissenschaft ist aber kein Spiel!

Es folgen im Bericht Angaben zu ersten Fossilfunden von

Eugène Dubois und folgende, interessante Aussage über diesen Finder.

»Besessen von der darwinistisch inspirierten Idee, ein »missing link« zwischen Affe und Mensch zu finden, war Dubois 1887 in die holländischen »East Indies« aufgebrochen. In der Tat fand er dort nach langjähriger Suche ... auch den Schädel des Javamenschen. Sich am Ziel seiner Träume wähnend, taufte er den Fund *Pithecanthropus erectus* – ein aufrechter Affenmensch. Damit schien sich die damals herrschende Meinung bestätigt zu haben, der Ursprung der Menschheit liege in Asien.«

➤ Zu beachten ist zunächst, dass der Ursprung des Menschen lediglich geographisch umstritten ist. Mit der revidierten Meinung über den Ursprung der Menschheit ist nicht die Abstammungslehre gemeint. Die ist als Dogma unantastbar.

➤ Zu Dubois ist festzustellen: Die Motive und die Vorgehensweise hören sich viel mehr wie religiöser Eifer denn wissenschaftliche Nüchternheit und Objektivität an.

➤ Weiter gilt, was vorher dargelegt wurde: Hier wird – wohl zu Recht – über einen Besessenen geschrieben, allerdings mit der durchschaubaren *doppelten Absicht, frühere Wissenschaftler* des eigenen Gebiets als *unredlich und unwissenschaftlich* und demgegenüber *implizite* die *heutige Wissenschaft als redlich und objektiv* darzustellen. Das ist die rhetorische *Taktik der Wissenschaft*, um die eigene Glaubwürdigkeit bei einer notwendigen Revision der bisherigen Theorie wieder herzustellen: Man hinterfragt die früheren Vertreter der Theorie, zieht fast schon hämisch über deren religiösen Eifer und das unwissenschaftliche Arbeiten her, um implizit zum Ausdruck zu bringen, dass heute alles viel besser, viel redlicher, viel objektiver, viel wissenschaftlicher sei.

Kann es da verwundern, wenn es im Text wie folgt weiter geht:

»Inzwischen haben Fossilfunde früher Hominiden aus Afrika das <u>Bild total verändert</u>.«

Dann wird über diese Fossilfunde in Afrika berichtet und festgestellt:

»... sie alle (d.h. die Funde) lassen <u>keinen Zweifel</u> daran, dass sich zumindest die ersten Jahrmillionen der Hominidenevolution in Afrika abgespielt haben.«

➤ Tatsächlich keinen Zweifel? – Sehen Sie die Taktik und die Manipulation des Lesers? Zunächst Verunglimpfung der eigenen früheren Wissenschaftskollegen mit Adjektiven wie »besessen«. Dann die gesicherte heutige Erkenntnis mit Ausdrücken wie »keinen Zweifel«.

➤ Man muss nochmals feststellen: Wenn es um heute gültige Theorien geht, wird – in impliziter Abgrenzung zu allem Subjektiven, Irrationalen oder Religiösen – von »keinen Zweifeln« gesprochen, also von gefestigter, sicherer Erkenntnis. Wenn es um die überholte wissenschaftliche Erkenntnis geht, deren Revision ja die Wissenschaft an sich in Frage stellt, wird diese als Träume und Besessenheit einzelner irregeleiteter Wissenschaftler abgetan. Ist das selbstkritisch? Ist das redlich? Ist das objektiv?

➤ Zu beachten ist nach wie vor, dass die Hominidenevolution als Dogma nicht in Frage gestellt wird. In Frage steht einzig, wo sie geographisch ihren Ausgangspunkt hatte.

Weiter wird im Text die von der Wissenschaft lange als gesichert geltende Theorie des Zeitpunkts der Ausbreitung des Hominiden von Afrika aus beschrieben, um dann, wen wundert's, zur neuesten, revidierten Erkenntnis zu kommen:

»Doch seit Mitte der 1990er Jahre geriet dieses nunmehr klassische Szenario aufgrund neuer Funde und Analysen zunehmend ins Wanken. ... im Lauf der letzten drei Jahre zwangen Hominidenfunde ... in Georgien endgültig zur Revision der etablierten Vorstellungen. Mit einem zuverlässig datierten Alter von mindestens 1,7 Millionen Jahren lieferten sie den zweifelsfreien Beleg dafür, dass die Erectus-Gruppe außerhalb Afrikas schon wesentlich früher als bisher behauptet präsent sein muss, ...«

➤ Endgültig? Zuverlässig? Zweifelsfrei? – Da kann man nur sagen: Gewiss ..., bis zum nächsten Fund!

➤ Hier, in diesem zentralen Bereich des Berichts kommen die in der Einleitung benutzten und vorher bereits kommentierten Wörter vor: Mit »zwingen«, »zuverlässig« und »zweifelsfrei« wird die neue Erkenntnis wieder als *gesichert* dargestellt, obwohl sie ja gerade eine Korrektur der bisher »etablierten« Erkenntnis nötig machte und damit die Wissenschaft grundsätzlich als stets nur vorläufige Erkenntnisgewinnung entblößt.

Der Unsicherheit, die solche Korrekturen wissenschaftlicher Erkenntnis mit sich bringt, wird mit der bereits erwähnten Verunglimpfung früherer Wissenschaftler sowie dem angeblichen Überraschungsmoment neuer Funde und mit weiteren wortreichen Tricks entgegengewirkt, nur um das Ansehen der Wissenschaft zu retten.

Eine *Revision*, wie im Bericht erwähnt, hört sich viel besser an als eine *neue Theorie*. Letzteres wäre ein Eingeständnis, dass man bisher alles falsch gedacht hat. Die *Endgültigkeit* der *Revision* impliziert außerdem, dass man es im Grunde ja schon lange gewusst hatte, aber – oh Redlichkeit der Wissenschaft – natürlich abwarten musste, bis die Beweise vorlagen, die zuverlässig datierten und zweifelsfreien ...

Im Text folgt dann noch die Erwähnung einer weiteren

235

Revision einer klassischen »Auswanderungshypothese« sowie die in der Einleitung erwähnte seltsame Verbindung zwischen der Größe des Gehirns und der Ausbreitung der Hominiden mit folgender Frage:

> »Wenn also diese ersten Auswanderer weder eine größere Hirnkapazität noch fortschrittlichere Technologien als ihre afrikanischen Vorläufer besassen, was hat sie dann zur Kolonisierung neuer Gebiete veranlasst und befähigt? An Spekulationen fehlt es nicht.«

➤ Man merke: Wissen-schaf(f)t Spekulation! Aber aufgepasst: nur auf der untersten Hypothesen-Stufe. Die oberste Stufe der Theorie ist das darwinistische Dogma der gemeinsamen Abstammung aller Lebewesen vom Einzeller. Es ist unantastbar. Die Stufe darunter ist die Theorie des gemeinsamen Vorfahren von Affe und Mensch, also der Hominidenevolution. Auch sie wird nicht in Frage gestellt. Die hier vorgetragene Streitfrage der dritten Stufe ist die des geographischen Ausgangsortes dieser Evolution, also Asien oder Afrika; sie wird im Artikel als »gelöst« beschrieben. Die Spekulationen, die bleiben, betreffen somit etwa die vierte Hypothesen-Stufe von oben, eine Unter-unter-unter-unter-Theorie, nämlich die Theorie betreffend Motiv und Fähigkeit zur Auswanderung. Mit der letzten beiläufigen Anmerkung der Verfasserin wird heute schon die Revision der Untertheorien von morgen entschuldigt. Dem dient auch der Abschluss des Berichts mit den folgenden vielsagenden Bemerkungen:

> »Lückenhaftes Fossilmaterial – der Normalfall in der Paläoanthropologie – verleitet ... zum »Splitting«, zur Schaffung eines eigenen Taxons für fast jeden neuen Fund.
> ...

Wohl nicht die letzte Revision

Einmal mehr <u>muss</u> also das Bild der Evolution des Menschen aufgrund jüngster Funde <u>in manchen Teilen</u> <u>neu</u>
<u>gezeichnet</u> werden; <u>wohl nicht zum letzten Mal</u>. <u>So harrt</u>
<u>die Frage, wann und wo der moderne Mensch</u> – *Homo*
sapiens – <u>entstand und welche Rolle der *Homo erectus* bei</u>
<u>diesem Entwicklungsschritt spielte, noch immer der</u>
<u>Klärung</u>.«

➤ Zunächst wird also das durch die lückenhaften Funde notwendige »Splitting« als *Verleitung* eines ganzen Wissenschafts-
zweiges dargestellt. Mit dem Wort »verleitet« wird zum Ausdruck gebracht, dass sich die Wissenschaft mit dem Splitting
aufgrund der Fakten auf dem Holzweg befindet, ja von den
Fakten geradezu getäuscht wird. Der richtige Weg kann nur die
Evolutionstheorie sein, die ja bekanntlich das Gegenteil des
»Splittings«, nämlich die gemeinsame Abstammung beinhaltet.
Da die Theorie – wie vorstehend bei Mayr schon gezeigt – aus
weltanschaulichen bzw. religiösen (atheistischen) Gründen wider
alle Fakten aufrecht erhalten bleiben muss, werden die aktuellen
Beobachtungen des Gegenteils rhetorisch aus dem Weg geräumt
und wird die Lösung des Problems in die Zukunft verlagert (auch
eine bekannte Methode der Evolutionisten; und wenn nicht die
Zukunft, dann muss das Weltall oder die unvorstellbare weit
zurückliegende Vergangenheit herhalten, Hauptsache die
Spekulationen lassen sich nicht überprüfen).

➤ Mit der letzten Erklärung wird die Feststellung der Einleitung,
wonach der Homo sapiens vom Homo erectus abstamme, gleich
wieder als reine Spekulation entlarvt. Aber auch hier wieder:
Aufgepasst! Am darwinistischen Dogma der gemeinsamen
Abstammung und an der Grundtheorie des gemeinsamen Vorfahren von Mensch und Affe wird nicht gerüttelt. Offen gelassen
wird lediglich die letzte Stufe des Übergangs des letzten angebli-

chen Vorfahren des Menschen zu diesem selbst. Dass es so geschah, wird nicht in Frage gestellt, sondern wieder nur die Unterthese dieser Unterthese, nämlich wo und wie es geschah. Das alles ist reinste dogmatisch fixierte Deduktion, auch wenn das die Verfasserin ausdrücklich weit von sich weist: Die Funde werden in das unumstößliche evolutionistische Weltbild eingeordnet.

5. Fazit

Hier meine abschließende Feststellung zu diesen »wissenschaftlichen« Erkenntnissen: Grundlage der Suche nach dem Ursprung des Menschen war eine Art religiöser Eifer, ein Traum, ja eine Besessenheit, die Theorie Darwins zu beweisen. Mit wissenschaftlicher Nüchternheit und Objektivität oder mit Induktion hatte das offensichtlich nichts zu tun. Die Interpretation der Funde zum sog. Homo erectus ändert alle paar Jahre wieder, fast mit jedem neuen Fund. Aus einem vermeintlichen Stammbaum der Menschen wird je länger je mehr ein Stammbusch. Weil die Linie fehlt, wird fast jedem neuen Fund eine eigene Theorie beigelegt. Dies ist ein üblicher Trick von Evolutionswissenschaftlern: Wird eine Haupttheorie nicht bestätigt oder wird sie gar widerlegt, rückt man nicht davon ab, sondern schafft sich ad hoc Ausweichargumente über weitere Theorien bzw. Hilfshypothesen, oft solche, die noch schlechter überprüfbar sind, zunächst bis weit in die Vergangenheit, zuletzt meist bis weit ins Weltall hinaus verlegt ... Am Schluss ist es mit den Theorien ähnlich wie mit den Steuern und Gebühren im Staat: Es gibt so viele, dass keiner mehr die Übersicht hat und die Abschaffung dadurch verhindert wird. Von gesicherter Erkenntnis kann man bei diesem Hin und Her nicht sprechen, geschweige denn von Beweisen zu tatsächlichen Vorgängen. Die Lehre der gemeinsamen Abstammung und der Hominidenevolution wird nicht in Frage gestellt. Die angebliche Schnittstelle oder der Übergang zwischen dem Homo erectus und dem Menschen (Homo sapiens) liegt total im Dunkeln. (Kreationisten gehen übrigens davon aus, dass der sog. Homo erectus ganz einfach ein Mensch war.)

Zusammengefasst basiert nach diesem Bericht die Theorie über unsere Herkunft auf einer sich ständig revidierenden Theorie über einen möglichen Vorfahren, wobei nicht erwiesen ist, dass es sich tatsächlich um einen Vorfahren handelt. Urteil: Unsere Herkunft ist auf dieser wissenschaftlichen Basis reinste Spekulation.

Als Christ setze ich diesem sog. wissenschaftlichen Bericht wieder eine Offenbarung Gottes entgegen, welche seit weit über 3000 Jahren unverändert und unwiderlegt Bestand hat, aus 1. Mose 1,26-27:

»Und Gott sprach: Lasst uns Menschen machen in unserem Bild, uns ähnlich! Sie sollen herrschen über die Fische des Meeres und über die Vögel des Himmels und über das Vieh und über die ganze Erde und über alle kriechenden Tiere, die auf der Erde kriechen! Und Gott schuf den Menschen nach seinem Bild, nach dem Bild Gottes schuf er ihn; als Mann und Frau schuf er sie.«

Auch hier bleibt es jedem selber überlassen, sich auf die ständig wandelnden Hypothesen der Wissenschaft oder auf das festgegründete Wort Gottes zu verlassen.

Schluss

Römerbrief, Kapitel 1, Verse 18 bis 25:

»Denn ich schäme mich des Evangeliums nicht, ist es doch Gottes Kraft zum Heil jedem Glaubenden, sowohl dem Juden zuerst als auch dem Griechen. Denn Gottes Gerechtigkeit wird darin geoffenbart aus dem Glauben zu Glauben, wie geschrieben steht: Der Gerechte wird aus Glauben leben.

Denn es wird geoffenbart Gottes Zorn vom Himmel her über alle Gottlosigkeit und Ungerechtigkeit der Menschen, welche die Wahrheit durch Ungerechtigkeit niederhalten, weil das von Gott Erkennbare unter ihnen offenbar ist, denn Gott hat es ihnen offenbart. Denn sein unsichtbares Wesen, sowohl seine ewige Kraft als auch seine Göttlichkeit wird seit Erschaffung der Welt in dem Gemachten wahrgenommen und geschaut, damit sie ohne Entschuldigung seien; weil sie Gott kannten, ihn aber weder als Gott verherrlichten noch ihm Dank darbrachten, sondern in ihren Überlegungen in Torheit verfielen und ihr unverständiges Herz verfinstert wurde. Indem sie sich für Weise ausgaben, sind sie zu Narren geworden und haben die Herrlichkeit des unvergänglichen Gottes verwandelt in das Gleichnis eines Bildes vom vergänglichen Menschen und von Vögeln und von vierfüßigen und kriechenden Tieren. Darum hat Gott sie dahingegeben in den Begierden ihrer Herzen in die Unreinheit, ihre Leiber untereinander zu schänden, sie, welche die Wahrheit Gottes in die Lüge verwandelt und dem Geschöpf Verehrung und Dienst dargebracht haben statt dem Schöpfer, der gepriesen sei in Ewigkeit. Amen.«

➤ Die **Evolutionslehre** ist als Vergöttlichung der Natur, als Naturalismus und Materialismus *Götzendienst* sowie als Zufallsglaube Ausdruck von *Gesetzlosigkeit*.

Anhang 1: Mikro- und Makroevolution

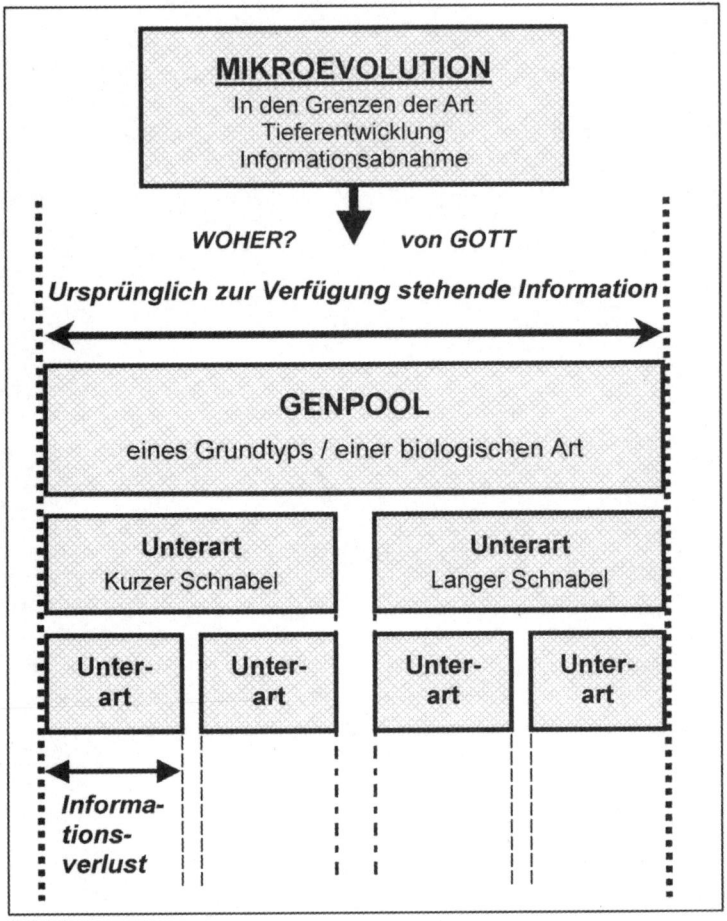

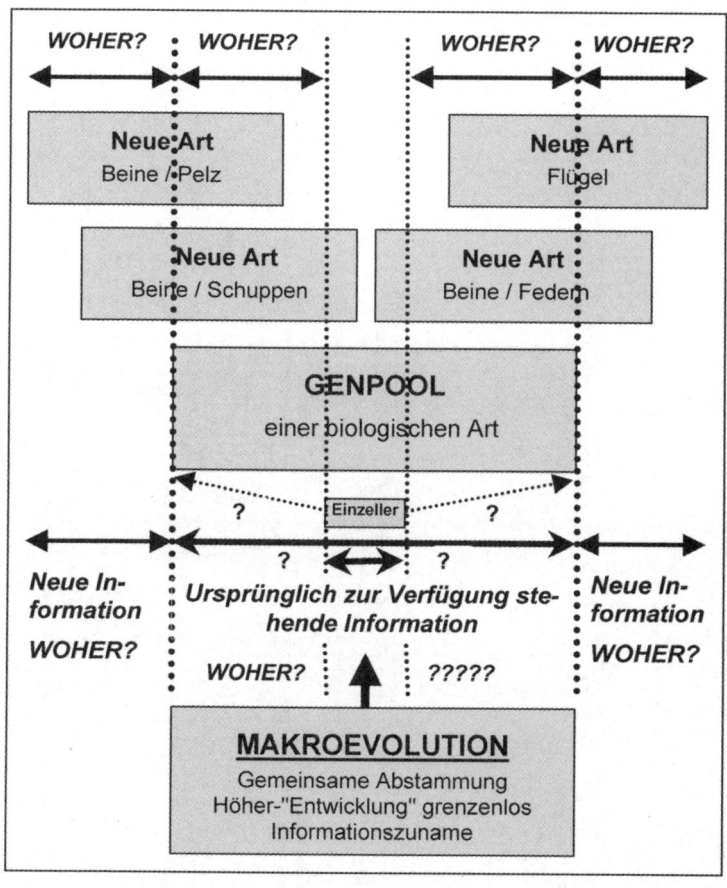

Anhang 2: Schöpfung

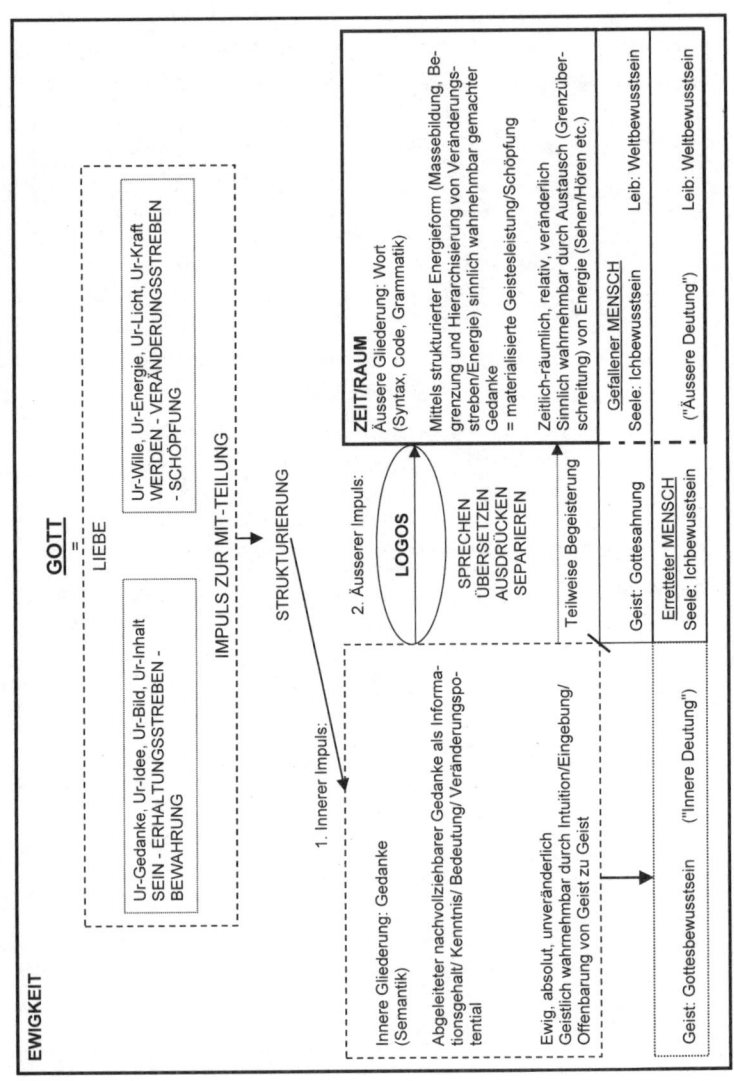

244

Legende

Information: durch gestalten, formen, bilden oder sonstigem sinnlich Wahrnehmbarmachen in Kenntnis setzen/mitteilen

Impuls: 1. Anstoß, Antrieb; 2. Bewegungsgröße eines Körpers (Masse x Geschwindigkeit (= Weg/Zeit))

Kraft: Veränderungsstreben; jede Größe, die den Bewegungszustand eines Körpers (d.h. seinen Impuls) nach Größe oder Richtung zu ändern bestrebt ist

Masse: Widerstand eines Körpers gegen Beschleunigung (bzw. gegen Veränderung), Trägheit

Energie: realisierbare Kraft, machbare Veränderung

Struktur: Anordnung, Ordnung, Zusammenfügung, Aufbau; hierarchische Ordnung zur Begrenzung und Lenkung von Veränderungsstreben, äußere Gliederung: Begrenzung des Veränderungsstrebens; innere Gliederung: Veränderungspotential

Materie: als Masseteilchen auftretende, strukturierte und erleuchtete (sinnlich wahrnehmbare) sowie verfügbar und veränderbar (umstrukturierbar) gemachte Energie(form)

Schöpfung: materialisierte Geistesleistung, sinnlich wahrnehmbar gemachter Gedanke, Ausdruck von Gedanken, ein Festhalten, Erkennbar- und Verfügbarmachen geistiger Inhalte oder Leistungen in Zeit und Raum

Anhang 3: Gehalt der Aussagen

	EVOLUTIONSLEHRE	BIBEL
URSPRUNG		
AUSLÖSENDE KRAFT	??? $= 0$	GOTT $= 1$
VORGANG	??? $= 0$	SPRECHEN $= 1$
ENTWICKLUNG		
AUSLÖSENDE KRAFT	ZUFALL x NOTWENDIGKEIT $0 \times 1(?) = 0$	GOTT $= 1$
VORGANG	MIKRO- UND MAKROEVOLUTION ≤ 1 (bei Zufall $= 0$)	MIKROEVOLUTION ≤ 1

Anhang 4: Theistischer Evolutionismus

1. Kopf gegen Herz

Anhang 4 richtet sich in erster Linie an überzeugte Christen, welche Mühe haben Kopf und Herz zusammenzubringen. Es handelt sich um zwei leicht modifizierte Artikel aus dem flash 5 des Vereins ProGenesis und aus dem factum Nr. 8/2004 (empfehlenswert zum Thema: Werner Gitt, Schuf Gott durch Evolution?, CLV-Verlag, D-Bielefeld).

Es fällt auf, dass viele Christen innerlich gespalten sind. Der Kopf neigt zum »Wissen« und zur Wissenschaft, das Herz zur Bibel und zum Glauben. Schuld daran ist die Dominanz der Wissenschaft in unserer Gesellschaft und insbesondere die Evolutionslehre. Die Lösung des inneren Konflikts wird auf zwei verschiedenen Wegen gesucht:

2. Vermischung/Kombination

Die einen evolutionistisch geprägten Christen versuchen vermittelnd Glauben und »Wissen« zu kombinieren, indem sie die Erkenntnisse der Evolutions-Wissenschaft(en) mit dem Bibeltext in Übereinstimmung bringen. Das anerkennenswerte Motiv dieser theistischen Evolutionisten ist in aller Regel, der naturalistischen Weltanschauung den Wind aus den Segeln zu nehmen, damit den Menschen der Zugang zum christlichen Glauben durch die atheistische Attacke auf die Glaubwürdigkeit der Bibel nicht von vornherein verschlossen bleibt.

Diese theistische Evolutionslehre krankt allerdings am gleichen Übel wie die liberale Theologie mit ihrem historisch-kritischen Bibelverständnis: Man versucht die durch die Wissenschaft erweckten Zweifel am Inhalt und am Urheber der Bibel zu überwinden, um sich einen Gottesglauben bewahren zu können. Aber welcher bleibt dabei übrig? Können Kompromisse tatsächlich zu Gott führen? Kann die Offenbarung Gottes, nachdem sie durch die Wissenschaft methodisch und scheinbar inhaltlich widerlegt wurde, ausgerechnet mittels Kombination mit diesen Erkenntnissen verteidigt werden?

Christen glauben, dass Gott allmächtig ist. Allerdings glauben das auch viele Nichtchristen und selbst der Vater der Lüge, Satan. Deshalb ist der Glaube, dass Gott alles kann noch längst kein Kriterium für Wahrheit. Wer an die Allmacht Gottes glaubt, kann sich vorstellen, dass er in einer einzigen Sekunde die ganze Welt erschaffen hat oder aber im Sinne der Makroevolution über Milliarden von Jahren in unzähligen Schritten dem Bestehenden neue Information zur Entstehung neuer Strukturen beigefügt hat. Entscheidend ist nun aber nicht, was Gott kann, sondern was er tatsächlich tut. Entscheidend für die Vergangenheit ist nicht, was Gott hätte tun können, sondern was er sagt, dass er tatsächlich getan hat. Wahrhaftig ist allein Gottes Zeugnis, die Bibel.

Die theistischen Evolutionisten können und wollen Gott und die Bibel nicht negieren. Denn für sie ist klar: Gott existiert, und er war bei der Entstehung der Welt und des Lebens dabei. Und die Bibel gibt ein Zeugnis davon. Der Unterschied zwischen bibelgläubigen Kreationisten und theistischen Evolutionisten besteht in der Deutung der historischen Beweise, sowohl der Steine wie auch der Bibel. Die theistischen Evolutionisten gehen von der evolutionistischen Deutung der Steine (via Erfahrungssatz der radiometrischen Uhr) aus und passen die Bibel dieser an. Für sie kommt also das »Wissen« zuerst, und der Glaube danach. Er muss sich anpassen. Sie entpuppen sich damit als verkappte Naturalisten.

Die bibelgläubigen Kreationisten gehen von der wörtlichen Auslegung der Bibel aus und passen ihr die Deutung der Steine an. Für sie kommt somit der Glaube zuerst und das vermeintliche Wissen wird diesem untergeordnet. Die Prioritäten werden anders gesetzt, die Autoritäten unterschiedlich gewichtet. Die Differenz macht der Umgang mit dem Schriftzeugnis, der Bibel, was in der Auslegung zum Ausdruck kommt.

Ein grundlegendes Prinzip jeder Auslegung ist, dass dort wo der Wortsinn eindeutig ist, keine Umdeutung mit Hilfsauslegungsmitteln vorgenommen werden soll. Die wörtliche oder grammatikalische Auslegung gilt solange, als sie nicht in sich oder aufgrund des Textzusammenhangs oder eindeutiger Umstände (anderer Beweismittel) falsch sein muss. Erst wenn solches feststeht, greifen weitere Auslegungsmethoden. Obwohl die Beweislage der Evolutionisten (Steine, Fossilien plus Erfahrungssatz der radiometrischen Uhr) und die Gegenbeweislage der Schöpfungswissenschafter (systematischer Fehler der radiometrischen Uhr, Beweise der jungen Erde, nicht reduzierbare Systeme, Erfahrungssatz und Beobachtung der Entropie sowie des Lebens nur aus Leben) nüchtern betrachtet recht deutlich für Schöpfung spricht, hat sich die »vermischende« theistische Evolutionslehre leider parallel zur historisch-kritischen Theologie gegen den klaren Wortlaut der Bibel gewendet und von vornherein naturalistische Argumente zur Auslegung beigezogen und so Gott die Ehre genommen.

Wer einen Text nicht aus sich selber heraus, sondern nach seinem Vorurteil interpretiert, muss verbale Kunstgriffe in Form von Verzerrungen von Begriffen vornehmen. Eine Methode der Verzerrung ist die Ausdehnung eines Begriffs, so dass die eigene Vormeinung darin Platz findet. Dadurch verliert er zwangsläufig an Aussagekraft und kann am Ende schlicht alles bedeuten. Ab einem gewissen Grad wird diese Art der Auslegung zur Verfälschung.

Notwendige Voraussetzung (aber nie ausreichende Begründung) der Evolutionslehre sind die langen Zeiträume für die behauptete Entstehung und Entwicklung des Lebens.

Die theistischen Evolutionisten übernehmen diese Behauptung, welche einer wörtlichen Auslegung des biblischen Schöpfungsberichts mit sechs 24-Stunden-Tagen klar widerspricht. Den Trick, den sie anwenden, um ihre Vormeinung mit der Bibel in

Übereinstimmung bringen zu können, ist, den Begriff »Tag« beinahe bis zur Unendlichkeit auszudehnen, damit die ganze Evolution darin Platz findet. Das sind verbale Kunstgriffe, die fast soweit gehen, wie diejenigen der bibelkritischen Theologie. Es ist nur noch ein kleiner Schritt bis zur reinen Mythologisierung des Schöpfungsberichts.

Ein anderer Trick zur Vermischung von Evolutionslehre und Bibel, mit welchem die Verbiegung des Textes teilweise umgangen wird, ist das Lesen zwischen den Zeilen. Die sog. Lückentheorie (gap-theory) bringt die behauptete Evolution i.d.R. zwischen 1. Mose 1,1 und 1,2 oder gar vor 1,1 unter.

Ob nun aber Außerbiblisches in den Text hineingelesen oder ob die Bibel vor oder zwischen den Zeilen ergänzt wird, verwerflich ist beides: Die Bibel als Wort Gottes ist vollkommen. In den ersten Schriften der Bibel, den fünf Büchern Mose, wird bereits unmissverständlich klargemacht, dass dem Wort Gottes nichts hinzugefügt und von den Worten nichts weggenommen werden soll (5. Mose 4,2 und 13,1). Im Zentrum der Bibel, Sprüche 30,6, heißt es: »Alle Rede Gottes ist geläutert. Ein Schild ist er denen, die bei ihm Zuflucht suchen. Füge seinen Worten nichts hinzu, damit er dich nicht überführt und du als Lügner dastehst.« Und ganz am Ende der Bibel wird nochmals gewarnt, den Weissagungen dieses Buches nichts hinzuzufügen oder wegzunehmen (Offenbarung 22,18 f.). Schließlich wird in 2. Timotheus 3,15 bezeugt, dass die heiligen Schriften die Kraft haben, weise zu machen zur Rettung durch den Glauben, der in Jesus Christus ist. Gemäß Vers 16 nützt alle Schrift, damit der Mensch Gottes richtig (artios = *vollkommen*, ausreichend, ganz, geeignet), sei, für *jedes* gute Werk ausgerüstet. Wenn aber die Schrift zur Vollkommenheit genügt, dann muss sie selber vollkommen sein.

Wäre die wissenschaftliche Beweislage für die Evolution tatsächlich eindeutig, könnte man den theistischen Evolutionisten keinen Vorwurf machen. Dann bliebe nur noch, die Bibel selber zu manipulieren oder dem Glauben an Gott abzuschwören. Da jedoch die wissenschaftliche Beweislage alles andere als eindeutig ist, muss den theistischen Evolutionisten der Vorwurf der (voreiligen) Verfälschung der Bibel gemacht werden.

3. Verdrängung/Entflechtung

Die anderen theistischen Evolutionisten schrauben nicht am Bibeltext herum, sondern verdrängen das Problem der inneren Gespaltenheit, indem sie ein friedliches Nebeneinander von »Wissen« und Glauben (oder Naturwissenschaft und Theologie) propagieren. Sie weichen einer äußeren und innerlichen Konfrontation aus, indem sie sich einreden, die zwei verschiedenen Erkenntniswege des Wissens und des Glaubens ließen sich nicht vergleichen und nicht vereinbaren. Was von der Schöpfung wahrgenommen werde, könne und solle nur wissenschaftlich erfasst werden, während das Schöpfungsgeschehen als solches der Ewigkeit Gottes zuzuordnen sei und ausschließlich mit Glauben erfasst werden könne.

Diese Ansicht einer strikten Trennung zwischen Ewigem und Zeitlichem, zwischen Schöpfer und Geschaffenem, zwischen Geist und Materie trägt im Grunde gnostische Züge. – Kann es dem Willen Gottes entsprechen, gespaltene Personen als Kinder zu haben? Bleiben ihm gewisse Bereiche unseres Lebens vorenthalten?

Gottes Ewigkeit ist in die Schöpfung gelegt. Der Ausspruch »Gott schuf aus dem Nichts« (*creatio ex nihilo*) ist zwar eine gängige, aber leider verkürzte Vorstellung der Schöpfung. Ihr muss Hebräer 11,3 entgegengehalten werden: »Durch Glauben verstehen wir, dass die Welten durch Gottes Wort bereitet worden sind, so dass das Sichtbare nicht aus Erscheinendem (oder: sichtbar Gewordenem, oder: mit Sinnen Wahrnehmbarem) geworden ist.« Hier steht nichts von »Nichts«.

Gott oder Gottes Wort mit Nichts gleichzusetzen, ist eine

schlagwortartige Verkürzung als Entgegnung auf die evolutionistische Behauptung, wonach Materie aus Materie stamme. Sie ist keine genaue Wiedergabe biblischer Offenbarung. Selbstverständlich stammt die ganze Schöpfung aus Gott durch Gottes Wort, Jesus Christus (Johannes 1,1 ff.).

Gott und Gottes Ewigkeit sind aber nicht mit Sinnen erfahrbar. Das will diese Stelle zum Ausdruck bringen. Unsere Erkenntnismöglichkeiten sind allerdings nicht nur auf die Sinne begrenzt! Ebenso ist die Wissenschaft nicht auf die empirische Wissenschaft beschränkt. Gott und Gottes Wort ist nur mit Geist erkennbar, im Glauben, denn Gott ist Geist. Offenbarungen Gottes können nur im Glauben erfasst werden, denn sie kommen aus einer nicht mit Sinnen wahrnehmbaren Dimension, aus der Gegenwart Gottes.

Bei dieser Erkenntnis allein soll es aber nach dem Willen Gottes und gemäß der Bibel nicht bleiben. Sondern diese Erkenntnis soll mehr und mehr unser ganzes Leben durchdringen, also auch unsere Seele und unseren Leib. Gott will nicht nur unseren Geist. Er will uns ganz.

Es gibt gemäß der Bibel nur die Ewigkeit (oder Gegenwart Gottes) und die Zeitlichkeit/Räumlichkeit bzw. Schöpfung. Ewigkeit ist nicht einfach unendliche Zeit, sondern eine ganz andere, Zeit und Raum umfassende Dimension. Deshalb gibt es nach der Bibel kein Nichts. Sondern die Bibel unterscheidet zwischen Schöpfer und Geschöpf/Schöpfung, zwischen Glaube und Wissen/Sehen (Hebräer 11,1), zwischen mit Sinnen nicht Wahrnehmbarem und mit Sinnen Wahrnehmbarem, zwischen Geist und Materie (oft: Wasser).

Die vorstehenden Unterscheidungen bedeuten auf der einen Seite, dass es kein Vakuum gibt. Sie bedeuten aber auf der anderen Seite nicht, dass es zwischen den Dimensionen keine Berührungen oder gar Verwebungen gäbe. Jedes sinnlich wahrnehmbare (lesbare oder hörbare) Wort Gottes oder der

Menschen ist eine solche Verbindung von Geist und Materie – eine Schöpfung. Letztlich ist alle Materie Wort, auch wenn wir noch längst nicht alle diese Worte in Menschenworte übersetzt haben.

Die Bibel bezeugt die Verbindung von Ewigkeit und Zeit im Akt der Schöpfung. So steht in 1. Mose 2,7: »Da bildete Gott, der Herr, den Menschen, aus Staub vom Erdboden und hauchte in seine Nase Atem (oder: Odem, oder: Lebenshauch); so wurde der Mensch eine lebende Seele.« Diese Stelle bedeutet nichts anderes, als dass der Mensch durch die Verbindung des Ewigkeitsaspektes des Geistes Gottes mit dem Leib, also mit Materie, geschaffen wurde. Ob die Materie selbst ursprünglich nicht sogar auch Ewigkeitsaspekt war, sei hier einmal dahingestellt (wahrscheinlich ist Materie immer an eine Zeit gebunden, sodass unendliche Zeit wohl zutreffender wäre).

Abgesehen von dieser Stelle, in welcher der göttliche Aspekt bei der und in der Schöpfung des Menschen explizit bezeugt wird, muss auch von der Schöpfung her auf den ewigen Schöpfer geschlossen werden, selbst wenn sie nach dem Sündenfall weitgehend losgelöst von ihm ist. Römer 1,19 f. lautet: »..., weil das von Gott Erkennbare unter ihnen offenbar ist, denn Gott hat es ihnen offenbart. Denn sein unsichtbares Wesen, sowohl die ewige Kraft als auch seine Göttlichkeit, wird seit Erschaffung der Welt im Gemachten wahrgenommen und geschaut, damit sie ohne Entschuldigung seien, weil sie Gott kannten, ihn aber weder als Gott verherrlichten noch ihm Dank darbrachten, ...« (vgl. auch Psalm 19).

Wie der Briefschreiber stets ein Aspekt des Briefes bleibt, auch wenn man ihn nie persönlich gesehen hat, bleibt Gott stets der entscheidende Aspekt der Schöpfung und kann man daraus Rückschlüsse auf ihn ziehen. Die Bibel erkennt das Geschaffene als Offenbarung Gottes an. Gott der Ewige hat die Schöpfung inklusive Zeit aus sich für sich erschaffen. Er will die Verbindung seiner Schöpfung, allen voran der Menschen, mit ihm. Die ganze Bibel zeugt davon.

Es ist somit nicht korrekt, wenn behauptet wird, gemäß der Bibel habe kein Aspekt der Schöpfung unerschaffenen oder göttlichen Charakter, d.h. Gott (Glaube) und Schöpfung (Wissen/Sehen) ließen sich nicht zusammenbringen. Erst durch das Zusammenfügen des Leibes mit dem Geist Gottes entstand der Mensch als Lebewesen. Die ganze Schöpfung ist ein Zusammenwirken des Geistes Gottes mit seinem in sich gesprochenen Erstlingswort Jesus Christus und damit eine Verbindung von Ewigkeit bzw. Geist und Form/Zeit bzw. Materie. Oder anders: die Schöpfung ist ein von den Geschöpfen sinnlich wahrnehmbarer Ausdruck göttlicher Gedanken. Und wer wollte behaupten, Gottes Gedanken seien nicht ewig!

Trotz des in uns angelegten Ewigkeitsaspektes gehen alle bibeltreuen Ausleger (und sogar oder erst recht die Dialektiker) zu Recht davon aus, dass Gott nicht vom Menschen her erfasst werden könne. Wie stimmt dies denn mit der Aussage von Römer 1,19 f. überein? – Nun, es steht ja im Römerbrief nicht, dass man Gott richtig erkenne (als liebenden Vater). Sondern nur, man könne seine *Ewigkeit und Göttlichkeit* abgeleitet von der Schöpfung *wahrnehmen*. Es ist also kein direktes, aber immerhin ein indirektes Erkennen.

Prediger 3,11 bestätigt die Ewigkeitsahnung und beschränkte Erkenntnis des Menschen: »*Alles hat er schön gemacht zu seiner Zeit, auch hat er die Ewigkeit in ihr Herz gelegt, nur dass der Mensch das Werk nicht ergründet, das Gott getan hat, vom Anfang bis zum Ende.*«

Jeder Mensch hat eine Gottesahnung, auch die Atheisten, sonst müssten sie Gott nicht ablehnen. Die direkte Gotteserkenntnis kann aber nur von Gott aus offenbart und im Glauben, das heißt im Geist, erfasst werden. Nur der Geist Gottes bringt uns bei »Abba«, Vater, zu Gott zu sagen.

Dass nun der Ewigkeitsaspekt in der Schöpfung aufgrund des Sündenfalls und den in Römer 1 beschriebenen Folgen nicht mehr klar zu erkennen ist, sollte nicht dazu verleiten, in dieser Trennung zu verharren. Leider tun das viele Christen, weil sie vermeintliche Erkenntnis der Wissenschaft und Glauben nicht mehr zusammenbringen. Dabei hat der Christ doch erfahren, dass die Trennung von Schöpfung und Schöpfer, von Zeit und Ewigkeit wieder überwunden wurde und dass er dazu berufen ist, diese Trennung zu überwinden. Die Trennung erfolgte, weil der Mensch die geistliche Verbindung zu Gott kappte. Indem er sich auf die Schöpfung (Wissen/Sehen) statt auf Gott (Glauben/Vertrauen) konzentrierte (»...der Baum der Erkenntnis war schön anzusehen ...«), wurde seine Sicht der Dinge unscharf; eine Folge des geistlichen Todes.

Jesus Christus musste aus der Ewigkeit in diese Schöpfung kommen, um diesen Herrschaftsbereich wieder für Gott und damit für die Ewigkeit zu gewinnen. Christus stellte die Verbindung von Ewigkeit und Zeit wieder her. Durch seinen Heiligen Geist werden Menschen zu einer neuen Kreatur, einer neuen Schöpfung! Diese Schöpfung geschieht wie die erste: Gott haucht uns seinen Geist ein, und wir werden lebendig (vgl. Johannes 20,22). Jesus Christus ist die Verbindung von Ewigkeit und Zeit. Die Trennung, die Sünde, und deren Folge, der Tod, ist weggetan.

Auch diese neue Schöpfung besteht somit aus dem Ewigkeitsaspekt des Heiligen Geistes, der sich mit Materie, mit unserem Leib verbindet. Gott wohnt in uns. Das ist das größte, nicht mit Sinnen, sondern nur im Glauben wahrnehmbare Wunder.

Was ist also von der Aussage zu halten, als Christ könne man göttliche Offenbarung/Glaube und Wissenschaft/«Wissen« nicht zusammenbringen, weil sie auf zwei ganz verschiedenen Erkenntnisvorgängen beruhten? Es trifft zu: Die göttliche Offenbarung ist Erkenntnis von oben, welche nur mit Glauben angenommen werden kann. Wissenschaft ist dagegen sozusagen Erkenntnis von unten, welche die göttliche Offenbarung gar nie erreichen kann. Der Aussage ist somit von der einen Richtung her zuzustimmen. Das Niedrigere kann das Höhere nie erfassen. Der Mensch kann nie von selbst Gott erreichen. Mit der Gottesahnung gemäß Römer 1,19 f. stößt der Mensch stets an eine Art Milchglas. Es weiß, dass Gott dahinter ist, er dringt aber nie bis zu ihm vor. Doch der umgekehrte Weg ist möglich: Das Höhere kann das Niedrigere erfassen.

Es gibt für den Menschen nur die zwei Arten der Erkenntnis: Glaube oder sinnliches Wahrnehmen (Wissen/Sehen, vgl. Hebräer 11,1). Welches ist der höhere, welches der niedrigere Erkenntnisvorgang?

Wissen im biblischen Sinn des Sehens oder sinnlichen Wahrnehmens ist sehr eingeschränkt, auch wenn dies in der angeblich aufgeklärten Wissensgesellschaft nicht gerne akzeptiert wird. Glaube ist nicht eingeschränkt. Glaube als Reaktion auf Gottes Offenbarung reicht bis in die Ewigkeit. Wissen dagegen reicht nur bis zur nächsten Wand. Der Glaube ist das Höhere, das Wissen das Niedrigere. Mit dem Wissen Glaubensinhalte zu erfassen oder zu begreifen ist unmöglich. Mit dem Glauben unsere Sinneserfahrungen in Übereinstimmung zu bringen ist dagegen durchaus möglich. Ich glaube, dass hinter der nächsten Wand ein weiterer Raum ist. Ich weiß es aber erst, wenn ich ihn sehe oder betrete. Glaube geht dem Wissen voraus. Glaube umfasst alles Wissen (vgl. Erster Teil).

Es ist schade, wenn Christen, welche das Wissen bzw. die Sinneserfahrungen durchaus bewusst unter Gottes Offenbarung, d.h. unter den Glaubensinhalt der Bibel einordnen könnten, diese Trennung der beiden Erkenntniswege aufrecht erhalten, statt vom Höheren auf das Niedrigere zu schließen und Gott für die Erforschung dieser Welt vorauszusetzen bzw. die Erforschung dieser Welt Gott unterzuordnen, indem dem Wort Gottes höchste Autorität zuerkannt wird.

Es ist schade, wenn auch Christen Wissenschaft auf empirische Wissenschaft beschränken und damit verkennen, dass auch die Erforschung der Beziehungen unter den Menschen (alle Sozialwissenschaften inklusive Geschichte, Wirtschaftswissenschaften und Jurisprudenz) oder der Beziehung von Gott zu den Menschen (Theologie) echt wissenschaftlich betrieben werden kann.

Die Kenntnisse des Lebens bestehen zu 99 Prozent nicht aus Sehen oder unmittelbarer Sinneserfahrung, sondern aus Glauben. Würde ich mich als Jurist z.B. bei der Beweisführung einzig auf Empirie (den Augenschein) abstützen, könnte ich fast nie einen Sachverhalt beweisen. Wenn mir allerdings jemand mit einer Urkunde oder mit dem Zeugnis seiner Frau bezeugt, dass er mit dieser Frau verheiratet ist, dann ist dies bewiesen, auch wenn ich bei der Hochzeit nicht dabei war.

Wenn nun Gott in seinem Wort bezeugt, dass, wer an seinen Sohn glaubt, sein Kind ist, und ich höre von Hunderten von Zeugen, dass sie Gott zum Vater haben, dann ist diese Beziehung für mich eine bewiesene Tatsache. Es gibt kein Diktat der Empirie oder der Sinneserfahrung. Es gibt kein Diktat der empirischen Wissenschaften. Über Sinneserfahrung gewonnene Erkenntnis (»...eine Lust für die Augen, ... begehrenswert ..., Einsicht zu geben...«, 1. Mose 3,6) ist die teuflische Verführung der ersten und der letzten Stunde!

Es ist ein Akt des Gehorsams, Wissenschaft, auch empirische, *innerhalb* der Offenbarungen Gottes zu betreiben, wobei die *vorangehenden* Glaubensinhalte vernünftig (bewusst und rational) mit den *nachfolgenden* Wissensinhalten verbunden werden können. So kann ein Christ vom Glauben her die Wissenschaft begreifen.

Und der Rahmen der göttlichen Offenbarung ist sehr weit! Er reicht bis in die Ewigkeit, in Gottes Gegenwart hinein. Indem Gottes Geist unserem Geist die Gotteskindschaft bezeugt, sind wir jetzt schon ganz nah bei Gott. Die Bibel gibt auch einige, im Glauben erfassbare, rational und wissenschaftlich nachvollziehbare Erkenntnisse über das Schöpfungsvorgehen Gottes.

Die Verbindung von Geist und Materie im Wort Gottes kann bis heute beobachtet werden etwa bei der Wiedergeburt eines Menschen aus dem Geist Gottes. So entsteht eine neue Kreatur. Ebenso bei der Entstehung der Kirche, der Gemeinde Christi. Diese wird als Brief Christi bezeichnet, *»geschrieben ... mit dem Geist des lebendigen Gottes, ... auf Tafeln, die fleischerne Herzen sind«* (2. Korinther 3,3) – belebte sinnlich wahrnehmbar gemachte Geisteskraft Gottes, eine lebendige Wirklichkeit in Zeit und Ewigkeit. Als weiteres Beispiel diene die Bibel: Eine Bibel ist, ähnlich dem nicht wiedergeborenen Menschen, als solche tote Materie. Sie wird aber zum lebendigen Wort Gottes, wenn die sinnliche Aufnahme (durch lesen oder hören der Predigt) mit der Erfüllung durch den Heiligen Geist im Herzen des Menschen zusammentrifft. Weiter kann Schöpfung beim Menschen beobachtet werden. Das vorliegende Buch ist eine Schöpfung, welche zustande kam durch die Verbindung meines Geistes mit Materie (Gedanken ausgedrückt und damit sinnlich erfahrbar gemacht durch die Druckerfarbe).

Das einzige Geheimnis, das die Bibel in Bezug auf den Schöpfungsvorgang nicht preisgibt, ist, wie das erste Wort Gottes, Jesus Christus, von Ewigkeit ist und doch als Erstlingswort gesprochen wurde. Doch bis zum Logos Jesus Christus zurück lässt sich Schöpfung im Rahmen der göttlichen Offenbarung rational und im beschränkten Rahmen unseres Wissens (man denke etwa an die Sprache der Gene) wissenschaftlich nachvollziehen. Naturwissenschaft ist dabei an sich »bloß« Übersetzungsarbeit.

1. Korinther 14,10: *»Es gibt ... so viele Arten von Sprachen in der Welt, und nichts ist ohne Sprache.«*

Psalm 19,2 ff.: »*Die Himmel erzählen die Herrlichkeit Gottes, und das Himmelsgewölbe verkündet seiner Hände Werk. Ein Tag sprudelt dem anderen Kunde zu, und eine Nacht meldet der anderen Kenntnis – ohne Rede und Worte, mit unhörbarer Stimme. Ihr Schall geht aus über die ganze Erde und bis an das Ende der Welt ihre Sprache.*«

Anhang 5: Glaubensfaktoren

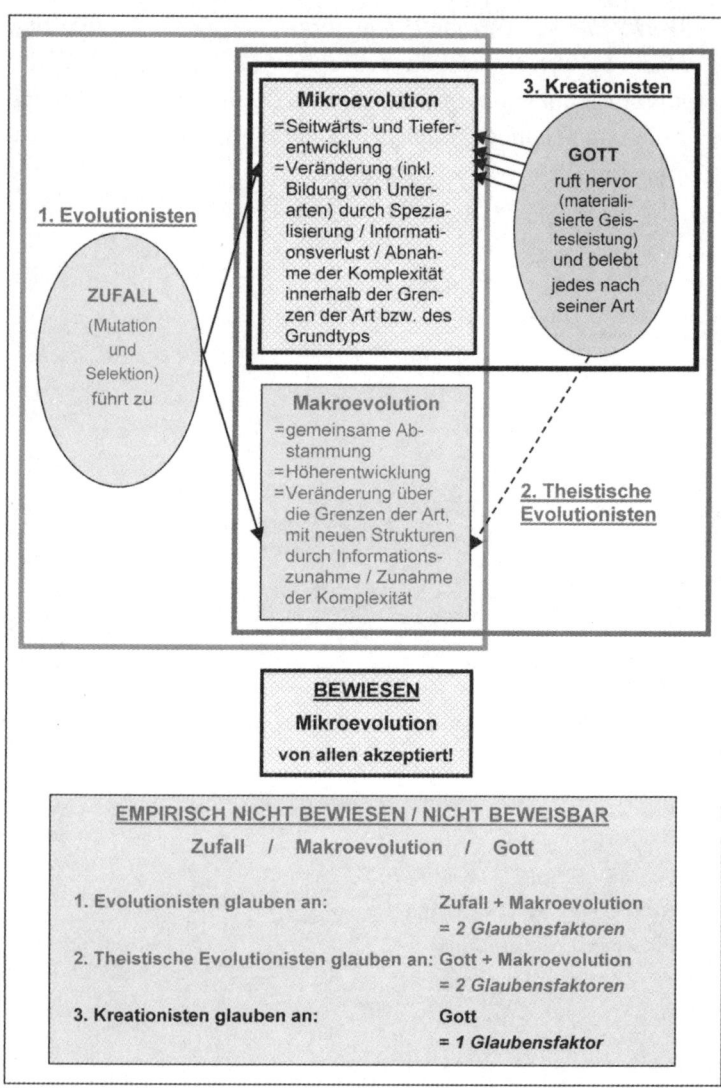

BEWIESEN
Mikroevolution
von allen akzeptiert!

EMPIRISCH NICHT BEWIESEN / NICHT BEWEISBAR
Zufall / Makroevolution / Gott

1. Evolutionisten glauben an: Zufall + Makroevolution
                                = 2 Glaubensfaktoren
2. Theistische Evolutionisten glauben an: Gott + Makroevolution
                                = 2 Glaubensfaktoren
3. Kreationisten glauben an: Gott
                                = 1 Glaubensfaktor

Anhang 6: Gott und das Böse (Theodizee)

Bei diesem Anhang handelt es sich um einen Beitrag, welcher bereits im factum Nr. 4/2005 erschienen ist. Es geht dabei nicht um die Erklärung des konkreten Bösen oder des konkreten Leides. Das ist nicht möglich. Es geht einzig um den Eintritt des Bösen in die Welt (vgl. zu diesem Thema auch: John F. MacArthur, Der Kampf um den Anfang, CLV-Verlag, D-Bielefeld, S. 217 ff.).

Eine alles abdeckende Erklärung zu diesem Thema ist zudem aufgrund der Beschränktheit der menschlichen Auffassungsgabe nicht möglich. Gott ist immer noch größer. Deshalb ist es unmöglich an Gott unsere und selbst seine für uns gegebenen Maßstäbe anzulegen. Wer wollte mit Gott rechten?

Für viele Menschen ist das Böse in der Welt ein Grund, nicht an einen allmächtigen Schöpfergott zu glauben. Wenn Gott allmächtig und gut wäre, weshalb hat er die Welt dann nicht gut erschaffen, fragt man sich. Und wenn er sie doch so erschuf, weshalb ließ er dann zu, dass sie böse wurde? Gesucht wird die Erklärung dafür, dass das Böse existiert und Gott trotzdem allmächtig und gut ist.

Gott ist ewig und absolut (Jahwe: »*Ich bin der ich bin*« oder: »*Ich werde sein, der ich sein werde*«, 2. Mose 3,14). Alles, was von Gottes Geist durchdrungen ist, ist ewig. Jakobus 1,17: »*Jede gute Gabe und jedes vollkommene Geschenk kommt von oben herab, von dem Vater der Lichter, bei dem keine Veränderung ist noch eines Wechsels Schatten*« (vgl. auch Psalm 102,28).

Alles, was von Gott abgetrennt ist, ist vergänglich und relativ, so auch die gefallene Schöpfung. Sie muss erlöst werden vom Gefängnis der Vergänglichkeit. Solange sie es noch nicht ist, muss zwischen diesen beiden Dimensionen unterschieden werden: Gegenwart Gottes (Ewigkeit, Absolutheit, Herrlichkeit) – Abgeschiedenheit von Gott (Zeitlichkeit, Relativität, Verlorenheit).

Paulus schreibt (Römer 8,18 ff.): *»Denn ich denke, dass die Leiden der jetzigen Zeit nicht ins Gewicht fallen gegenüber der zukünftigen Herrlichkeit, die an uns geoffenbart werden soll. Denn das sehnsüchtige Harren der Schöpfung wartet auf die Offenbarung der Söhne Gottes. Denn die Schöpfung ist der Nichtigkeit* (od. Vergänglichkeit) *unterworfen worden – nicht freiwillig, sondern durch den, der sie unterworfen hat* (durch Satan durch Adam) *– auf Hoffnung hin* (durch Christus)*; dass auch selbst die Schöpfung von der Knechtschaft der Vergänglichkeit* (od. des Verderbens) *freigemacht werden wird zur Freiheit der Herrlichkeit der Kinder Gottes.«* (Anmerkungen in Klammern beigefügt.)

Gottes Wege sind unergründlich. Durch Jesus Christus lässt er uns aber jetzt schon so viel von seinem Wesen erfassen, wie wir beschränkte Menschen hier auf Erden, in Zeit und Raum fassen können. Durch seinen Geist erhalten wir gar eine Ahnung von der Ewigkeit. Christus kam aus der Ewigkeit, der Gegenwart Gottes, in diese Welt, lebte hier ein absolut gerechtes Leben wie sonst kein Mensch, starb als Sühnopfer für die Ungerechtigkeit der ganzen Menschheit, auferstand und sitzt nun – wieder in der Ewigkeit – zur Rechten des Vaters (vgl. Philipper 2,6 ff., Hebräer 1,1-3).

Der Geist, der Christus in uns so bekennt, kommt von Gott (1. Johannes 4,1). Christus hat ihm, dem Heiligen Geist, durch sein gerechtes Leben und sein Sterben als Sühnopfer für die Sünde der Welt den Weg in die Abgeschiedenheit von Gott geöffnet. Er, der Geist ist das Pfand Gottes in uns für das ewige Leben. Gott hat also die Ewigkeit in unsere Vergänglichkeit hinein gesät. Das Reich Gottes ist mitten unter uns, unsichtbar, weil von einer anderen als der für uns erkennbaren Dimension.

Paulus sagt (1. Korinther 2,6 ff.): *»Wir reden aber Weisheit unter den Vollkommenen, jedoch nicht Weisheit dieses Zeitalters, auch nicht der Fürsten dieses Zeitalters, die zunichte werden, sondern wir reden Gottes Weisheit in einem Geheimnis, die* *verborgene, die Gott vorherbestimmt hat, vor den Zeitaltern* (eben aus der Ewigkeit und vor der Schöpfung), *zu unserer Herrlichkeit* (in der Ewigkeit – das ist das Ziel Gottes mit uns!). *Keiner von den Fürsten dieses Zeitalters hat sie erkannt – denn wenn sie sie erkannt hätten, so würden sie wohl den Herrn der Herrlichkeit nicht gekreuzigt haben -, sondern wie geschrieben steht* (Jesaja 64,3): *›Was kein Auge gesehen hat und kein Ohr gehört hat und in keines Menschen Herz gekommen ist, was Gott denen bereitet hat, die ihn lieben.‹ Uns aber hat Gott es ge-offenbart durch den Geist; denn der Geist erforscht alles, auch die Tiefen Gottes. Denn wer von den Menschen weiß, was im Menschen ist, als nur der Geist des Menschen, der in ihm ist? So hat auch niemand erkannt, was in Gott ist, als nur der Geist Gottes. Wir aber haben nicht den Geist der Welt empfangen* (Satan), *sondern den Geist, der aus Gott ist, damit wir die Dinge kennen, die uns von Gott geschenkt sind. Davon reden wir auch, nicht in Worten, gelehrt durch menschliche Weisheit* (inklusive scheinbar christliche Theologie), *sondern in Worten, gelehrt durch den Geist, indem wir Geistliches durch Geistliches deuten* (im Gegensatz zu den fleischlichen Menschen, die alles von der Welt und sich selbst her deuten). *Ein natürlicher Mensch* (der fleischliche, nicht vom Geist Gottes angerührte, nicht im Geist wiedergeborene) *aber nimmt nicht an, was des Geistes Gottes ist, denn es ist ihm eine Torheit* (angefangen beim Kreuz Jesu), *und er kann es nicht erkennen, weil es geistlich beurteilt wird* (d.h. vom Heiligen Geist unserem Geist beigebracht; nur so verstehen wir Gottes Wege). *Der geistliche dagegen beurteilt zwar alles, er selbst jedoch wird von niemand* (keinem Menschen, wohl aber von Gott) *beurteilt. Denn ›wer hat den Sinn des Herrn erkannt, dass er ihn unterweisen könnte‹* (Jesaja 40,13)*? Wir aber haben Christi Sinn«* (und können Gottes Sinn also durch ihn erkennen, soweit wir es von Christus geoffenbart bekommen; Anmerkungen in Klammern beigefügt).

Was soll nun der Teufel und das Böse in dieser Welt? – Wenn wir das Böse nicht kennten, würden wir das Gute nicht richtig erkennen. Wenn wir die Krankheit nicht erlitten, wüssten wir die Gesundheit nicht zu schätzen. Wenn wir den Tod als das Ende des Lebens nicht sähen, wäre uns nicht richtig bewusst, dass wir leben. Wenn wir die beschränkte Dimension, das Eingebundensein in die Zeit und die Vergänglichkeit nicht erlebten, könnten wir nicht erahnen, dass ewiges Leben mehr und erstrebenswert ist. Wenn wir von Sünde nichts wüssten, würden wir Gottes Gnade auch nicht im Ansatz erfassen. Wäre die Menschheit nicht gefallen, bräuchte sie keine Erlösung. Hätten die Menschen sich nicht von Gott abgewandt, könnten sie sich ihm auch nicht wieder zuwenden. Wären sie stets an ihn gebunden geblieben, könnten sie ihn nicht aus freien Stücken lieben.

Weshalb Gott das Böse zulässt, ist so relativ einfach zu erklären; zusammengefasst: damit wir das Gute erkennen und lieben, und da Gott als einziger gut ist (Matthäus 19,17), damit wir ihn erkennen und lieben! (Achtung: Wie erwähnt geht es hier nicht um das konkrete Böse oder das konkrete Leid, sondern generell um den Eintritt des Bösen in die Welt und den allgemeinen Sinn dieses Eintritts. Persönliches Leid oder konkretes Böses lässt sich in aller Regel nicht erklären.)

Ungleich schwieriger ist die Frage zu beantworten, *wie* Gott, der ja nur gut und zudem allmächtig ist, dieses Böse zulässt.

Der Teufel oder Satan (= Ankläger, vgl. Sacharja 3,1) war ein Engelsfürst (noch in Hiob 1,6 wird er unter die Gottessöhne gezählt), ein ursprünglich guter Geist, der von Gott abfiel, indem er hochmütig wurde und sein wollte wie Gott (vgl. 1. Timotheus 3,6). Wie alle Engel war er ein Geschöpf, also *geschaffen*, im Gegensatz zu Christus, der als Gott unerschaffen ist, und als solcher wie auch als Logos (unmittelbares Wort Gottes, Johannes 1,1 ff.) an der Schöpfung teilnahm sowie als Mensch gezeugt wurde (Psalm 2,7; Hebräer 1,5).

In Hesekiel 28,11 ff. steht über den König von Tyrus als Synonym für Satan: *»Du warst das vollendete Siegel* (der vollendete Versiegelnde), *voller Weisheit und vollkommen an Schönheit, du warst in Eden, dem Garten Gottes* (der Ort deutet auf den sechsten Schöpfungstag und die Zeit danach hin)*; aus Edelsteinen jeder Art war deine Decke: Karneol, Topas ...; am Tag, als du geschaffen wurdest, wurden sie bereitet* (könnte ein Hinweis auf den ersten, zweiten oder dritten Schöpfungstag sein). *Du warst ein mit ausgebreiteten Flügeln schirmender Cherub (höchster Engel, welcher allezeit vor Gott ist), und ich hatte dich dazu gemacht; du warst auf Gottes heiligem Berg, mitten unter feurigen Steinen gingst du einher. Vollkommen warst du in deinen Wegen von dem Tag, als du geschaffen wurdest, bis sich Unrecht an dir fand. Durch die Menge deines Handels fülltest du dein Inneres mit Gewalttat und sündigtest. Und ich verstieß dich vom Berg Gottes und trieb dich ins Verderben, du schirmender Cherub, aus der Mitte der feurigen Steine. Dein Herz wollte hoch hinaus wegen deiner Schönheit, du hast deine Weisheit zunichte gemacht um deines Glanzes willen. Ich habe dich zu Boden geworfen, habe dich vor Königen dahingegeben, damit sie ihre Lust an dir sehen. Durch die Menge deiner Sünden, in der Unredlichkeit deines Handels, hast du deine Heiligtümer entweiht. Darum habe ich aus deiner Mitte ein Feuer ausgehen lassen, das hat dich verzehrt, und ich habe dich zu Asche auf der Erde gemacht vor den Augen aller, die dich sehen. Alle, die dich kennen unter den Völkern, entsetzen sich über dich; ein Schrecken bist du geworden und bist dahin auf ewig!«* – Das ist schon das zukünftig vollzogene Gericht über Satan, welches aber durch den Sieg Jesu Christi am Kreuz bereits eingetreten ist (vgl. Johannes 12,31). In der Ewigkeit gelten die zeitlich auseinanderliegenden Ereignisse »gleichzeitig«. (Anmerkungen in Klammern und Hervorhebungen beigefügt.)

In Jesaja 14,12 ff. steht über ihn: *»Wie bist du vom Himmel* *gefallen, du Glanzstern, Sohn der Morgenröte! Wie bist du <u>zu</u> Boden geschmettert, Überwältiger der Nationen! Und du, du sagtest in deinem Herzen: ›Zum Himmel will ich hinaufsteigen, hoch über den Sternen Gottes meinen Thron aufrichten und mich niedersetzen auf den Versammlungsberg im äußersten Norden* (= Berg Gottes). *Ich will hinaufsteigen auf Wolkenhöhe, <u>dem Höchsten mich gleich machen</u>. – Doch in den Scheol wirst du hinabgestürzt, in die tiefste Grube. ... Das Geschlecht von Übeltätern wird <u>in Ewigkeit nicht mehr genannt</u> werden.«*

Weshalb sich Satan überhob – vielleicht aus Neid auf den eingeborenen Sohn Gottes und dessen Schöpfung, vielleicht wegen seiner eigenen Herrlichkeit, die ihn die Herrschaft über die Schöpfung beanspruchen ließ, vielleicht einfach wegen der Lust an der Schöpfung? – ist für uns unergründlich. Entscheidend ist: Er ist ein *Geschöpf* Gottes wie alle Engel. Er ist von Gott abgefallen (und mit ihm auch andere Engel, gefallene Geister). Er steht also unter Gott und als Geschöpf auch unter Christus. Er wurde verbannt auf den »Boden«, das heißt in diese Welt. Deshalb ist er zum Weltherrscher geworden.

Der Kosmos, d.h. der gesamte Zeit-Raum-Bereich, wurde als Möglichkeit (und Anlass?) der Negation Gottes *durch* die Negation Satans – in Verbindung mit dem Sündenfall des Menschen – ein von Gott abgeschiedener Herrschaftsbereich. Der Sündenfall des Menschen war dessen eigene erste Negation Gottes (Ungehorsam, Selbstüberhebung) unter Anleitung Satans, wodurch das Böse im Herrschaftsbereich des Menschen, der Erde bzw. der sinnlich wahrnehmbaren Schöpfung (1. Mose 1,26), entstand. *Zugleich wurde* dieser Herrschaftsbereich – vereinigt mit dem gefallenen Herrschaftsbereich Satans (gesamte Schöpfung) – vom Guten, d.h. von Gott, getrennt (Vertreibung aus dem Garten Eden) – und zwar so lange, bis Christus in diese Zeit und auf diese Erde kam und dem Reich Gottes auch hier wiederum zum Durchbruch verhalf.

Am Kreuz von Golgatha wurde der Sieg über Satan und sein Reich und alles, was es verkörperte, errungen: Über Sünde, Tod, Krieg, Lüge, Hass, Hochmut, sein wollen wie Gott (so wurde Eva verführt, 1. Mose 3,5), Selbstgerechtigkeit, Selbstliebe, d.h. Egoismus etc. Johannes 12,31: »Jetzt ist das Gericht dieser Welt; jetzt wird der Fürst dieser Welt hinausgeworfen werden.« Der Sieg ist zwar (in Ewigkeit) errungen, aber (in der Zeit) noch nicht endgültig durchgedrungen. Das kommt, wenn Christus am Tag der Gerichts wiederkehrt.

Das Kreuz ist der Kulminationspunkt von Tod und Leben, böse und gut, Fluch und Segen. Das Fluchholz sieht im ersten Augenblick wie ein Sieg Satans über Gott aus, aber nur solange es in der (relativen) Beschränktheit dieser Welt wahrgenommen wird. Sobald das Werk Christi im (absoluten) Lichte Gottes gesehen wird, ist es der ewige Sieg über den Tod, die Verbindung der gefallenen Menschen mit Gott. – Wie konnte Gott Sünde zulassen? – Damit seine Gnade in Ewigkeit überaus groß werde. Wieso lässt Gott das Böse zu? – Damit das Gute in der Ewigkeit überaus gut werde. Wieso liegt ein Fluch über der Schöpfung? – Damit Gott daraus einen ewigen Segen machen kann. Wie konnte Gott seinen eigenen Sohn opfern? – Damit er in der Ewigkeit umso herrlicher werde.

Das Reich Satans war und ist unter der Kontrolle Gottes. Es ist zeitlich und räumlich und damit begrenzt. Er, Satan, wurde von der Ewigkeit, d.h. der Gegenwart Gottes verbannt in dem Augenblick, als er sich erhob und damit Gott erniedrigte, ablehnte, negierte. Das Böse ist als Negation des Guten von seiner Entstehung an und mit seiner Entstehung eingeschränkt worden auf einen bestimmten, von Gott getrennten Herrschafts-bereich, das Universum (Zeit-Raum-Bereich). Es ist damit – im Gegensatz zum Guten – nicht ewig und nicht absolut, sondern relativ.

Gott hat es also in seiner unendlichen Weisheit verstanden,

mit Zeit und Raum die Möglichkeit der Entfernung von und der Rückkehr zu ihm zu schaffen. Dabei lässt er mit und in dieser Dimension das Böse als Negation des Guten (Selbst- und Weltvergötzung der Geschöpfe ist stets Negation Gottes) zu und trennt es als Negation seiner selbst *zugleich* völlig von sich ab. Es bleibt gebunden an Zeit und Raum und wird damit relativiert, sodass der Ewige und Allmächtige, der in keiner Art an Zeit und Raum oder Vergänglichkeit gebunden ist, nicht nur absolut gut bleibt, sondern das Böse auch beherrscht und für seine Zwecke gebrauchen kann. Weil die Ewigkeit »jederzeit überall«, eben unbeschränkt und ohne Zeit ist, ist sie der Zeit und dem Raum überlegen. Der allmächtige Gott hat deshalb nicht nur Satan stets im Griff, sondern die ganze Schöpfung, auch wenn sie von ihm abgefallen ist.

Im Buch Hiob (1,12) wird uns gezeigt, dass Satan in seinem Reich nichts machen kann, was Gott nicht zulässt. Und weshalb Gott es zulässt, ist letztlich sein Geheimnis und ist vorstehend schon soweit erklärt worden, wie wir es fassen können. Hiob jedenfalls wurde durch Satans Handeln näher zu Gott gebracht: »Ich habe erkannt, dass du alles vermagst und kein Plan für dich unausführbar ist« (Hiob 42,2). Damit war Satan letztendlich ein Werkzeug Gottes, auch wenn es eine Zeit lang aus rein menschlicher Sicht (vgl. die philosophischen und religiösen Erklärungen des Geschehens durch die »Freunde« Hiobs) nicht so aussah. Klar ist auch, dass Gott nicht seinen Sohn geopfert und sich derart um die Menschheit bemüht hätte, wenn er es mit ihr – in der Ewigkeit – nicht zum Guten hinausführen wollte.

So lässt sich verstehen, dass in der Bibel oftmals das Böse z.T. direkt Gott zugeordnet wird, denn schließlich steht er hinter allem und führt alles auf sein ewiges Ziel hin. Da er aber außerhalb der auf die gefallene Schöpfung begrenzten Wirksamkeit des Bösen steht, kann es ihm in seiner Absolutheit nicht zugeordnet werden, wohl aber über seine in der Vergänglichkeit agierenden Geschöpfe, inklusive Satan. Denn das Böse dient nur bis an die Grenze zur Ewigkeit den Menschen, damit sie erkennen, dass sie vergänglich sind, und Gott es nicht ist.

Gott hat also das Böse als Negation des Guten begrenzt und von sich abgeschieden (oder abscheidend) zugelassen, damit wir, die wir in diese Abgeschiedenheit (Sünde) gefallen sind, neben dem Bösen das wahrhaft Gute erkennen können. Von Ewigkeit und von Anfang der Schöpfung her war aber festgelegt, dass Gott uns in dieser vom Teufel (relativ) beherrschten Abgeschiedenheit nicht allein lässt. Sondern er hat dem absolut Guten auch in Zeit und Raum zum Durchbruch verholfen, durch Christus. So können wir im Glauben an Christus die Abgeschiedenheit, d.h. die Verlorenheit und den Tod verlassen und schon jetzt in Geist und Wahrheit Gott anbeten (Johannes 4,24), ja seine Gegenwart in uns erleben und diese mit seiner Hilfe in der Liebe nach außen wirken lassen. Deshalb ist Christus der einzige Weg zu Gott. Er ist die Verbindung zwischen der Ewigkeit, der Gegenwart Gottes, und der Vergänglichkeit, zwischen dem Schöpfer und den Geschöpfen (1. Timotheus 2,5). Er hat das Reich Gottes mitten unter uns, in die gefallene Schöpfung und unsere Herzen hinein gebracht. So hat er den Teufel auch noch in seinem Reich besiegt. »Hierzu ist der Sohn Gottes geoffenbart worden, damit er die Werke des Teufels vernichte« (1. Johannes 3,8 und 16,11).

Christus sagt (Johannes 3,36): »Wer an den Sohn glaubt, hat ewiges Leben; wer aber dem Sohn nicht gehorcht, wird das Leben nicht sehen, sondern der Zorn Gottes bleibt auf ihm.«

Zorn Gottes ist ein Synonym für Gericht Gottes. Seit dem Sündenfall steht die Menschheit und die Schöpfung unter dem Zorn Gottes. Der Zorn bzw. das Gericht ist verbunden mit dem Fall der Schöpfung. Dass es nicht längst schon ganz aus ist mit uns, verdanken wir der Gnade Gottes, die uns selbst in der Abgeschiedenheit bewahrt, auf das gute Ziel, die Herrlichkeit in Ewigkeit hin. Menschlich ausgedrückt ist die Gnade Gottes – wie das Gute – absolut und ewig, der Zorn dagegen – wie das Böse – relativ und zeitlich.

Jedes in dieser Zeit vorweggenommene Gericht ist Gnade Gottes, weil es uns an das Gesetz erinnert, welches uns überführt, indem wir auf unsere Unzulänglichkeit und Sünde (Abgeschiedenheit von Gott) hingewiesen werden. Das leitet den Menschen zur Umkehr und Buße und Annahme der von Gott angebotenen Erlösung in Jesus Christus (Römer 2,4; 2. Korinther 7,10) – was Satan wiederum mit Selbsterlösungsreligionen verhindern will. Das letzte Gericht dagegen, wenn es um den Einzug in die Ewigkeit geht, ist effektiv das letzte. In der Absolutheit der Ewigkeit besteht keine Möglichkeit mehr, sich zu ändern. Änderung ist nur in der Dimension der Zeit (und des Raumes) möglich. Deshalb ist diese Zeit Gnadenzeit, Zeit sich zu Gott zu bekehren, sich durch den Heiligen Geist verändern zu lassen, eine neue Kreatur (Schöpfung) Gottes zu werden.

Der Mensch reagiert auf Gottes Zorn auf zwei Arten: Entweder das Übel, das ihn trifft, verhärtet sein Herz, z.B. weil er sich ungerecht behandelt fühlt; er wird noch stolzer und wendet sich gegen Gott. Oder er wird demütig, bereut (2. Korinther 7,10), tut Busse und nimmt die Gnade Gottes an.

An den Plagen Ägyptens erkennen wir (ohne daraus ein Gesetz zu machen), dass Gottes Zorn schrittweise gesteigert bzw. seine Gnade stufenweise zurückgezogen wird, wenn der Mensch auf ein zunächst relativ mildes Gericht mit Herzensverhärtung reagiert. Gott hat neun weitere Gerichte folgen lassen, dem Pharao also insgesamt zehnmal die Möglichkeit gegeben, sich zu demütigen. Zu bedenken ist, dass Gott Pharao zunächst sogar ohne Gericht, nämlich durch bestimmte Wunder, ausgeführt von Mose, auf den rechten Weg bringen wollte. – Glücklich der Mensch, der bereits aufgrund der noch überall sichtbaren Gnade Gottes in der Welt oder dann wenigstens aufgrund des herrschenden, ihn aber noch nicht persönlichen treffenden Gerichts zu Gott findet.

Sprüche 1,23: »*Wendet ihr euch meiner Mahnung zu, siehe, so will ich meinen Geist euch sprudeln lassen, will euch kundtun meine Worte.*«